本书为国家社会科学基金“十一五”规划2008年度教育学重点课题“遵循科学发展，建设高等教育强国：教育理念创新”(项目编号：AGA080340)及中国高等教育学会重大课题(项目编号：08QG01005)成果之一

大学理念的
知识审视与社会建构

周 进 著

Knowledge Reflection and
Social Construction of University Idea

中国社会科学出版社

图书在版编目（CIP）数据

大学理念的知识审视与社会建构/周进著．—北京：中国社会科学出版社，2017.9

ISBN 978－7－5203－0776－5

Ⅰ.①大…　Ⅱ.①周…　Ⅲ.①高等教育—教育理论　Ⅳ.①G640

中国版本图书馆CIP数据核字(2017)第181742号

出 版 人　赵剑英
责任编辑　侯苗苗
责任校对　王纪慧
责任印制　王　超

出　　版　中国社会科学出版社
社　　址　北京鼓楼西大街甲158号
邮　　编　100720
网　　址　http：//www.csspw.cn
发 行 部　010－84083685
门 市 部　010－84029450
经　　销　新华书店及其他书店

印　　刷　北京明恒达印务有限公司
装　　订　廊坊市广阳区广增装订厂
版　　次　2017年9月第1版
印　　次　2017年9月第1次印刷

开　　本　710×1000　1/16
印　　张　16.5
插　　页　2
字　　数　238千字
定　　价　69.00元

凡购买中国社会科学出版社图书，如有质量问题请与本社营销中心联系调换
电话：010－84083683

前　言

中国大学正面临着观念变革的危机，危机的实质是现有的大学理念与社会转型、知识演变之间不相适应的问题。本书主要采用知识社会学基本理论与方法，从大学的“知识性”与“社会性”两大基本属性出发，确立了“社会转型—知识演化—理念变迁”的三维分析框架：以大学的核心要素——“知识”的演化视角来解读大学理念，基于人类历史上知识发展的“拐点”——“社会转型”来观照大学理念的发展与回应，追溯中西方大学理念赖以变革的知识与社会基础，从教育实践行动的社会特性与知识特性中理解大学理念的内在逻辑。

从理性认识出发，笔者认为，大学理念是办学者在特定的社会语境下，基于大学知识的存在价值所形成的有关大学教育及其诸要素关系等基本问题的理性认识。大学理念存在于相互交织的两个世界：生存世界与知识界。这使大学既要寻求真理或知识的确定性，同时也要求满足社会理性。大学对这种理想的追寻主要沿着两条路线进行：一是按社会结构的系统化要求进行实践意义的建构；二是按知识体系的认知需求进行主体意义的建构。前者强调“事实”取向，主要体现为权力符号，服从于“工具理性”，是“显性”的、“外生”的；而后者强调“价值”取向，主要体现为情感符号，服从于“知识理性”，是“内隐”的、“自在”的，但又是最核心的。

每一种大学理念都是特定社会环境下独有的产物。知识大体经历了由个体情感符号向社会权力符号的循环往复过程，同时呈现出知识“合—分—合”的趋势。寻求知识的“内在统一性”即寻求知识理性与社会理性的共同提升、寻求科学知识与人文知识相融合、寻求知识由“个体—社会—个体”的回归，最终大学将回到人的整体发展意义上来。这表明大学的知识性与社会性之间的博弈贯穿了整个大学理念的矛盾运动，二者逻辑统一于作为主体的人。

在社会稳定发展期，大学的内外部共同特征较容易辨认，大学理念具有一定普遍性；而在快速变化的转型期，社会分化不可避免地导致了学科的专门化，知识领域的裂变使大学难以寻求共同的理念与目标。转型期的价值冲突与社会巨变意味着社会认知结构的解体，导致科学知识与人文知识的分离、知识开始具有“相对性”和“不确定性”。知识与社会的关系呈现出不同的模式：在西方转型期呈“协作联盟”关系，大学理念在“理性”与“经验”之间获得统一；在中国社会转型期呈现“有限分散”关系，大学理念是政治与市场双向制衡的产物；在现代社会，大学与知识、社会呈现“权力交换”关系，大学理念的变迁依赖于人的理性选择。中国大学理念经历了由一体化关系向有限分散关系的过渡，大学尚未真正获得使知识内在统一的权力，也就没有相对独立的地位；缺乏自由与交往的共同体意识，就难以培育有独立灵魂和创新思想的人。英国学者约翰·梅斯菲尔德说的这样一段话更是发人深省：

> 世间很少有事物能比大学更美。当防线崩瘫，价值崩溃，水坝倒塌，洪水为害，前途变得灰暗，古迹沦为泥淖时，只要有大学屹立在那里，它就屹立闪光；只要它存在，人那颗被引导去从事美满探索的自由心灵仍会给人类带来智慧。

作为实现人类基本求知意志的法团组织，大学是以献身真理为志业的学术共同体，大学凭借着社会的认同，出于对真理的追寻而培养最清晰的自我意识，这种自我意识是一项人权：让所有人能不受过多干预地探索高深知识，为真理而真理。大学固然担负有引领社会、服务社会的责任，但这一目标的实现始终依赖于对知识统一于真理的价值认同，依赖于知识与人的回归。

本书展望，寻求知识的内在统一并保持自身相对独立性，是大学存在的唯一理由。中国大学理念在建构基础、认知方式、信念取向、转型路径、体系形态等方面，具有不同于西方的历史特殊性。在现代化进程中，中国大学更加需要足够的知识理性，重建大学与社会的交往共同体关系，把握大学与知识关系的“自洽性”，把握不同大学与社会关系的“层次性”，把握人对大学理性认识的“选择性”，形成每所大学独特的核心理念，凭借大学的独特思想超越社会，担当起引领社会、知识创新、完善人性的使命。这是社会结构系统化整合的诉求，是知识内在统一性的要求，也是人类认识统一性的要求。

目　录

第一章　导论

如果大学里面只有文献考据而没有哲学探讨，只有技术而没有理论，只有目不暇接的事实而没有理念的指引，大学就岌岌可危了。[①]

——雅斯贝尔斯

第一节　问题的提出

大学理念是大学存在的基础、自我建构的核心和持续发展的动力，体现了人们对大学基本问题的理性认识和价值判断，并日益彰显其在大学发展中的先导性地位。大学理念的产生起于“问题”，要从所要解决的大学现实问题出发来建构。这里的问题至少有两个层面：大学的问题与大学理念的问题，二者是实践与理想、形而下与形而上的关系。大学现存的问题既是社会的综合问题的反映，更是大学理念变革与建构的着力点。

随着社会的现代化转型，大学已演化为一个系统复杂、职能多样的社会轴心机构，成为社会的知识工厂与思想库。作为一项特殊的“结构性变动”，社会转型必然带来国家政治经济体制、知识形态、文化思潮、价值取向等发生相应的转变。对于大学这样结构复杂、使命特殊的机构而言，自身的变革必然较其他社会组织更具复杂性与挑战性。这些广泛而深入的社会变化，往往会改变知识与权力的结构，引

① ［德］卡尔·雅斯贝尔斯：《大学之理念》，邱立波译，上海人民出版社2007年版，第71—72页。

起大学知识生产方式与认知方式的变革，不断赋予大学新的功能、使命和内涵，打破大学赖以生存和发展的社会基础及固有秩序，对原有大学理念提出转变要求。随着大学促进知识创新与应用的功能得到前所未有的强化，如何应对、引导和顺应各种变革，我国现有的大学理念仍显得窘迫而滞后。

一　变革中的危机：社会转型进程中大学理念的混乱与无序

改革开放以来，中国的社会转型是以经济体制的转轨为启动点的，经济结构的变动在一定意义上决定了整个社会转型的性质与向度，社会内部正在经历一场不可逆转的“权力分裂”的过程，逐步发育出一个相对自治的社会空间，国家与社会的关系发生了实质性的变化，大学被卷入多极变化的关系中，既要满足社会进步的要求，赢得公众支持，又要追求批判独立、达臻真理。

根深蒂固的权力本位意识严重侵蚀了中国大学的学术肌体。权力本位意识所造成的学术体制僵化是导致中国学术危机的实质。大学“等、靠、要”等依赖心理根深蒂固，致使中国大学缺乏改革创新意识和引领意识，我国很多高校对办教育的理性思考不足，导致大学发展认识模糊，办学同质化与理念趋同化并存，价值冲突与目标繁多并存，缺少相应的学校制度与文化设计，众多理念中没有一条清晰的主线，使得大学理念与具体实际运作相互游离，在执行的过程中产生方向性错误，导致大学理念的混乱与无序。

二　异化的学术：功利性的泛滥导致大学知识理性的贬抑

经济体制转型推动中国科技和资本市场的发展，进而改变了大学角色的平衡关系，市场经济作用下的大学如同“脱僵之马”，主动乐于成为类似市场的垄断机构，以至于如今没有哪种力量能够在短期内将大学“返璞归真”。尽管大学与政府、企业的联合是回报社会的直接方式，然而，这些活动必须要仔细地检验，因为尽管短期的代价较小，但远期的代价常常被忽略。

作为独立活动的大学较容易认同与自由市场结合在短期积累上所带来的好处，而不易看到背后的损失。第一，资本市场的投机环境促进了大学与产业的联结，学术成为实用主义的摇篮。眼下的大学正将自己转化为一个官僚组织式的、以消费者为导向的营利性机构，钟情于“围墙经济”的发展，并朝着大型职业训练机构的方向演变。一旦大学主要靠贩卖文凭生存，而漠视大学独有的育人使命，最终将会失去人才培养的阵地，其存在的合理性必将遭到质疑。第二，随着国家对科技投入的成倍增长，中国大学的科技创新能力有所提高，取得了不少成果。但我们的研究成果多属于急功近利的，对发展长远利益问题与可持续发展的方向似乎未进行深入的反思。如今，中国大学的育人使命弱化、育人能力堪危。功利化还造成了虚假的“学术繁荣”景象，这些虚浮化的学术泡沫不仅有违学术道德，还一度压制着学者与学生的独立思考力、批判力与创造力。第三，我国大学对社会功能的认识仍主要停留在创造经济效益方面，而对社会需求的认知能力仍显薄弱。一方面，由于扩招带来经费短缺，越来越多的大学把“产业化”视为社会服务的主要方式，把“服务社会”视为获取经费的渠道，在大学与产业部门的界限日渐模糊的同时，却忽略了“产、学、研相结合”的根本目的是“培育高质量人才”，是以思想引领社会；另一方面，大学与社会的联系相互错位。当前大学专业设置陈旧、科研成果转化率低，行业企业参与大学发展的动力不足，社会资源稀缺与人才结构性失业并存，大学提供的知识成果与人才素质仍难以满足社会的永恒需求。

鲁迅在20世纪初就深感忧虑地指出：“往者为本体自发之偏枯，今则获以交通传来之新疫，二患交伐，而中国之沉沦遂以益速矣”。①百年后的今天，中国大学“二患交伐”的问题实为突出，可谓“官衙门积疾未除，又添洋商场新疾”，从“政治的附庸”转向“经济的奴婢”。“知识”在工具理性的泛滥中已异化为一种“学术资本”，退去了原有的文化基础。作为正式组织的大学，尽管任何人都无法否定彰显社会价值的必要性，可一旦社会可提供的资源与大学的社会责任之间、知识与权力之间的关系失衡，大学“为知识而知识”的存在价

---

① 鲁迅：《文化偏至论》，载《鲁迅全集》（第1卷），人民文学出版社1981年版，第57页。

值遭到贬抑，大学也将失去其相对独立性地位。

三　迷惘的大学：大学漠视人的主题而面临合法性拷问

转型期知识的功利化已严重削弱了大学育人的基本使命，“钱学森之问”进一步引发了社会与大学合法性的拷问。当前，如何培养创造性人才，发掘和发挥大学社会功能与价值，是高等教育面临的一道艰深的命题，对这一问题的破解需要从理念上反思。显然，眼下的中国大学对社会利益的关注远远超越对学术与道德本身的追求，换言之，中国大学理念的合法性基础是由“社会意识”来决定而非出于对知识探求的“真理目的”与人类发展的“道德目的”。一旦教育的“人本”目标转向权力和利益，大学赖以生存的文化使命将走向式微；一旦“人的现代化转型”这一根本目标在实践中走向偏狭，社会转型也不可能在短期内实现。

从某种意义上说，中国大学问题的根源在人的思想体系。一方面，人构造了国家与大学，人既是国家意志形态的建构者，也是大学教育的主体。另一方面，在充分尊重人的主体价值满足的前提下，推动社会发展和个体发展相统一是大学存在的唯一理由。当前，如何构建与社会发展相适应的大学理念，从根本上解决制约大学发展的观念性障碍，减少不利于高等教育发展的趋同性与盲目性因素，是摆在中国大学面前的核心要务。

以上分析表明，中国大学理念面临的问题固然有许多客观原因，但最根本的是我国现有的大学理念与社会转型、知识变革之间不相适应的矛盾。一方面，当代大学面临着前所未有的各种危机与挑战时，大学、知识、社会与人之间的冲突和融合在其现实的表现上也异常复杂起来。大学尚未意识到自己应承担如此重要的历史使命，以至于对快速的知识变迁和社会结构转型的冲击没有充分的力量来应对，导致主流意识形态变革相对迟缓。另一方面，随着知识的不断演化，大学在现实社会的存在状态变得异常不确定，传统大学理念渐渐失去了昔日的解释力。尤其当知识被标准化以后，掌握“标准”的人便获得了空前的权力，于是伴随着大学理念变迁过程的是立法者权力的扩张，知识与权力的关系呈现出新特征与新趋势，大学社会潮流左右摇摆而难以实现人、知识与社会的协调发展。面对这些矛盾，大学如何做出理性回应是各国面临的“世纪难题”，也是办好大学的一个根本性问题。

第二节　研究意义

大学理念的使命，就是追问大学的本质、目的与意义等根源性问题，寻求对大学教育基本问题的思考，这既有形而上的价值，也有形而下的价值。大学理念研究的根本意义在于提高人们对大学教育认识的新境界。从现实看，如何适应社会与知识带来的新变化与新要求，与时俱进地对大学理念问题做出新思考、新判断与新抉择，形成真正与时代精神及教育的内在本质相契合的教育理念，是摆在中国大学面前的一个核心课题。从长远看，中国大学只有在教育理念的建构上实现突破，才能应对时代的机遇与挑战。

一　从理论上看，研究和理解大学首要的是研究大学理念

大学什么都研究，却不研究自己，这体现了高等教育研究中基本理论建构的不足，而研究自己很重要的就是研究自己的理念和历史。大学理念是从与社会的复杂联系中发展而来的，大学与知识的内在逻辑关系既决定了大学的相对独立性，也反映了大学对社会的回应。在中国社会转型的关键阶段，大学应提供何种知识更有价值是教育理论上亟须解决的重大问题。

当前高等教育研究中主要存在的问题表现在理论研究层次不高、问题解释能力不强、学科化不够等方面，在多学科视野下的问题研究中，多种教育研究范式不仅是存在的，而且是必要的。大学理念的问题并非某个简单问题的呈现，而是以对大学的认识为核心推演开来的“问题域”。在这种情形下，厘清大学理念与其他各要素的关系就不能只局限于教育学本身，而要将其置于多学科的视野进行审视，从非线性的视角解读大学。本书采用一种双向互动的思维方式，从社会转型的语境出发，以知识为立足点，力求从双重视角揭示大学与知识、社

会之间，大学与人之间的逻辑关系，有助于深化对大学教育基本问题的认识，为有关大学问题的争论提供批判性检验和新的思考方向。

二　从实践上看，大学教育与发展问题需要大学理念的指导

理念从本源上来讲是实践的。教育实践提供了理念形成的素材，规定了理念的价值取向。但教育实践不会自发地形成教育理念，教育理念是教育主体在反思教育实践过程中，富有想象力地进行主观创造的结果，是一种“理性认识”。大学理念根植于现实，又超越现实，一经形成，就能规定和指导进一步的教育实践。没有先进的大学理念，大学的办学行为必然是短期的、被动的、非理性的；实践中的大学问题如果不能通过理性思考加以澄清，只能使实践陷入更加混乱的境地。

因此，大学理念的研究既是一个理论问题，更是一个现实问题，不能仅局限于哲学上的辨析，而要主动面向实践。本书将从实然到应然，从指导大学改革实践的角度，基于转型期中国大学发展的需要，观照中国现代大学理念的价值选择，使大学理念超越于一般意义上的知识体系而具有实践导向功能，体现大学理念的实践目的性。

第三节　文献综述

一　大学理念的概念与内涵研究

大学理念的相关研究始于国外，但西方少有以“大学理念”作为专门研究对象的著述，而是通过探讨“大学”基本问题来阐述学者个人的大学理念与哲学观。从现有文献看，国外有关大学理念的研究主要呈现四条维度：一是属性维，即从大学的某一或多个属性出发来构建大学的理想；二是功能维，即从大学应该做什么出发来构建大学的理想；三是定位维，即从大学应该定位于文化领域或非营利组织领域来构建大学的理想；四是内在逻辑维，即认为大学的理想就是坚持从大学自身的内在逻辑来决定大学的事务，而非以外在逻辑被动建构。这些研究多立足于大学所处的时代环境，阐述对大学和知识的不同理解，并体现着各自的价值追求。

“大学理念”在我国作为一项专门研究始于20世纪八九十年代。在早期研究中，学界主要聚焦于大学理念的内涵、价值取向等基本问题的探索，将大学理念视为综合性的观念体系和哲学思考。主要观点包括：①大学理念是人们对于教育现象（活动）的理性认识、理想追求及其所形成的教育思想观念和哲学观点，是教育主体在教育实践、思维活动及文化积淀和交流中所形成的教育价值取向与追求，是对教育“应然状态”的理性认识和观念整合，是一种具有相对稳定性、延续性和指向性的教育认识、理想的观念体系。① ②大学理念是人们对大学世界的总体看法和基本观念，是大学教育各种理念中最基本的理念，是引发或构建其他教育理念的基础理念或元理念。③大学理念是人们在对教育规律的认识的基础上所形成的关于大学的性质、职能、使命、目的、大学与社会的关系等一系列大学基础问题的理性认识。② ④大学理念是人们对大学本质及其办学规律的一种哲学思考体系，是人们对大学的总的看法。③

“大学理念”的内涵极其丰富，前期探索对本书都有重要的指导意义，但总体而言还存在两大突出问题：一是理念主体不明。从严格的意义上讲，理念只是属于人的。大学自身也不会自然地形成教育理念。正如学者陈廷柱所指出的，大学理念属于人并不意味着人人都有，每个人都有关于大学教育的观念，因为教育观念的产生可以是自发的，不需要什么根据。教育理念的形成是自觉的、有条件的。基于这种认识，我们在解释教育理念时应注意其不同的主体属性。二是大学理念的“概念域”界定不明。大学理念与高等教育理念、高等学校办学理念、大学教育理念等之间相互畛域不清；或将大学理念与大学理想、信念、大学精神、大学目标与使命等混为一谈，造成了认识上的模糊。

二　哲学思辨范式的大学理念研究

托马斯·库恩在《科学革命的结构》中提出了“范式”的概念，

---

① 韩延明：《大学理念论纲》，人民教育出版社2003年版，第64页。

② 刘宝存：《大学理念的传统与变革》，教育科学出版社2004年版，第15页。

③ 王冀生：《大学之道》，高等教育出版社2008年版，第40页。

他认为，范式是科学共同体在科学研究中提供的一种基于对世界根本看法的方法论体系，并由此形成了一套比较一致的话语体系和价值取向。[①] 哲学思辨范式的大学理念研究从某一哲学流派出发来确立教育理念所承载的价值、目的等终极性问题。大学理念本身就是一个哲学概念，在这类研究中往往涉及事实与价值的关系问题，反映研究主体所持有的哲学思想与价值判断，这种价值判断即是教育作为一种客体契合教育主体需要的属性或程度。因而价值问题是哲学范式研究的核心，也是其他研究范式立论的基础。根据大学理念所倡导的基本观点，可大致分为以下四类：

（一）“文化理性说”

“文化理性说”孕育于漫长的欧洲中世纪，直到洪堡时代才奠定了其基础性地位，体现了现代人文理想与理性主义追求。主要观点是：理性、知识和智慧具有至高的地位，现代大学是理性的批判场所，大学存在的目的是发展理性，因而必须尊重个人理性与学术自由，主张大学保持独立地位，传授纯粹的知识。“文化理性说”的代表人主要有康德、洪堡和纽曼，他们为后期大学理念的发展奠定了理性的基本原则。

目前学界尚无中世纪关于大学理念的专门研究可考，康德的《院系的冲突》可被视为最早有关大学理念的奠基之作。他认为，当大学中的一切活动都围绕着一个调控性理念进行组织的时候，大学便进入了现代，这种以理性为特征的大学被视为“批判的场所”，[②] 在这里，大学各学科获得了内在统一性，赋予了大学一种现代意义上的普适性。康德的理性概念为现代大学的科学探索与人文理性的结合奠定了基础。[③] 文艺复兴和宗教改革之后，工业革命加快了大学的世俗化进程。为捍卫传统大学的地位，英国纽曼（John Henry Cardinal Newman，1801—1890 年）在《大学的理念》中提出“大学是一个传授普

---

① ［美］托马斯·库恩：《科学革命的结构》，金吾伦、胡新和译，北京大学出版社 2003 年版，第 10 页。

②③ Immanuel Kant, *The Conflict of the Faculties*, London: University of Nebraska Press, 1992.

遍知识的场所”,[①] 在这部被视为西方最早直接论述大学理念的著作中，纽曼强调大学的任务是通过自由教育和智力训练，培养社会的绅士。[②] 他极力捍卫大学的教学和自由教育理念，很大程度上继承了康德的理性思想，并一直作为大学之原形而存在，但纽曼作为红衣主教，其思想仍带有强烈的西方宗教色彩。

18 世纪末德国时任教育部长洪堡以文化国家观为基础，提出了新人文主义大学理念。他明确了“由科学而达至修养”的教育原理，认为大学作为科学、学术机构，主要具有两个职能：一是对科学的探索，二是个性与道德的修养。大学主要任务是培养个性和谐、全面发展的完人，大学也因此具有发展科学和培养人才的双重职能。[③] 同时，洪堡将大学的目标与国家利益相统一，使“文化”成为大学与国家间的“黏合剂”。他认为大学是学者的社团，是“受国家保护又享有完全自主地位的学术机构”,[④] 其目的就是发展理性，大学只需要按照科学活动本身的需要，为科学而发展科学，而无须依据对社会的某项具体功能来证明它存在的意义。可见，洪堡延续了康德的理性思想，标志着现代文化大学的形成。

客观而言，纽曼的思想自形成后从来就没有真正主导过大学的走势，洪堡思想也随着时间推移一度被淡出，可一旦大学存在被科学主义和社会化所吞噬的倾向，人文学者们又总会再次弘扬“文化理性说”的主张，试图保持学术与社会间的平衡，回归学术的主流地位。无论如何，“文化理性说”都为后期大学提供了一种“理想”和“初心”。

（二）“服务工具说”

“服务工具说”坚持大学走实用主义与功利主义道路，认为大学

---

① Newman John Henry, Cardinal, *The Idea of an University: Defined and Illustrated*, Chicago: Loyola University Press, 1987: 3.

② Ibid., 5.

③ ［德］威廉·冯·洪堡：《论柏林高等学术机构的内部和外部组织》，陈学飞译，《高等教育论坛》1987 年第 1 期。

④ ［德］彼得·贝格拉：《威廉·冯·洪堡传》，袁杰译，商务印书馆 1994 年版，第 79 页。

不应该成为远离社会的象牙塔，而应该运用所授知识成为社会生活的一部分，成为社会发展的推动力。19 世纪初英国“新大学运动”后，人文主义逐渐蜕变成一种烦琐的经院哲学，大学因远离社会现实而沦落为一种保守的机构，不得不经历声势浩大的变革。“服务工具说”的提出将当代大学视为社会的轴心和实现国家目标的主要工具，标志着现代大学角色的彻底转变。

18 世纪，英国以边沁、斯宾塞、赫胥黎等为代表的功利主义流派倡导传播“实用”的知识，体现科学技术价值，从国家需要出发培养人才。[①] 大量城市学院和多科大学的出现进一步强化了“服务工具说”。受威伯斯特、爱默生及杜威等实用主义思潮的影响，康奈尔大学创办者怀特于 1816 年提出了大学教育“民主化与实用化”理念，全面开发传统学科的实用价值，主动承担职业教育培训，尤其在课程设置上与美国社会的开放性取得了惊人的平衡。1848 年美国威斯康星大学创建时，校长范·海斯也提出大学应有三个方面的任务：一是培养有知识、能工作的公民；二是发展知识；三是把知识传授给民众和为州服务。“服务社会”理念的提出使大学与社会主动结合，也把世界大学带进了一个崭新的发展阶段。

尽管“服务工具说”一直以来备受诟病，但它仍在可观的备选方案中做出了“必要而非理性的选择”。19 世纪末，美国开始推行高等教育大众化政策，前加州大学校长克拉克·克尔在《大学的功用》中提出了巨型大学的理念，认为现代大学是一种多元的机构，有多重目标，多个权力中心，为不同的顾客服务。在民主社会中，大学教育的目的在于培养有效公民。[②] 同样，前哈佛大学校长德里克·博克也提出大学必须走出象牙塔，凭常规的学术功能致力于经济的进步，担负社会责任。他强调“必须十分明确：大学的职责是为养育自己的社会服务的”，“当知识和高等教育在社会中扮演的角色越来越活跃时，国

---

① 贺国庆等：《外国高等教育史》，人民教育出版社 2006 年版，第 247—251 页。

② ［美］克拉克·克尔：《大学的功用》，陈学飞译，江西教育出版社 1993 年版。

家自然希望能确保大学为公共利益提供服务。”① 德鲁克也坚信：大学现在“不仅是美国教育的中心而且是美国生活的中心，它仅次于政府成为社会的主要服务者和社会变革的主要工具”。② 可见，“服务工具说”强调大学贴近社会，利用自身力量促进社会发展的工具意义，强调“大学的功用”，追求大学的现实意义，是大学世俗化的推动力量。

（三）“学术中心说”

“学术中心说”源于第二次世界大战以后西方理性主义、永恒主义者对“服务工具说”的质疑和批判，主要强调：大学与社会交往必须基于一定的原则和界限，保证大学学术中心地位，在发挥社会功能的同时应注重训练理智，坚守大学的本体功能。“学术中心说”体现了自由与理性的回归，它同“文化理性说”的区别在于：并不排斥大学的社会责任与功能，而是强调学术与社会间应保持必要的张力，其目的在于防止国家主义、工具主义思想对大学的吞噬，避免大学的理想日益湮没于物质与经济洪流之中，因而，它可视为对理性思想的发展和延续。

永恒主义代表人赫钦斯痛斥大学的功利主义倾向和过早的专门化，旗帜鲜明地反对大学对社会毫无原则地迁就，使大学误入歧途，他认为大学应着眼于人性而非人力，“大学应是灯塔，而不应是镜子”，是“掌握那些寻求建立理性思考的基本原理的地方”③，强调实施理智训练是大学独特的社会功能，改变大学现状的手段是以通识性课程取代那些与大学之名不相称的庸俗性成分。④ 赫钦斯的大学理念对重视基础理论教学，加大文理科交叉与渗透等改革均产生了显著影响，并在其后沃尔夫的《大学的理想》（1969）、布卢姆的《走向封

---

① 博克的大学理念主要体现在他的《超越象牙塔：现代大学的社会责任》（1984）、《美国高等教育》（1988）、《回归大学之道：对美国大学本科教育的反思与展望》（2006）等著作中。

② ［美］约翰·S. 布鲁贝克：《高等教育哲学》，王承绪等译，浙江教育出版社 1987 年版，第 19 页。

③ R. M. Hutchins, *No Friendly Voice*, Greenwood Press, 1936: 27.

④ R. M. Hutchins, *The Higher Learning in America*, New Haven: Yale University Press, 1936: 67 - 70.

闭的美国精神》（1987）和博耶的《大学：美国大学生的就读经验》等著作中有着充分体现。

1930年，美国理性主义学者亚伯拉罕·弗莱克斯纳提出了他的"现代大学观"，强调大学应是时代的表征，是具有"适应"和"落后"两重性的有机体，是学问的中心而非职业中心，应使自己限于从事内在智力或精神的活动，但不应随社会的风尚、喜恶而乱转。[①] 当然，弗莱克斯纳并非一位绝对主义者，他主张一种学术性的社会服务，是在坚持教学科研本位的前提下，应社会的紧急要求研究社会问题，而非直接参与和解决。这一时期与他同举理性主义旗帜的还有维布伦和加塞特等。维布伦在《美国高深学问》中认为大学是保存和发展高深学问的场所，主要发展科研，大学的教学因其和研究相结合而存在，他的观点较多地受到洪堡的影响。西班牙学者加塞特在1930年的《大学的使命》中认为大学的目的是让几乎所有人都接受高等教育，大学的使命在于文化传授、专业教学、科学研究和对新科学家的培养。在大学面临丧失理想的危机时刻，理性主义者倡导学术自由和人文教育，为沉迷于市场化的大学敲响了警钟。

21世纪以来，随着国际化竞争日趋激烈，追逐一流、市场化、公司化等理念在世界范围加速蔓延，营利性大学已经稳稳地占据了美国学生市场的较大份额。[②] 沿着市场主旨的逻辑运行，大学的边界已经相当模糊。原哈佛学院院长哈瑞·刘易斯在《失去灵魂的卓越》中承认企业化的活力打破了学术界的沉闷氛围，但仍对商业价值和市场标准在高等教育领域的泛滥提出批判。他认为，美国大学在追求卓越、争夺优质师资和生源的过程中，忘记了培养具有社会责任感的成人这一根本目的。[③] 美国学者大卫·科伯在《高等教育市场化的底线》中

---

① Abraham Flexner, *Universities*: *American*, *English*, *German*, New York: Oxford University Press, 1930: 3 – 6.

② ［美］理查德·鲁克：《高等教育公司：营利性大学的崛起》，于培文译，北京大学出版社2006年版。

③ ［美］哈瑞·刘易斯：《失去灵魂的卓越》，侯定凯译，华东师范大学出版社2007年版。

也深感忧虑地指出，虽然市场在高等教育中应该有一席之地，但同时又必须恪守界限，不能超越高等教育的底线，大学要学会应对急剧变化并不断强化的市场力量，因为这种力量有可能破坏美国高等教育事业的传统垄断地位。[①] 可以看出，美国大学虽然成就非凡，但仍难以适应快速变革的环境，大学因持续加速的市场化而造成了巨变。对此，西方理性主义者不同程度地表现出对全球化时代大学危机的隐忧。

（四）“多元交往说”

“多元交往说”超越了工具主义和相对主义，主要来源于存在主义与后现代哲学思想。随着经济全球化进程加快，国家不再是民族资本再生产的主要运作场所。由于大学合法化危机的出现和基本认知模式的丧失，以及全球化时代现代大学多元秩序的涌现，学术界对大学知识身份的斗争采取了一种更为激进的形式向社会文化形态渗透。在这些争论中，西方后现代主义者对身份认同的态度倾向于“多元交往”，他们认为大学最基本的理念如知识的普遍性、文化的统一性等正在失去互相间的联系，大学不再拥有对特定知识的特权，也不可能再回归这种统一，但大学能为不同种类的知识提供交往的渠道，在多元对话中构建学术共同体，体现后现代社会中的新关系。

早期哲学家施莱尔马赫就曾提出“知识与交往不可分割”这一观点。后现代思想家利奥塔等发出了“拯救差异”的呼声，表达了对多元价值观的肯定与追求。萨伊德还为多元价值观设计了一个没有权威、没有中心与边缘、不存在任何特权位置的空间。在这个空间里各位置点平等地表达自己的思想，并与其他声音对话。第二次世界大战后，德国存在主义代表人雅斯贝尔斯（Karl Jaspers，1883—1969）提出大学是一个“由学者和学生共同组织的追求真理的社团”，主要是一种科研机制和文化中心，培养“全人”。[②] 他认为大学有四项任务：

---

① 大卫·科伯（David L. Kirp）的《高等教育市场化的底线》、詹姆斯·杜德斯达的《美国公立大学的未来》中表述了此类观点。

② Jaspers Karl, *The Idea of the University*, London: Peter Owen Ltd., 1965: 19.

一是研究、教学专业知识；二是教育和教养；三是生命的精神交往；四是学术。① ［德］卡雅氏特别强调爱与交流的行为，提倡自由交往与精神陶冶。认为教育是人与人精神相契合，文化得以传递的活动，人与人的交往是双方（我与你）的对话和敞亮，这种对话关系是人类历史文化的核心。② 在他看来，实现自由教育的路径是精神的交往，自由也只能实现于人与人的相互联系之中，这一思想明显带有承上启下的调和色彩。

20 世纪六七十年代，德国大学开始了系统改革。在关于大学的争论中，尤根·哈贝马斯（Habermas）强调尽管大学已被功能化，但社会仍保留了它与生活世界和文化再生产间的联系。他把大学看作根植交往、具有批判性和改革性的场所，提倡一种"交往的共同体"，这种交往是平等、自主的不同主体之间达成有关"世界"共识的过程。认为大学必须恢复在公共领域衰落时期失去的、可供争论的空间，必须再次把知识和人类兴趣联系起来，提倡一种以大学为形式的学习过程，而这种学习过程的核心，就是合理的交往行动。哈贝马斯保持了洪堡和雅斯贝尔斯关于大学的理念，是对西方资本主义现代性的批判和超越。

20 世纪末，现代大学已发展成为具有多种职能的超级复合体组织和技术官僚机构，洪堡意义上以承担国家和民族文化使命为己任的大学已步入黄昏时代。对此，加拿大学者雷丁斯尖锐地指出，现代大学已然是个衰败的机构，必须在"废墟"中栖身，追求建设一个"解中心"、无共识的共同体，形成开放而多元的教学、思想和学术空间，继而提出"以思想之名"重建理性大学的观点。③

综合看来，西方学者主要从某一哲学流派出发，大学理念包含着人们对知识的认识和价值判断。大学作为学术机构，既要对真理忠诚又要对社会忠诚，这是现代大学理念建构中的一对矛盾。学者周光

---

① ［德］卡尔·雅斯贝尔斯：《什么是教育》，邹进译，生活·读书·新知三联书店 1991 年版，第 149 页。

② 同上书，第 26 页。

③ ［加拿大］比尔·雷丁斯：《废墟中的大学》，郭军等译，北京大学出版社 2008 年版。

礼、刘献君等认为这些矛盾具体表现为：目标理念的学术型与职业型的冲突；学术理念的基础研究与应用研究的冲突及管理理念的学术权力与行政权力的冲突。而冲突的实质来源于价值观的分野，即理想主义学术价值观与功利主义学术价值观的对立。①

由于意识形态、知识背景、大学类型、研究视角的差异，关于哲学范式的大学理念研究总是试图在各种哲学争论之间来阐释大学。直至今日，人们对大学的理性反思未曾停息，由于不同教育理念所依承的哲学基础缺陷，迄今为止，任何一个时期所产生的大学理念都没有彻底退出历史舞台，因为它背后的利益主体没有消亡，只是存在力量的消长。从趋势看，当代大学与社会的关系虽似“钟摆”，但总体上仍是力求实现人的发展，隐含着一种现代人文理性思想，并呈现出文化交融的新特点。

三　文化历史范式的大学理念研究

文化历史研究范式表现出叙述的、情境的和意义的建构，遵循价值至上的原则，倾向于把大学教育看作是一个与政治、经济、文化关联的整体，用文化的视角理解教育。文化历史范式的大学理念研究主要分为以下三类：

第一类以文化与大学的关系为主线，对大学理念进行批判性的理性思考。较有代表性的成果为加拿大学者 Ruth Hayhoe（许美德）的《中国大学 1895—1995：一个文化冲突的世纪》，作者从文化与教育关系变迁的视角考察中国大学从传统向现代教育的转型，强调文化转型在大学理念转型及教育转型中的核心地位。在她看来，“在中国的传统中既没有自治权之说，也不存在学术自由的思想，同时，也没有一处可以称得上是大学的高等教育机构”，而是“欧洲大学的凯旋”。② 她呼吁“中国大学必须在现时代确立自身的认同，形成自己

---

① 周光礼、刘献君：《当代大学理念冲突的表现形式及其实质》，《湖南第一师范学院学报》2003 年第 6 期。

② ［加拿大］许美德：《中国大学 1895—1995：一个文化冲突的世纪》，许洁英译，教育科学出版社 2000 年版，第 18—32 页。

的特色，这是中国大学的灵魂所在”。[①] 香港中文大学校长金耀基先生的《大学之理念》从大学的源头与文化品性出发，对于价值冲突造成的大学科学文化与人文文化的分裂进行了研究，认为真正的大学必须具有三个组成部分：一是学术性之教学；二是科学与学术性的研究；三是创造性之文化生活。以此强调现代大学更应努力弘扬人文精神，抵制科学主义、工具主义和技术主义等现代性对大学理念的侵蚀。

第二类以教育家思想为主线，对历史上著名的高等教育思想家的大学理念进行回顾述评，目的在于借鉴与反思。中国学者对大学理念的早期研究范式更侧重于文化历史分析，内容上侧重于探究中外教育史上有影响力的教育家办学思想，特别是古代大学之道，近代蔡元培、梅贻琦等教育家的办学思想和部分老牌大学的办学理念，在此基础上进一步架构中国大学理念的应然图景。如学者王冀生在《大学之道》中考察了中国传统文化中孔子儒学的教育理念，分析了西方文化在近代中国的传播，强调当代中国大学正全面承担着各种社会责任，必须与学术和社会协调发展，实现崇尚学术与适应社会的辩证统一，体现应有的文化品位、独立精神和价值追求，注重民族文化传统与现代教育转型的关系，以及教育转型对于传统文化的依存性。

第三类以经典大学理念为主线，对其内涵与发展进行深入历史分析与展望。学者韩延明从历史视角分别考察了中西方经典大学理念，提出中国大学应把握育才兴国、可持续发展、面向社会、国际化四大新兴理念。刘宝存在分析了知识经济时代的大学特征后，强调大学应是学者的社团，是探索和传播高深学问和普遍学问的场所，是一个统一的有机体。人才培养是大学最本质的职能，大学必须走出“半人”时代，确立培养“全人”的目标。[②] 陈廷柱则走出本质主义思维，从未来主义视角提出在学习型社会中，“以人为本是核心、完善人性是目标、终身教育是基石、教育民主是前提”。

---

① ［加拿大］许美德：《中国大学 1895—1995：一个文化冲突的世纪》，许洁英译，教育科学出版社 2000 年版，第 176 页。

② 刘宝存：《大学理念的传统与变革》，教育科学出版社 2004 年版，第 243 页。

文化历史范式的大学理念研究抓住了大学文化之根，深化了不同文化语境下对大学理念的理性阐释。这类研究中有的明确提出了自己的教育观，但由于大学教育实践问题广泛而复杂，如何将西方文化中的大学理念融入中国本土文化中来、怎样有选择地吸收改造并创造有中国文化特征的大学理念等问题上，有影响力的、系统的成果并不多见。

四　实践范式的大学理念研究

实践范式的大学理念研究不是根据一定的理想和规范去考察教育，而是对教育事实做客观的记载、解释，从中探究各种事实相互间的规律关系。不同的理念主体有自己的思维特点、实践经验与理想追求，因此，实践范式的大学理念研究表现出可验证和可重复的特点，遵循事实陈述，从“实然”到“应然”的原则，以微见大，这类从具体实践中“长”出的理论更经得起检验，也使大学理念摆脱了以往的纯理性研究。

实践范式的大学理念研究根植于教育实践，在“行—知—行”的过程中形成的关于教育与办学实践的理性认识。相关研究包括学者刘献君的《大学之思与大学之治》《大学之道》等，结合在华中理工大学等高校管理实践，站在领悟教育真谛、认识教育本质的高度，提出“办大学在战略上要站得高”“没有一流的学科就没有一流的大学”“以人为本，确立教师在办学中的主体地位”“办大学就是办一个氛围”“人文与科学教育相融合”等理念，[①] 在学术界产生了很强的影响力，有效地指导了大学办学实践。学者肖海涛将历史与实践相结合，通过分析华中理工大学的理念，指出中国现代大学要坚持传统大学理念的精髓，同时必须适应时代的发展，成为推动社会全面进步的轴心机构，并成为学习化社会的知识中心。这类研究体现了多元与实践的价值取向。

大学理念的研究目的和归宿都在于实践，如果不能将视线下沉，聚焦到我国高校办学理念与实践引领之中，其研究价值将大打折扣。

---

① 刘献君：《大学之思与大学之治》，华中科技大学出版社 2000 年版。

可以说，我国大学发展中缺的不是理念，而是从自身实践中产生的理性认识。树立以实践性为特征的思维方式，是对我国大学理念发展历史的深度考量，也是基于教育实践的反思与检验。

五　知识范式的转换与相关教育理论研究

教育研究范式的转换并非一个简单的替代与否定过程，事实上，任何一种单一的研究范式都不能在整体上为大学理念提供全面合理的解释。一方面，大学教育问题复杂多变，教育研究范式与方法不均衡，使得范式转换成为必要。另一方面，随着研究视角的转换，学术共同体使用的价值体系、话语体系、问题体系与方法体系会发展变化，直接推动了知识范式教育研究的兴起（见图 1－1）。

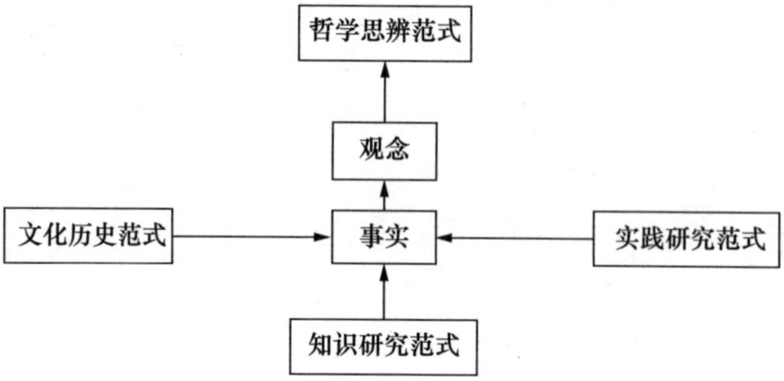

图 1－1　知识范式转换

知识范式是特定时代知识系统与特定科学共同体成员间所具有的话语系统模型，正是这种关联总体为特定知识系统的产生提供了背景、动因、框架或标准，并提供了评价和产生新的经验和信息的框架，构成并产生了具有结构性的知识形态。随着后现代哲学思想的产生以及科学知识社会学研究的开展，知识对教育和大学发展的作用逐渐被人们所认识，并成为西方教育社会学研究中的热点问题。[①] 知识

① 比较具代表性的有迈克尔·F. D. 扬主编的《知识与控制》（1971）；迈克尔·W. 阿普尔的《权力与学校知识》《意识形态与课程》；雷卡德·布朗编的《知识、教育与文化变革》（1973）；巴塞尔·伯恩斯坦的《阶级、符码与控制第三卷：教育传播理论》（1977）；约翰·恩格尔斯坦的《学校课程社会学》（1977）；斐利普·韦克斯勒的《教育社会学：超越平等》（1976）。

范式的引入突破了对教育理论研究的局限，侧重于研究教育中知识与权力之间的复杂关系，就早期的研究内容来看，主要集中在教育原理和学校课程方面，对大学问题的关注较少。

近年来，我国教育理论的知识范式研究逐渐兴起，从知识论的角度探究教育基本原理。如石中英根据孔德的知识发展阶段理论，将知识区分为原始知识型、古代知识型、现代知识型、后现代知识型四类，并以此为分析框架讨论教育改革。[①] 靖国平的《教育的智慧性格——兼论当代知识教育的变革》从知识论入手分析了知识教育的演变，提出教育是知识与智慧双重性格的辩证统一。郑春光以行动为研究起点，研究了在社会结构转型中、知识的变迁中教育目的、教育中的知识以及教育组织形态的变迁，提出中国社会转型的关键在于转型必须同时具备结构基础和知识基础。[②] 这些知识视角的教育史学和基本理论研究的兴起反映了学者对知识在教育中的地位和功能的认识在不断强化。

采用知识范式研究大学理念最具影响力的成果是英国学者德兰迪的《知识社会中的大学》。作为一名社会理论家，德兰迪将大学视为与知识、文化、社会相联系的场所，提出大学应成为一个交流的场所，并担负起三个使命：重新沟通大学与社会的联系，恢复各学科间的联系，构建大学与社会、国家间的新型关系。[③] 这些研究对21世纪大学理念的构建颇具反思性和预见性，为我们提供了一面透视当代大学的镜子。随着知识社会的到来，知识与大学问题的研究在我国逐渐兴起，并散见于一些博士论文中。如王玲通过对不同阶段美国知识观的转型与大学本科教学模式的变革之间关系研究，提出美国知识观转型促进了大学本科教学模式的“合理性”及其“合法性”重构。[④] 黄

---

① 石中英：《知识转型与教育改革》，教育科学出版社2001年版。

② 郑春光：《博弈、知识与教育》，博士学位论文，华东师范大学，2006年。

③ ［英］杰勒德·德兰迪：《知识社会中的大学》，黄建如译，北京大学出版社2010年版。

④ 王玲：《美国知识观转型与大学本科教学模式变革之关系研究》，博士学位论文，东北师范大学，2007年。

宇红的《知识演化进程中的美国大学》按知识和大学相互作用进程分析美国的大学教育思想史，认为知识和大学的结合使美国大学完成了从学院向大学的转变。[①] 学者朴雪涛从制度的角度研究了知识与大学发展的互动关系，认为大学发展与进步的内在机制是知识制度的变迁。朱新梅以制度变迁为分析框架，从知识与权力关系出发，揭示了不同知识框架结构与政治权力之间的互动过程，系统探讨了国家治道与大学知识生产变化的关系。阎凤桥的《知识与大学组织的历史性与社会性》[②] 指出，大学组织的社会性集中地表现在知识观下的学术行为等方面。

从知识范式的教育研究看，学者们关注重点是既有的社会权力系统、知识与大学教学、制度、组织管理等之间的关系，这些为理解知识和大学理念的关系提供了参考。但现有研究大多采取了横向维度的分析，隐含着一种线性逻辑：知识的变化线性地导致大学教育或制度的变化。关于知识在什么条件下会发生怎样的纵向变迁，知识与教育的变迁与社会转型之间有何关联，以及对大学理念的影响如何等并未涉及，因而主要是描述性的，而非结构化的分析。

六　社会转型与教育的关系研究

对社会转型问题的研究始于西方社会学领域。社会转型作为一种特殊的结构性变动，意指社会从一种形态向另一种形态的转换。社会转型揭示了社会的有机性和发展的关联性，它意味着社会系统内部众多要素的共时态发展，其中包含结构的转型、运行机制的转换、价值观念的转变、体制的转型等。[③] 就其运行特点看，社会转型是由各种力量推动形成的社会结构整体性变迁，由几种社会范型的转换和历史阶段的嬗变，其实质是向现代化社会的一种过渡。

（一）社会转型的阶段、过程与特点研究

按照西方社会功能结构学派的观点，社会转型的主体是社会结

---

① 黄宇红：《知识演化进程中的美国大学》，北京师范大学出版社 2008 年版，第 7 页。

② 阎凤桥：《知识与大学组织的历史性与社会性》，《教育学报》2008 年第 6 期。

③ 郑杭生：《中国特色社会学理论的探索》，中国人民大学出版社 2005 年版，第 247—250 页。

构，往往表现为社会制度的标志性改变或社会形态的重大变迁；转型的方式是运行机制，主要表现为社会资源配置手段的变换。根据西方现代化理论，社会转型的明显标志就是“经济转型之工业化、结构转型之城市化、政治转型之民主法制化、文化转型之世俗化、组织转型之科层化、观念转型之理性化”。[①] 西欧国家从 15 世纪欧洲文艺复兴后几百年间相继完成了由农业社会向工业社会的整体转型，并正处于向知识社会的新一轮转型过程中。

社会转型预示着某个领域的终结和时代的终结，同时意味着新的社会形态开始显现，是一个“自我摧毁以便自我重建”的“事件频发”的过程，意味着旧秩序的打破和新秩序的建立。社会转型前后不同社会形态具有不同的特点。学者刘祖云等认为传统社会以自然经济为基础、农业为主导产业，社会开放程度和分化程度较低，转型社会是传统因素与现代因素并存的社会；现代社会以市场经济为基础、非农产业为主导，社会开放和分化程度较高。根据这些条件，我国仍处于从农业社会向工业社会、从自给半自给的产品经济向市场经济、从封闭社会向开放社会、从同质单一性社会向多样性社会、从伦理社会向法理社会、从“无序型社会、总体型社会、管治型社会向知识型社会”的多重转型进程中，现代化仍是中国未来社会转型的主要目标。

（二）社会转型与教育转型的关系研究

有关社会转型与大学理念关系的研究成果并不多见，大部分研究成果仅将社会转型作为大学历史分期的依据，而并未真正深入涉及两者的内在关联。但学术界对教育转型与社会转型关系的分析对本书亦有重要的参考价值，主要体现在以下几个方面：

第一，关于大学与社会关系的认识。美国夏威夷大学教育学院院长克里斯汀·K. 索伦森提出大学与社会关系的四种模式：象牙塔模式、社会服务模式、变革推动者模式和互动模式。[②] 这一研究打破了

---

① 刘祖云：《社会转型：一种特定的社会发展过程》，《华中师范大学学报》（哲学社会科学报）1997 年第 6 期。

② 蒋凯：《适应还是引领：社会变革中的大学——北京论坛（2007）教育分论坛综述》，《北京大学教育评论》2008 年第 1 期。

传统上大学与社会间的单向作用，而转向社会与大学的相互塑造。我国现有相关研究主要关注大学与其他社会现象和子系统的关系，从形态上看，集中表现为“适应”“同步”“超越”三种。从对关系内涵的研究看，诸如“高等教育受政治制约、为政治服务”① “经济是决定性的制约因素，教育发展必须与生产力发展相适应”② 等学术观点长期支配着教育理论，反映了对教育理性认识的不足。此外，学界在探讨其与社会的关系时，通常只是探讨高等教育与政治、经济、文化的“静态”、线性的关系，对大学与社会的“动态”发展与非线性关系较少论及，一旦有其他因素介入，理论上的协调性必将被打破，出现新的矛盾。

第二，关于不同的社会形态下教育功能与特点的研究。我国学者吴康宁在《教育社会学》中从经济结构与教育职能的关系出发，提出农业社会是国民经济以农业为主体的社会，具有科技含量低、身份等级差异明显及变化迟缓三个突出特征，因而教育的社会职能主要是“防范”和“控制”；工业社会是国民经济以工业为主体的社会，具有科技含量日益增大、经济结构“开放式”不平等、多变而流动性强三个特征，③ 教育所承担的主要是“社会调适”职能；后工业社会教育被赋予“社会更新”职能，以“建构终身学习之基础”为使命。④ 这也意味着，当社会从一种典型社会形态向另一种形态转型时，教育往往会同时承担前后期两种社会功能。

第三，关于社会转型与教育转型的关系研究。法国社会学家涂尔干的《教育思想的演进》最早从社会转型的视角来研究法国大学教育，提出：“教育的转型始终是社会转型的结果与征候，要从社会转型的角度入手来说明教育的转型。”⑤ 即教育变迁与社会转型是互为表

---

① 潘懋元：《新编高等教育学》，北京师范大学出版社 2002 年版，第 25—26 页。

② 同上书，第 15—25 页。

③ 吴康宁：《教育社会学》，人民教育出版社 2001 年版，第 57—67 页。

④ Bell D. , *The Coming of Post-Industrial Society*, New York: Basic Books, 1976 : 14－23.

⑤ ［法］爱弥尔·涂尔干：《教育思想的演进》，李康译，上海人民出版社 2003 年版，第 231 页。

征的关系。董泽芳从宏观、中观和微观三个层次讨论了社会转型对教育的影响：宏观上讲，社会结构转型打破了教育自我封闭的格局，导致原有社会结构相配套的规则与程序不同程度地失效，引发教育的社会功能重构，社会全方位的变革使教育赖以生存的基础发生了变化，教育与社会的冲突大量存在。中观上讲，急剧的转型使原有社会阶层结构产生了前所未有的大分化，进而导致利益的大分化，必然会在不同利益主体间产生矛盾，引发教育发展的失衡等问题。微观上看，主要存在社会无序与教育失范问题。①

综合学界对社会转型与教育转型的关系研究，有两点基本共识：一是随社会转型必然发生教育的转型性改革；二是这种转型性改革是实现由传统教育向现代教育的转变，但并非教育现代化热点话题的惯性前冲，而是实质性（体制性）的深化，指向一些具体问题。

第四，关于社会形态演变对教育变革的影响研究。刘献君认为农业社会主要以土地和劳动力为基础，核心要素是土地，所对应的学科特点是高度综合，反映到教育理念和内容上是以人文教育为主；工业社会以资本和能源为主要推动力，核心要素是资本，对应的学科特点是高度分化，反映到教育上是以科技教育为主；信息社会（知识社会）以知识为基础要素，以现代科技为核心，对应的学科特点是在高度分化基础上的高度综合，反映到教育上则是科技教育与人文教育的融合。② 这一研究抓住了社会结构转型的核心因素及其与学科知识、教育变革之间的对应关系，避免了片面的“因果决定论”，具有很强的说服力。

七　现有大学理念研究述评

大学理念研究一直是学术界关注的热点和难点，取得了丰富而有价值的成果。在研究类型上，主要是进行宏观研究，对大学理念进行条分缕析和积极阐发，对相关问题进行了仔细梳理和理论的提升；在

---

① 董泽芳：《关于社会转型期教育社会学使命的思考》，《教育研究与实验》2005 年第 2 期。

② 刘献君：《实践研究　相互推进——华中科技大学十年文化素质教育回顾》，《高等教育研究》2005 年第 3 期。

研究内容上，重点考察了在西方大学理念发展历程中有关大学的基本性质、功能、社会责任、理想模式等认识演变过程与特点，其主要目的在于借鉴经验、揭示规律；在研究视角和方法上，主要从历史演进、文化比较、哲学分析等视角进行论述，采用古今观照、史论结合等研究方法，对理念的哲学基础、演进规律作出分析与评价，从中汲取先进思想和经验。这些前期成果为本书提供了非常有价值的研究基础。

然而，大学理念的研究具有情境性、复杂性和迟效性等特点，所涵盖的问题广泛而深入，需要长期不断地对其进行认识、检验和反思。从已有的文献看，仍存在许多理论空白。

（一）囿于线性思维模式的制约

按照科学哲学的观点，任何观察的背后均有一定的思维内容和思维方式在起作用。现有大学理念研究大体呈现出“镜式结构”的线性模式，在这种镜式关系结构下，大学与社会子系统的关系被事先预设为“主客体”关系，以社会为中心，将大学与政治、经济、文化的关系简单地视为“经济基础”与“上层建筑”的关系。即“主体—客体”关系模式、“反映—被反映”模式、“决定—被决定”关系模式等，线性思维模式的干预严重制约了对大学基本问题的理性认识，迫切需要转变思维，开辟大学理念研究的新维度。

（二）研究内容的局限

从对西方大学理念的研究看，一是对大学产生的共同源头——中世纪的大学理念研究尚属空白，中世纪大学理念基础对后世有着极为重要的影响，迫切需要梳理和分析；二是缺乏对国别性质的大学理念研究，而主要集中于对经典理念的剖析，且缺少一定的连续性；三是着眼于中国大学理念进行的系统探讨的研究成果不足，且批判性、反思性研究更少。中西方教育理念与嬗变各有其独立的发展线索，这种与国情相脱离的研究并不能给教育带来多少触动和影响，抱以虚无主义态度的“边陲思维”依然影响着现有研究。

（三）缺少范式的整合与创新

从已有研究看，西方大学理念研究已显示出由纯哲学思辨范式向实践范式、知识范式的转型；中国大学理念研究更多的是从社会政治、经济、文化等角度论教育，而未突出研究大学教育的特征、属性与功能。一方面，抛开大学的知识性去谈大学，并不能反映大学的独特性；抛开大学教育的根本问题与社会根源则不能反映社会与大学关系的新特点，导致学界对大学理念的误读。另一方面，研究范式的局限所产生的最大问题是缺乏创新，研究主题缺乏多学科的视野和理论的支撑，使大学理念研究的实际效用与理想价值相去甚远。

（四）动态的结构性分析不足

研究的冲动都是从真实的问题而来，中国的问题是结构性的，这和西方大相径庭。从某种角度来说，西方国家面临的主要是局部性问题，而中国仍然处在结构性转型的时期，所存在的问题基本上都是结构性的，很多问题相互纠缠，很难单从某个问题、某个方面去理解。

尽管部分学者强调知识在高等教育中的核心地位，但较少将“知识”和大学理念、社会意识形态相关联，并作为社会建构的一个整体问题来考察。因而，造成的一个可能结果是，在中国快速转型的过程中，我们可能关注到了社会对知识建构所发生的作用，而对知识与思想变迁对社会的可能后果却被忽略了。大学理念是在特定的时代下应运而生并发挥作用，并以知识为核心而演绎的，只有对大学理念关系性要素之间动态关联的认识上有所突破，才不至于使理念停留于形式主义的滥觞。

（五）忽略对存在语境的考量

当人们提出某种理念时，他们心目中首先有自己的历史、大学的历史和专门领域的知识。因而理念产生的思维只有在特殊的环境下才有适用性，即使这种理念是能广泛应用的，但它也只涉及存在的特定范围，而对于想要理解并以它指导教育的人来说却是不够的。作为行动者的理念主体，对大学现实有着各自的经验和理智，任何武断的判断和非理性的认识都将是片面的，不能用单纯逻辑的方法去理解。大学理念是知、情、意的复合体，既不能离开组成它的基础情感和心理根源，也离不开它赖以发生和蜕变的情境。

当前，研究社会转型、知识演化与教育理念的关系与作用机制将是理解中国大学的关键性问题，深化对此类问题的研究将有利于我们更好地把握大学理念的发展与建构逻辑。

第四节　核心概念

一　理念及其相关概念

（一）“理念”与“观念”

本书认为，所谓“理念”，是以社会事实为基础，渗透着个体思维认知与情感、追求，从事物的内在属性和所处的客观语境出发，综合其运行逻辑和条件变化的关系所形成的特殊理性认识。观念是人们在实践当中形成的各种认识的集合体，是客观世界诸事物、现象、过程和规律的反映。理念与观念的区别在于，理念是理论化、抽象化、系统化的观念，理念是通过理性思维而得到的，是对观念的一种再认识，是从观念之中提取出来的理性成分；而观念不一定是系统化的、抽象的、理性的。

（二）“理念”与“思想”

思想是人类利用心智对外部客观存在进行思考而形成的思维活动体系，是人的意识对客观存在的反映。思想和理念都需要心智的参与，二者的区别在于：①思想是个较为宽泛的概念，包括人类思维活动所产生的各种认识、观点、看法、意见、决定等观念体系和理论体系等。思想是理念产生的基础，但理念是对思想在认识上的超越，是将思想升华为信念转化而来的，并将思想上升到哲学层面。②思想广泛存在于人类的思维中，通常与个体经验相联系，往往具有自为性、主观性、独特性。而理念必须合乎理性要求，并被广泛认同。一旦理念不具有合法性，就仅仅是一种思想。③就思想本身而言，可能是表面的、非连续性的、暂时的、价值无涉的、未经科学验证的，不直接带来知识和智慧（海德格尔）。但理念是系统化的、相对稳定的，经过实践验证并包含价值判断的知识形态。

（三）“理想”“信念”与“理念”

理想是人们向往的、与奋斗目标相联系的、有实现可能的想象，大学理想是人们对大学目标及办学活动有关事物的向往和追求。理念与理想的区别在于，理念是理性认识而不是应然设计，理想则是一种应然的追求。“信念”是“主体对于自然和社会的某种理论原理、思想见解坚信无疑的看法。”信念是大学所持的观念，所信从的信条，所皈依的哲学。

理念与信念的区别在于，信念是“坚信”某种观念的正确无误，理念则不具有“坚信”或“信仰”的成分。坚定的信念、信仰产生矢志不渝的理想，大学的理想基于信念。信念是大学理念的灵魂、根基。理想、信念应体现在大学办学实践中，成为学校领导、教师、学生行为的指导、追求的原则，否则，则仅仅是一种理论、思想、想法，成不了大学理念。

二 大学理念及其相关概念

（一）大学与大学理念

在中国高等教育史上，“大学”有四义：成人终身教育、“大人”教育、大学问与大学校。科学意义上的“大学”有广义与狭义之分，广义的大学泛指各种性质、层次、类型高等学校的总称；狭义的大学指实施本科及以上的学历、学位教育，并由多学科组成的普通高等学校。大学理念是个比较宽泛的范畴，本书在此取大学的广义之说。

从现有的研究角度出发，本书认为：大学理念是作为思维主体的“人”在特定社会语境下，基于对知识价值的选择，所形成的有关大学教育属性及其要素关系等基本问题的理性认识。

（二）教育理念、高等教育理念、大学理念与高等学校教育理念

教育理念作为一个理性视域中的哲学概念，是特定的理念主体关于如何发展教育或如何办学的理性认识，反映了对教育“实然”问题的“应然”价值取向。教育理念是个上位指称，涵盖了其他各级各类教育理念。

教育理念是分层的，根据理念主体的不同，教育理念可分为高等教育理念、大学理念与高等学校教育理念三个层面。①“高等教育理

念”以国家为理念主体，全面而集中地凝练了政府当局对发展高等教育、体现高等教育价值与功能以及处理高等教育与社会政治经济发展的关系等问题的理性认识，是国家政治意志和立场在高等教育政策与制度中的反映。②“高等学校教育理念”以作为相对独立的高等学校为主体，从自身办学实际出发，是在长期办学实践中所形成的有关如何治学与治校的观念体系，具有鲜明的个性色彩，突出反映了办学者的教育理想与信念。③大学理念作为介于宏观与微观之间的一个“中层”概念，受国家高等教育理念的指导和制约，以其先进性与合法性影响国家高等教育理念的形成与变革。同时，又涵盖了各类高等学校教育理念，综合反映了特定时期大学的使命陈述、社会定位及角色期待，是特殊性与普遍性的辩证统一。

（三）大学精神与大学理念

大学精神是对大学理念起潜移默化作用的一种文化追求、内在气息与生命力量，具有一定的感召力。大学精神与大学理念都属于意识层面的形而上概念，并具有历史性和社会性。大学理念是对大学精神的时代注解和具体体现，而大学精神是大学理念的内在动力与信念支撑。二者的区别在于，大学理念属认识论的理性范畴，是时代的表征，指向更具体事物或现象，更具理性化和系统化，具有个体生产特征；而大学精神属于价值范畴，具有相对稳定性和长效性，反映了大学长期积淀而形成的不易改变的传统文化形态、氛围、心理定式和潜意识状态，是抽象的弥散存在，具有群体生产特征。

（四）大学理念与大学核心理念

大学核心理念是高等学校为实现特定的教育使命，依据自身发展定位和核心文化，渗透着大学核心价值取向与利益相关者的共同愿景，在办学实践中高度凝练出的组织最高目标与理想追求，反映了指导大学教育长盛不衰的根本信条。大学理念与大学核心理念的关系是基础与一般的关系，二者在一定条件下可相互补充和转换。从形式上看，前者是一般性的存在，体现了对大学整体问题的把握；后者是特殊性存在，体现了不同大学的特色与信仰。

三　社会转型及其相关概念

在社会研究领域，“转型”（Transformation）用以描述社会结构中具有进化意义的转换性质，说明一种社会向另一种范型（modernization paradigm）社会结构的转换。西方学者 D. 哈利生在《现代化与发展社会学》中首先提出了这一概念，意指传统的原型社会的规范结构向“发展逻辑”的更高层次的演化，并以此概念说明现代化和社会发展。[①] 而明确地把“Social Transformation”翻译成“社会转型”的是中国台湾学者蔡明哲，他在《社会发展理论——人性与乡村发展取向》一书中认为社会转型是“由传统社会走向现代化社会的一种社会转型与成长过程。”[②] 我国学术界主要将转型的主体作为社会结构的整体。[③] 如郑杭生等认为，“社会转型意指社会从传统型向现代型的转变，或者说由传统型社会向现代型社会转型的过程”[④]。

社会转型不同于社会变迁。社会变迁常指发生在同一社会形态或同一生产方式内的社会累积性渐变，实质上都未与传统决裂，只在已有制度、模式框架内变化；社会变迁是社会系统的结构和功能生成的自然历史过程，它侧重的是社会结构和功能的变化，这种变化可能是正向的，也可能是负向的。当社会变迁是负向的时候，社会变迁就不是社会发展了，而是社会的退步。[⑤] 社会变迁意在“流变”，社会转型则意在“转变”的性质。

结合社会学界的理解，本书认为，社会转型作为一种特殊运动方式，意指社会结构及其运行机制的整体性转换，包括社会权力结构、经济运行机制和文化价值观三个主要层面的转变。

---

① David Harrison, *The Sociology of Modernization and Development*, Acdemic Division of Unmin Hyman Ltd., 1988.

② 蔡明哲：《社会发展理论——人性与乡村发展取向》，台湾巨流图书公司 1987 年版，第 66、189 页。

③ 李培林：《另一只看不见的手：社会结构转型》，《中国社会科学》1992 年第 5 期。

④ 郑杭生、李强：《当代中国社会结构和社会关系研究》，首都师范大学出版社 1997 年版，第 19 页。

⑤ 和学新：《社会转型与当代中国的教育转型》，《华中师范大学学报》（人文社会科学版）2006 年第 2 期。

四 知识及其相关概念

（一）知识

“知识”是个开放性的概念，“是一个不能够得到精确定义的名词”,[①] 总是同人的“认识”及其“认识的背景”相关联。“知识”一词源自古希腊的“Peisteme”，理解为拉丁语中的“scinetai”，即某一学科的知识。而英文中的“knowledge”则通常指一般意义上的“科学的、系统的、专业化”的学问。柏拉图较早就提出“知识是人类理性认识的结果，是人们对于事物本质的反应和表述”。在《泰阿泰德》篇中提出知识的三个基本要素：“信念、真实和确证”,[②] 即认为知识是一种“确证过的、经过辩护的真实信念”，这一理解奠定了知识的基本条件。

此后，不同哲学流派的学者对“知识”有着不同的诠释：以笛卡尔、康德、斯宾诺莎为代表的理性主义者认为知识是“理性思维的产物”；以洛克、休谟为代表的经验主义者认为“知识是经验的结果”；以詹姆斯和杜威为代表的实用主义，则将知识视为“一种行动的工具”，认为知识的标准是能够产生令人满意的行为结果；以皮亚杰、维果斯基为代表的社会建构主义者，认为知识是一种主体性的存在，强调知识来源于主客体的相互作用。中西方大辞典对“知识”主要作了如下界定：①知识是人们在改造世界的实践中获得的认识和经验的总和。[③] ②知识是个体通过与其环境相互作用后获得的信息及其组织。[④] ③知识是客观事物的属性与联系的反映，是客观世界在人脑中的主观映象。[⑤] ④知识是人类获得的关于真理和原理的认识的综合。总的看来，知识不仅包含了人们认识的成果，也包括了认识的获得过程，甚至包括了与真理性认识相对立的谬误结果和导致这一结果的

① 洪成文：《现代知识教育论》，山西教育出版社 2001 年版，第 4 页。

② Robin Barrow and Geoffrey Milbum, *A Critical Dictionary of Educational Concepts*, Wheatsheaf Books Ltd., 1986: 100－101.

③ 《现代汉语词典》，中国书籍出版社 2003 年版，第 1129 页。

④ 《教育大辞典》，上海教育出版社 1998 年版，第 78 页。

⑤ 《中国大百科全书·教育》，中国大百科全书出版社 1985 年版，第 525 页。

过程。

综合以上认识，本书认为，知识属于认识范畴，是人与环境相互作用所产生的对事物属性与关系认识的一种思想表征和认知表达，从形式上表现为一系列的概念、经验或范畴体系等，从内涵上体现了被确证与辩护的真理和信念。

（二）知识与认识

“认识”是人类的意识活动，是人类在头脑中反映客观世界的过程。而知识是人类认识的成果或结晶，通常以概念、判断、推理、假说、预见等思维形式和范畴体系表现自身的存在。① “知识”包括人们在社会实践中积累起来的经验，但又高于人类的认识经验，是那些得到证明或证实的、有价值的经验。

（三）知识与真理

真理是符合客观对象的本质及其规律的认识，它所提供的是主体对客体的本质的、规律性的认识。只有通过抽象理论思辨和教育，才能将低等知识上升到真知识即真理。② 没有经过分类整理的知识，只是零散的、偶然出现的成果，只有当知识以理论的形态把握客观物质世界的内在联系和规律时，才成为真理。

（四）知识与文化

从形成机制看，知识与文化是相通的，二者都是人类通过实践认识所积累起来的经验总和，并借助于一定的语言形式，或物化为某种劳动产品的形式，可以交流和传递给下一代，成为人类共同的精神财富，但二者却不能相提并论。

第一，知识是文化的基础，是对认识经验和群体文化的固化，文化通过创造又能形成知识。第二，文化是人类精神财富的总和，通常是主观的。知识是主客体相互统一的产物，通常是客观的、理智的。但知识本身并不是客观现实，而是事物的特征与联系在人脑中的反映。第三，知识的要义在于“真”，要经过实践的检验。一旦发现知

---

① 冯契：《哲学大辞典》，上海辞书出版社 1992 年版，第 1010—1011 页。

② 朱德生：《西方认识论史纲》，江苏人民出版社 1983 年版，第 47 页。

识不“真”，知识就没有存在的价值。文化包含价值判断，可以真知识或伪知识为依托，以真知识为基础的集体意识文化则会演化为知识。第四，文化有民族性，知识具有普遍性和国际性。知识主要来自社会实践，不分民族、国家的。知识往往会促进或形成文化，体现了社会的进步；文化则是种历史现象，具有民族性，知识的贫富和民族文化的优劣不能等同，但不同民族因其文化差异而存在不同的知识形态。

（五）知识演化、变迁与发展

“变迁”是指情况的变化转移，特指对变化发展的描述；“发展”是指“事物由小到大，由简单到复杂，由低级到高级，由旧质到新质的运动变化过程”①；而“演化”又称进化，源于生物学对遗传性状在世代之间的变化现象，指事物“缓慢的、逐渐的、不显著的变化”。② 就现有的研究角度看，知识演化是指人类社会对知识的自然选择和基因再生过程，反映在不同世代之间知识的动态发展现象。

第五节　理论基础与研究方法

一　研究的主要问题

本书要解决的核心问题是：“大学如何应对知识与权力关系变化并做出理性回应，从而自主构建大学之理念?”解决这一问题所要探讨的相关问题包括：

（1）理解知识范式的大学理念基本概念、内涵与功能，如何厘清大学理念与知识、社会、人三要素之间的逻辑关系?

（2）现代大学理念赖以变革的知识基础和社会基础是怎样的？特定时期知识与社会之间权力关系对大学理念变迁的作用机制如何?

---

① 中国百科大辞典编委会：《中国百科大辞典》，华夏出版社1990年版，第55页。

② 辞海编辑委员会：《辞海》，上海辞书出版社2000年版，第1860页。

(3) 从教育实践行动的社会特性与知识特性分析大学理念的变迁过程，转型期的知识博弈对大学理念的冲击和影响，以及这些理念对大学发展的意义和向度。

(4) 当代如何重建社会、知识、人与大学的关系？不同类型的大学理念建构是否有一定规律可循？

二　理论基础：社会建构理论

知识社会学中的“社会建构理论”侧重分析知识与存在之间的关系，探讨在人类思想发展中知识与存在关系的诸种形式。[①] 知识社会学的基本主题是，只要思维方式的社会起源是模糊不清的，那就一定存在不可能被充分理解的思维方式。[②] 社会学家曼海姆在积极承认马克思强调社会对于知识的决定性影响观点的同时，吸收了舍勒强调思想方式自生性的观点，建立了基于知识社会学的“社会建构理论”框架，即“理念（意识形态）—知识（认知系统）—社会（行动建构）”，这一框架最重要的特点就在于将社会与知识放在一起考察，它是一种“考虑社会结构中理念根源的尝试”。[③]

“社会建构理论”所探求的是理解具体的社会—历史情景下的思想，在这个过程中，各自不同的思想只是非常缓慢地出现。强调从社会集体行动的背景产生出来的具体的现存思想方式，通过这种方式发现理性意义上的世界。[④] 该理论涉及三大问题：知识的存在基础（社会情境）、知识的形态以及二者的关系。其理论优势在于：既确定思想与行动之间的关系，又可阐明人类知识中非理论性之制约因素的意义；既要研究思想的社会根源及其社会制约，也要探讨思想所造成（或可能造成）的社会后果。

要深入理解大学理念的内涵，必须通过大学理念与特定社会发展之间错综复杂的关系来认识，但这种关系并非线性的和必然的，而是

---

① ［德］卡尔·曼海姆：《意识形态与乌托邦》，黎鸣、李书崇译，商务印书馆2001年版。

② 同上书，第2页。

③ 同上书，第34页。

④ 同上书，第2—3页。

通过知识这一关联物使其形成某种内在作用机制。该理论的适切性在于：把抽象的政治、经济和文化与教育的关系，具体化为诸多社会因素对大学知识形成演化过程的影响，以及特定利益群体对大学知识权力运作过程，揭示大学理念形成背后隐藏着的特定权力和利益集团的知识观及其价值观建构过程。这对研究大学理念的知识内涵、社会实质及其根源都具有很强的解释力。

三　分析框架

大学理念是在特定社会情境下与大学知识活动互动发展的产物。知识和社会发展有其自身逻辑，大学理念发展亦有其特殊规律。社会发展对大学理念变革的影响往往是显性的、直接的、不可逆的；知识在大学理念变迁中的表现往往是深层的、间接的，但也是持久的。本书主要把大学理念及其问题当作一种“社会事实”（涂尔干语）来看，将大学理念置于现实的微观以至宏观情境中，寻求对这种“社会现象”的解释。这种解释就其实质来说，既是“因果解释”又是“功能性解释”。

为了充分认识大学理念与知识、社会转型之间的复杂性关联，本书基于知识建构理论形成了“大学理念—知识演化—社会转型”的分析框架（见图 1－2）。试图从大学的核心要素——“知识”的演化这一视角来解读大学理念，基于人类历史上知识发展的“拐点”——“社会转型”来观照大学理念的发展与回应，探讨中西方大学理念演变过程中的共性与特点，在“社会—知识—大学”之间寻找一种共同的对话，形成“社会转型—知识演化—理念变迁”的三维分析框架。在理论建构的基础上，将大学理念置于社会转型的情境中，追溯西方现代大学理念赖以变革的知识根基和社会形态，分析大学理念的生产与变革机制，审视知识与权力关系变革对大学的影响，从教育实践行动的社会特性与知识特性中理解大学理念的内在逻辑，以期对中国大学理念做尝试性反思与建构。

四　研究方法

大学理念的问题是复杂而普遍联系的，因而分析方法也是多学科的。本书拟采用知识范式的大学理念研究，以社会学的言说方式和方法进行。

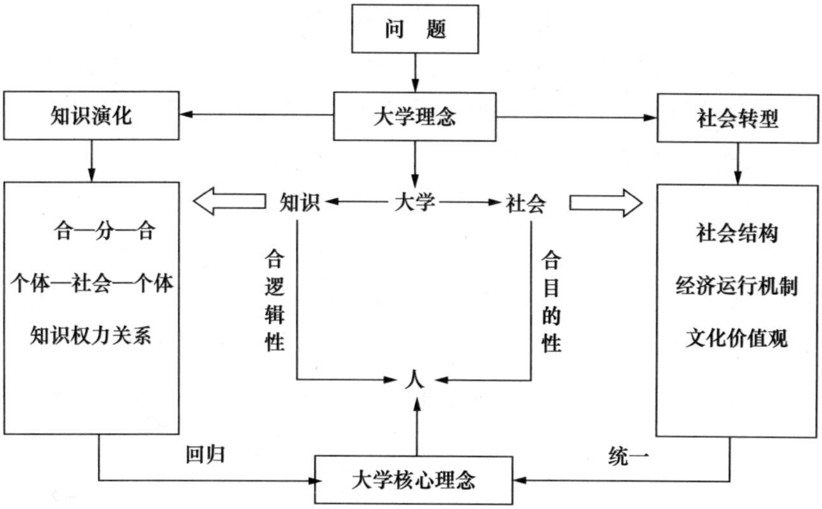

图 1－2 研究理论框架

（一）历史逻辑分析法

作为历史和价值的统一体，对大学理念从历史的角度，坚持历史的、辩证的观点，去分析其内涵和深远意义是极为必要的。一个人如果不理解过去不同时代和地点存在过的不同大学的理念，他就不能真正地理解现代大学。① 要解答中国大学理念面临的问题，既要“向前看”，也要“向后看”。大学理念是一个动态的、发展的概念，要把握大学理念与知识、社会转型之间的关系，就必须从历史研究出发，回到理念所处的时代背景下，追溯大学理念的变化发展过程，使历史与逻辑相结合，从中认识其发展的内在规律，寻求大学理念与社会之间的逻辑联系和变化态势。

（二）比较分析法

行为的判断和选择总是以一定的理性比较为前提，有比较才能为

① ［美］伯顿·R. 克拉克：《高等教育新论——多学科的研究》，王承绪等译，浙江大学出版社 2001 年版。

行为的选择和发展提供客观的依据。尽管我国与西方大学处于不同的社会环境，有着特殊的发展要求，研究西方现代大学理念的目的在于回溯大学的知识原点，能够在一定程度上揭示中西方不同社会转型进程中的大学理念变迁的不同路径，寻找中国大学理念发展的区别性特征，通过透析文化差异背后的社会因素与制度因素，反映不同时空条件下中国大学理念的特殊要求。

（三）案例研究法

个案研究是对特定对象进行描述和分析，并得出相应结论的研究方法。大学理念源于办学实践，是各类大学办学理念的综合性体现。因此，本书将选取我国各个社会转型期的具有鲜明转变意义的大学，对特定时期的大学理念作具体而深入的个案剖析。笔者选择范例的基本标准是：①处在社会转型期并反映了当时社会经济、政治、文化和教育上的重大变化；②既提出了较明确的理念，又将其付诸实践的；③具有典型代表意义的、在教育理论界和实践领域具有一定影响力的理念。这些案例能够较全面地从整体上反映当时社会情境下大学理念的变化。

五　研究的主要内容

第一章为导论。本章提出研究问题，阐述了研究意义，并对相关文献进行了综述。

第二章为大学理念：知识与社会的双向建构。从大学的双重属性即知识性与社会性之间的矛盾关系入手，分析大学理念的概念、内涵与功能，探讨大学理念与知识、社会、人三要素之间的逻辑关系。

第三章为西方大学理念的演进。将大学理念置于社会转型的情境中，追溯西方现代大学理念赖以变革的知识基础和社会基础，分析不同社会结构与知识形态下大学理念内涵的变化，提出西方现代大学认同危机的表现及其特征。

第四章为中国大学理念的变迁。分析中国社会转型与知识传统的特殊性，从教育实践行动的社会特性与知识特性分析大学理念的变迁过程，探讨转型期的知识博弈对大学理念的冲击和影响，以及这些理念对大学发展的意义和向度。

第五章为大学理念的建构逻辑。分析大学理念建构的逻辑起点，从社会运行机制、经济运行模式、文化转型中分析大学理念建构的动因、基础与作用方式；归纳社会与知识之间的权力关系博弈在大学理念变迁中呈现的主要模式；探讨大学价值冲突在大学人才培养中的表现形式及其矛盾根源。

第六章为中国大学理念的自主建构。从中国大学理念面临的历史特殊性入手，提出重建三者关系的思想共识及中国大学核心理念建构需要把握的基本原则与路径。

第二章　大学理念：知识与社会的双向建构

一个民族想要站在科学的最高峰，就一刻也不能没有理论思维。

——恩格斯

在布鲁贝克看来，大学就是各类知识分子进行知识生产、传播、保存和评价等活动的地方，围绕知识进行的活动是大学赖以存在的基础。作为社会组织体的大学，其生成与进化也是知识演化的结果。社会转型与大学理念通过知识活动产生了内在稳定的关联，这种关联是一种“结构性”的而非表象，人们往往因为这种关联的隐蔽和低调而忽视了知识的存在。显然，大学理念、社会转型与知识演变之间具有一定的互动性。尽管这三者之间的发展是非同步的，但当我们把大学理念置于整个社会变革进程中加以审视时，还是能发现知识的主要元素与大学理念之间的某种对应关系。反过来，这种对应关系使大学知识成为一种真实地记录着大学每个社会转型期教育理念变化的佐证。

第一节　大学理念的概念

康德说过：“一切知识都需要一个概念，哪怕这个概念是很不完备或很不清晰的。但是，这个概念从形式上看，永远是个普遍的、起规则作用的东西。”① 根据主体认识与研究视角的不同，人们对大学理

① 北京大学哲学系外国哲学史教研室：《西方哲学原著选读》（下卷），商务印书馆1982年版，第296页。

念的概念与内涵有着不同的理解。

一　“理念”：本体论与认识论的理解

“理念”（idea）作为“大学理念”的上位概念，是理解“大学理念”的前提性要素。在历史上，人们对理念的理解分别有“本体论”与“认识论”两种范畴。本书认为，大学理念应属于认识论范畴。

（一）本体论范畴中的“理念”

“理念”（idea）一词源自西方古希腊语（eidos），其本义为“形相”“通型”等。苏格拉底最早提出了“理念”一词，认为“所谓理念是思想想到的在一切情况下永远有着自身同一的那个单一的东西”，[①] 表明“理念”最初是一种主观见之于客观的行为，是人们思想中的设定或结果的概念。柏拉图在《对话集》里对理念的理解是有代表意义的：①“理念”代表理智对象，与感知对象相对立。②“理念”代表真实的事物，与感知中变化的对象相对立。③“理念”代表永恒的事物，与可能消失的变化世界相对立。[②] 显然，柏拉图将“理念”视为独立于个别事物和人类意识的永恒精神实体。

康德认为理念是理性领域内的哲学概念，“是指从知性产生而超越经验可能性的纯粹理性的概念”。[③] 黑格尔在《哲学全书》中从思维的角度出发。他认为“理念就是思想的全体，是概念和客观性的绝对统一。[④] 将“理念”视为一种自为自主的真理，是一种永恒的创造、永恒的生命、永恒的精神，是理性认识的一切关系的辩证法，是统摄、驾驭所有具体概念的“根本观念”和“精神实体”。[⑤] 受西方哲学家的影响，中国对理念的认识主要停留在“本体论”范畴内。《新现代汉语词典》中“理念”被注释为“观念”[⑥]，《汉语大词典》

---

① 颜一著：《流变·理念与实体——希腊本体论的三个方向》，中国人民大学出版社1997年版，第93页。

② 季国清：《观念论》，《求是学刊》1987年第3期。

③ 北京大学哲学系外国哲学史教研室编译：《西方哲学原著选读》（下卷），1982年版，第300—301页。

④ 同上书，第385—387页。

⑤ 同上书，第441页。

⑥ 王同亿主编：《新现代汉语词典》，海南出版社1992年版，第984页。

和《辞海》中则分别将“理念”解释为“理性概念”① 和“理性领域内的概念”②等。但这些解释却忽略了他们的哲学前提，导致“理念”所属范畴的紊乱或错位。

从柏拉图到黑格尔，以及中国对“理”的认识，多属于本体论的范畴，要解决的是存在与思维的关系问题。在思维与存在的关系上，或者错误地把思维看作是第一性的，或者把思维的概念形式作为客观事物的本身。这既与我们信奉的马克思主义哲学常识相背离，也与我们研究和使用理念的目的不相符。

（二）认识论范畴中的“理念”

唯物辩证法提出，人对客观事物的认识分为感性认识与理性认识两个阶段，只有理性认识阶段才能产生“思想”或“理念”。因此，本书认为，对“理念”的探讨宜放在认识论领域。从这一点出发，才能驱散理念研究不知所云的迷雾。

具体而言：其一，理念指向的是一种客观事物或客观行为，理念虽然是形而上概念，但是其目标对象却是一种客观实在，而非思想或思维。其二，理念是对事物的一个整体性理性认知，是以认识论为基础的一种理性范畴，而精神、信念等则属价值论范畴。其三，无论是“纯理性概念”还是“思维结果”，理念都是主观见之于客观并从实践中得到的反映。

“理念”属于认识的范畴，它来源于实践，并受实践的检验。实践提供了理念形成的素材，也规定了理念的价值取向。理念不是头脑中自生的，更不是先验存在的，也不是什么绝对的意志，可以不受客观条件的限制。当然，理念也不是在实践中自发形成的，不是对客观世界机械反映的结果；理念的形成还有其思想上的渊源，同时受到主体自身因素的制约，体现为主体的主观认识和愿望。总之，理念从本源上是实践的，但理念一经形成就可以作为一种间接的实践形式成为新的理念得以产生的条件，人在这一过程中是能动的，在同样的情况

① 罗凤竹主编：《汉语大词典》（第4卷），汉语大词典出版社1990年版，第571页。
② 《辞海》（中卷），上海辞书出版社1979年版，第2776页。

下，个人最终具备什么样的理念主要还是取决于自身。

综上所述，笔者认为，所谓“理念”，是以社会事实为基础，渗透着主体思维认知与情感、追求，从事物的内在属性和所处的客观语境出发，综合其运行逻辑和条件变化的关系所形成的特殊理性认识。

二 大学理念：一种知识范式的阐释

从知识、社会与大学关系的视角考察大学理念并非偶然。事实上，每所大学都是在知识和社会的双重意义上为环境所限定，使人在思想和行动中成长。知识社会学是将知识的认识论（知识论）作为哲学基础的理论，同时，把抽象的政治、经济和文化与教育的关系，具体化为诸多社会因素对学校知识形成和传输过程的影响，以及特定利益群体加之于大学知识传授上的权力运作过程，揭示大学理念形成背后隐藏着的特定权力知识观及其价值观建构过程，体现大学对知识性质及其关系变化的基本思路。

（一）大学理念的认识前提：大学的两重属性

把大学理念归结到理性认识的范畴只是问题的第一步，还需要进一步分析大学属性的必要。对大学属性的认识是解读大学理念的逻辑前提。任何大学理念都始终蕴含在大学的双重属性之中，大学作为一种知识机构和社会建制，具有知识性与社会性双重特征，这正是大学区别于其他社会机构的独特之处。

第一，大学的社会属性。大学并非一种“自在”的机构，而是社会性地建构而来的。大学既是社会的产物，又随着社会变迁而不断运动、变化和发展。大学的社会性体现在：服务社会是大学存在的合法理由。大学的社会属性表明大学在依赖社会提供的资源与支持条件的同时，需要适应社会、服务社会、引领社会的发展变革，同时满足社会对大学的人才培养要求。社会性构成了大学的基本属性之一，但就其性质而言仍是外部的。

第二，大学的知识属性。知识是大学最基本的要素，一切大学的教育理念与行动都必然围绕着知识，尤其是高深知识的演化和展开。大学是社会有机体的一部分，然而却是特殊的一部分，这种特殊主要源于大学的知识品性。大学的知识性体现在：①大学是研究高深知识的地方。大学要通过高深知识的传授、选择、生产、应用、发展与创造培养具有复合性知识结构的人才。知识作为一系列陈述命题所构成的理论体系，为大学提供认知材料与真理的判断标准，使理念与错觉、单纯的事实判断有所不同。②大学具有主体性和自由性，这是由高深知识的性质决定的。知识是大学无可替代的思想之源。一切大学理念，无论其性质、形态与内涵如何，都必然围绕着知识而展开，体现知识的性质、把握知识的内核，大学理念正是人们对这种知识存在状态的关注。

第三，“人”是大学知识性与社会性的逻辑统一。无论从大学与社会的关系，还是从大学与知识的关系来研究教育，都只看到了教育普遍联系的某个方面，用一种关系去替代另一种关系都不可能得出对大学的理性认识。大学的两大属性中事实上包含了三个基本要素：“知识、社会、人”，它们之间的互动组成了大学理念的基本关系，仅有知识活动对于大学教育的整体性来说仍是不够全面的，还应包括以培养人为目的的社会实践活动，作为大学主体的“人”是实现诸关系要素的逻辑统一。“人”作为理念主体总是通过自身对大学的理性认识，在“知识”与“社会”的钟摆游离之中作出符合价值判断的选择：强调大学的知识属性偏向于知识理性，形成了理性主义、人本主义、存在主义大学理念；而强调大学的社会属性则偏好于社会理性，形成了经验主义、功利主义、实用主义的大学理念。由于主体“人”在认识上的差异性，大学两重属性之间、知识理性与社会理性之间、情感与理智之间始终存在难以调和的矛盾，这种矛盾关系实质上体现在各种价值观冲突之中，并贯穿于整个大学理念的演进史。

如果从大学理念的三大要素来进行剖析的话，可以发现，大学理念和孕育它的知识与社会之间的关系是交互性的，一方面，大学理念是特定社会语境下的历史产物，理念的存在依附于具体情境，大学所存属的社会是大学理念赖以形成并发挥作用的基本场所，是萌发、创生、改造乃至抛弃大学理念的大本营。另一方面，知识是大学理念的生命和核心，对大学理念的探讨必然把知识作为基点，必须关注知识的存在状态也就是大学自身及其与外部环境的关系。大学理念的建构过程是大学中的人与社会、知识之间合作、沟通、协商的过程；社会结构为大学理念建构提供了认知活动的情境，主体人所处特定社会中的“知识”则是理念建构的载体和依据，大学与社会通过知识的交往实现大学理念意义的更新；人们在社会性地建构知识的同时，知识也通过大学理念的传达和教育实践来服务人类自身的发展。

（二）大学理念：知识与社会的双向建构

大学的双重属性为大学理念的知识社会学解释提供了重要的切入点。知识社会学意在探寻社会存在的基础（社会或文化因素）如何影响知识和思想的过程，揭示知识背后隐藏着的思想与社会问题，强调思想的社会生产过程及其对社会事实的影响。探讨大学与知识的社会建构，所要解决的根本问题包括知识与社会之间、大学与人之间、思想与存在之间错综复杂的关系。①

从现有研究角度出发，笔者认为，大学理念是办学者在特定的社会语境下，基于大学知识的存在价值所形成的有关大学教育及其诸要素关系等基本问题的理性认识，体现了那些从事大学工作并力图有效发挥大学功能价值的“人”对大学诉求的认识与思考。

本书对大学理念的理解主要包括三个方面：①大学理念关注大学的本质属性及其发展的终极目的。大学理念是从大学的内在属性和客观历史条件出发，综合其发展的终极目的和社会情境变化的倾向所得出的前瞻性认识。大学理念并非教育实践经验的简单总结，而是以实践目的性为指导，贯穿着逻辑与历史的统一原则。②作为一种大学在特定社会关系中所依从的“心灵模式”（Mental model），大学理念反映着主体人的思维认知程度。大学理念具有主观选择性，即在特定的社会关系背景下存在多种大学理念，某种可能性理念能否转化为现实，在很大的意义上并非取决于理念的内容，而是取决于主体人对知识价值的选择。大学理念通过主体人的情感、认知与意志而转化为一种自觉追求，使其达到稳定而持久的状态。③大学理念渗透着对知识

---

① ［美］帕特丽夏·J. 加姆波特：《大学与知识：重构智力城》，李春萍译，《北京大学教育评论》2004 年第 10 期。

的永恒追求。知识并非为大学教育刻意而准备，而是天然适于大学活动。正如伯顿·克拉克所说："高等教育的任务是以知识为中心的，正因为那令人眼花缭乱的高深学科及其自体生殖和自治的倾向，高等教育才变得独一无二——不从它本身的规律去探索就无法了解它。"①对于大学而言，如何认识知识存在的价值、如何与知识变革保持同步是最为重要的。

大学理念具有"一般性"，包含从不同角度形成的观念命题，这些命题往往是从群体意识中加以表达，而非局限于个体的主观意愿。当人们形成或评价某种大学理念时，也体现了对大学知识价值的选择与判断。大学理念对知识存在价值的关注主要在于对高深知识的追求及运用的成效，大学对真理的捍卫，以及相关人才的培养。大学也关注知识形态的历史转化，其目的是为了推进知识的演进与革新，最终实现对真理永不停息地追求。

大学的知识价值选择主要指向两个层面的认识问题，大学应坚守"知识理性"还是"社会理性"？大学应关注知识内在的"育人价值"还是外在的"工具价值"？

（1）知识理性关注知识内在的育人价值，坚持大学以知识为目的，追求高深知识的内在逻辑统一性，认为真知识"自为"存在于大学，强调学者应该抱着为真理献身的精神去追求知识，追求高深学问。正如学者维布伦的说法，探讨深奥的实际知识是学术事业不证自明的目的，与它可能对上帝的荣誉和人类的利益所产生的任何影响都毫不相关。因为"这些学问或者还处于已知与未知之间的交界处，或者虽然已知，但由于它们过于深奥神秘，常人的才智难以把握。"所以，此理念所支撑的大学主张是实行自由教育或博雅教育形式的英才教育、精英教育。

（2）社会理性关注知识的外在实用价值，强调知识应该为解决实际生活问题服务，强调以促进社会发展为探求知识的目的，认为知识

---

① ［美］伯顿·R. 克拉克：《高等教育系统——学术组织的跨国研究》，王承绪等译，杭州大学出版社1994年版，第313页。

应“他为”存在于大学中，即知识的存在状态不再是一种“内循环”，而是带有应用目的的“外循环”。大学的科学知识研究不再是一种纯研究，而是越来越多地卷入社会的中心，卷入工业生产以及由科学发展所引起的一系列社会问题之中。

上述两类大学理念及其所支撑的知识主张在整个大学史中一直相伴而生并相互抗衡。提倡知识理性的大学理念以保存、传递和发展知识为目的去关注知识，主张大学用知识来训练人的心智，实施以自由教育为主的精英教育；提倡社会理性的大学理念则以发展和运用知识为目的去关注知识，主张大学用知识来为国家、社会服务，并实施专业教育形式为主的普遍教育以及大众教育。归根结底，大学理念的价值冲突仍离不开大学的“知识理性”与“社会理性”、“个体本位”与“社会本位”之间的关系协调问题。

第二节　大学理念的特征与功能

大学理念遵循着大学教育发展规律，而作为一种观念形态又具有自身的特点、功能与运行逻辑，大学理念的特征与功能也是其内在价值的体现。

一　大学理念的特征

“特征”是一事物可供识别的特殊征象或标志。“大学理念”作为一种观念形态，具有四种典型特征：

（1）意向性。大学理念的意向性是人们对大学属性的基本体验和判断。大学理念内在于人的意识，并体现着主体的价值取向，具有意向性。第一，从直观上来讲，意向性行为本身具有一定方向性，通过理念所传达的“意义”而指向大学教育活动的“对象”。大学理念的建构过程是大学在自我认识中创造自身的过程。第二，理念本身并不是一组抽象概念的简单转换，大学理念的建构作为人的思维活动总是有目的倾向性的，含有意向性的指向与追求。当大学被时代召唤时，迫切需要大学理念作出主动的回应。第三，大学理念内在于人的主观创造，是基于客观性上的主观构建。只有经过主体的思维过程，才能构造大学理念，这种构造过程本身是以主体的知识结构为前提的。大学理念与个体的认知水平及其道德伦理判断相互纠缠，通过知识内化的方式引导理念的选择。不存在置身于人类活动之外的大学理念，理念总是烙有人类主体精神与创造的印记，个体的经验、思想信念、情感、价值观会渗透到对理念的认知当中，而个人认知的差异性、独特性、多元性、复杂性凸显了对大学理念的不同理解。

（2）发展性。恩格斯指出，“世界不是既成事物的集合体，而是过程的集合体”。① 人的思想映象或概念与万物一样都处在生成变化之中。在种种变化中，尽管有各种表面的偶然性，尽管有暂时的倒退，但每种大学理念都始终处于发展过程中。大学理念的发展性体现在：从形式上看，是大学在时间上的持续性和空间上广延性的交替；从内容上看，是大学理念在运动形式、内涵、功能和关系上的更新。

（3）相对性。大学理念的相对性即大学理念的有条件性、有限性。大学理念需要争论与辩驳，否则它就不再是理论性的，而成为教条的事实。这是由于人类对世界的认识具有可知性，但在一定条件下，人们对事物客观过程及其发展规律的认识总是有局限的、不完全的。第一，大学理念所反映的对象是有条件的、有限的。任何大学理念都由于受主体人的认识能力、实践水平、范围的限制，它只能是对大学发展某一阶段或某个层面的认识，因而是有限的。第二，大学理念所反映问题的正确程度也是相对的，在认识的深度上也是有限的。任何思想所产生的“真理”都是相对的，没有一成不变和绝对“真”的理念。第三，大学理念的形成过程也是大学理性认识螺旋上升的过程，环境与个体都在不断变化。同样，知识本身“能够达到的境界，在本质上是不可计划的”。② 不同的历史时期和不同的文化之中，知识

---

① 《马克思恩格斯全集》（第 4 卷），人民出版社 1995 年版，第 244 页。

② ［德］卡尔·雅斯贝尔斯：《什么是教育》，生活·读书·新知三联书店 1991 年版，第 36 页。

与理念的内涵是不同的，其边界会随着人们认识能力的程度不同而变化。这表明，任何大学理念都不可能具有超时空的永恒力量，某种新的大学理念总是人们在质疑、批判，甚至在对立思想的碰撞中产生的。

（4）实践目的性。从理念与实践的关系看，理念是客观世界在人大脑中的反映，实践为理念提供原始素材和检验依据，并促成大学理念的具体化，大学理念的最终目的是指导实践。第一，教育实践行为总是反映着某些观念，但这些观念未必是清晰的，甚至可能是毫无逻辑的，更可能是考虑到特殊的利益、权力或文化控制而未加阐明的。这时，大学理念要起到理性指引的作用。第二，大学理念包含着可被应用于不同情境的教育实践的概括化认识，大学不仅要审视自己的理念，更要将好的理念应用到实践中。当理念忽视了实践目的性和应用性，理念本身会过于抽象，仅仅作为纯粹的个体知识而存在，不能为大学分享、批判和检验。第三，实践是判断大学理念有效性的标准，并引领理念的发展。理念与实践是互为基础、相互建构的。理念的目的在于，如何将不同的发现连接在一起，从而构成一个能有效解释大学现象的综合理论体系。

二　大学理念的功能

"功能"是一事物改变自身或者其他事物结构和属性的能力，这种改变是通过作用来实现的。大学理念作为一个哲学概念，主要任务是界定大学问题与难点、澄清问题的实质、寻求理智路径，厘清思想中的模糊概念，提供指导行动的基本原理和大学发展总体视角。具体而言，大学理念的功能包括：

（一）导向功能

人的意识不一定能产生行动，但没有意识上的自觉追求，就不能付诸行动。从意识与实践的关系看，实践是第一性的，实践先于理念，但实践不能自动转化为理念；而新的理念、概念、想法一旦形成，则能通过意识的能动作用指导实践。从认知与行动的关系看，认知影响着人的行动判断和选择，在界定行动的性质、利益、方式等方面，主要依赖认知力的驱动。正如德国诗人海涅所说："一位教授在他宁静的书房中孕育出来的哲学观念，可能毁灭一个文明。”① 这正是概念或理念所具有的导向功能。在某种意义上讲，提出一种新概念、新理念比实际工作本身更为重要，因为大学理念能否落实到行动上是一回事，但如果没有这种理论、理念上的创新和导向，就没有后期的行动。

（二）自省功能

大学理念为人们组织大学具体活动，赋予实践活动以方向、目的和一致性，为建构具体教育目标、方法与技术提供相应的条件。对外部而言，大学理念具有积极防御作用，使大学清醒地认识到，无论外界如何变化，始终需保持应有的立场。人在理念上不能接受的东西，行动上就会有所控制。被人们所认同、内化了的大学理念会成为一种固有的意识，使大学对外部变化具有强大的抵御力。对内部而言，一些好的大学理念也是大学健康发展的保障，有助于大学发现实践的偏差、自我采取修正措施，反思和澄清大学现存的问题。

（三）凝聚功能

大学理念作为大学生存的必要宣言，往往包含着人们对心目中理想大学的构想与追求，有助于利益相关者取得思想共识，凝聚向心力，时刻鞭策、激励和引导大学实践活动，赋予实践活动以共同的方向、目的和一致性；一旦形成较为固定的信念，理念不仅会在大学内部发挥作用，也会通过各种渠道对社会产生影响，大学理念的鞭策功能充分体现在大学思想的批判性与超越性上，有助于大学权衡自己的行动。从形成特征来看，知识观和价值观构成了理念体系的内核与灵魂，并不同程度地进入人的“深层的信念系统”，这种信念系统又发挥着理想导向和精神激发的作用，将人们的大学理想内化为人的行为规范，使大学理念具有固化、支持等鞭策功能。

（四）约束功能

大学具有文化保存、批判与引领的功能，体现在大学理念上则具有重要的预警功能。大学理念基于一定的核心价值观，核心价值具有

① 萧功秦：《思想史的魅力》，《开放时代》2002 年第 1 期，第 102—109 页。

唯一性，那些被固化为深层信念系统的大学理念，必然会减少大学对外部变化的适应性和调节性。大学理念具有一种与制度相对的软约束力，这种约束既可能促进大学的变革，也可能成为变革的障碍。来自理念内在的原则刚性一方面保护大学免受过多干预；另一方面又极易形成思维定式，导致大学难以应付变幻莫测的环境。大学对变化的迟滞性导致大学对革新的抵制，当问题积累到一定程度，这种障碍可能成为对大学的致命打击，大学理念也将因超出功能适用范围而面临不同程度的失效。

任何事物内部都存在肯定因素和否定因素，每种大学理念的功能都是相对的，辩证的。检验大学理念功能有效性的标准是：某种大学理念是否符合大学运行的逻辑，是否符合教育与人的发展基本规律并推动对真理的追求。许多研究者都有一些共同的假定：认为能被大学直接应用并产生立竿见影成效的大学理念则是好的理念，反之则是不好的理念，这正是人们对大学理念功能认识上的误区。社会是不断发展的，由于主体认识上的差异，人们对大学理念内涵理解不同，价值取向不同，内外部条件不同，所采取的实践方式不同，大学理念功能发挥的程度、效果都有差异，关键在于主体人对教育如何理解和把握。

第三节　大学理念—社会转型—知识演化：三维关系分析

黑格尔认为，本质在关系中呈现，规律是本质的关系。① 一切实然或应然的事物都存在于关系中，而这种关系则反映了每种存在的基本属性。因此，有关大学是什么、大学何为等教育理念基本问题可以从“关系性要素”中找到依据。讨论大学理念各要素之间的关系，一个前提性判断是：关系本身是发展变化的。事物之间的关系或有先后、或有因果，或具有时空特征，影响大学理念的知识、社会、人三

① ［德］黑格尔：《小逻辑》，贺麟译，商务印书馆1980年版，第247—326页。

者之间通常存在多重关系而非单一联系，是相互作用而非相互决定的关系，而且这种关系并不完全是恒定不变的。这是由于，万物的规律由人与自然共同主宰，“适应自己物质生产水平而产出社会关系的人，也生产出各种观念、范畴。”① 一定的社会关系是由人生产和创造的，人自身的变化也会导致与社会关系的变革。因此，更有价值的大学理念建构就是动态地探讨其内部关系。

一　社会转型与大学理念：情境互适关系

社会转型是社会基本矛盾演化的必然结果，体现着社会发展的客观规律，但离开思想体系的转型，就不可能实现社会转型。大学理念是靠人的价值选择来维系的，整个社会结构有秩序地运行都要依赖与之相适应的社会观念体系的重构来实现。

（一）社会转型的特点

社会转型是一种新旧体制胶着、利益分化显著、价值取向各异、文化碰撞加剧的特殊时期转变。社会转型从根本上讲，首先是社会生产方式与生活方式的变革，这种变革渗入社会结构的各个层面，带来物质追求取向的变化，导致最深层次的变化——人的思想意识与价值取向的转变。人的转型始于人的观念转变，而观念的转变是由社会转型对人的生存意识和方式变革所引发的。社会转型导致的人思想现代化转变，是人类建立新的社会思想体系与价值体系的问题，社会转型的核心是人与社会关系的变革与重构。

社会转型具有以下特点：第一，从转型的路径看②，西方早发内生型国家已率先实现了社会转型，大体经历了前现代社会（传统社会）—转型社会—现代社会的基本阶段。由于中国目前仍处于社会转型阶段，根据大学与政府的关系，中国自近代社会转型启动以来，大

---

① 《马克思恩格斯全集》（第27卷），人民出版社1972年版，第484页。

② 关于社会转型阶段的划分，丹尼尔·贝尔、托夫勒等依据生产力中的科学因素，形成前工业社会、工业社会和后工业社会的观点；经典社会学家们依据社会结构状况，提出由军事社会与工业社会（Herbert Spencer）、机械联系社会与有机联系社会（Emile Durkheim）、身份社会与契约社会（George Elton Mayo）、礼俗社会与法理社会（Ferdinand Tonnies）转型的路径。

体经历了无序型社会、集中型社会、管治型社会三种社会形态，并仍处于由农业社会向工业社会、知识社会的双重转型之中。第二，从转型的目的看，要根本上实现人的生存方式的转变。从社会转型的形态看，生产方式的变迁意味着“权力的变异”，正如托夫勒所指出的，不同时代的权力内容和主体不同，权力的转移必然导致生活方式的改变。其中，经济关系的变化是社会转型中至关重要的力量，但经济的变化通常与人的发展相结合。第三，从转型的方式看，主要是通过人的主体能动性、人的自发活动来实现的。马克思在《资本论》中认为生产方式的发展应归属于人自身的发展，社会主体意义上的阶段形态要经历从“人的依赖性”—“物的依赖性”—“人的自由个性”的双重转型，最终回归到人的生存意识变革轨道上来。第四，从转型的内在动力看，人的自觉理性作用是关键。社会转型不是自然的社会变迁，而是社会行为主体自发改造客观世界的能动活动。

（二）社会转型对大学理念的“冲击”与“扰动”

大学理念是个动态发展的概念，与特定的时空条件相联系。如恩格斯所言，“每一时代的理论思维都是历史的产物，在不同时代具有非常不同的形式，并因而具有非常不同的内容。”[①] 社会与人类认识活动的相互依赖使得经验和活动组成了更广阔的共同组织结构，新的理念也是一种适应变革的需求，是探索与建构社会结构的尝试。

1. 大学理念变迁是社会结构变化的累积效应

社会转型既是大学教育变革发生的背景，也是大学理念变革的直接动力。它不仅是来自宏观层面的推动，也体现出微观方面的影响。从宏观上说，社会结构[②]转型对大学教育的要求会渗入高等学校的各

---

① 《马克思恩格斯选集》（第3卷），人民出版社1972年版，第551页。

② 社会转型的本意是社会结构转型，而学界对“社会结构”这一术语的意义理解比较含糊。在社会学领域中，“社会结构”有时用来指社会的规定性，或社会组成部分或单位排列，或指社会地位与角色关系等。参见邓肯·米切尔著《新社会学词典》第335—338页中伍德兰德对“社会结构”的注释。本书考察的是宏观层面社会结构对大学教育及其理念的影响，此处取意为：社会结构是指社会诸要素稳定的关系及构成方式，即相互关系按照一定的秩序所构成的相对稳定的网络。社会结构是根据社会需要而自然形成或人为建立起来的，社会结构运行的过程也是社会结构发挥其社会功能的过程。

个方面，激发学校自我更新、调适的内在需求，推动学校变革新思路的运作与发展。在微观方面，由于社会转型改变了包括学生在内的每一个人的生存环境和生存方式，也会直接地引起学校内部微观方面的变革。因此，只有我们或多或少有意识地寻求发现理念形成的社会因素时，才会恰当地对理念作出解释。

不同社会结构与知识形态下，大学理念与社会的关系密切程度不同：在常态社会，不同群体的价值观冲突较缓时，理念会呈现出集体无意识状态，认同度相对较高。反之，转型期社会群体间的价值冲突趋于剧烈，意识形态处于显性竞争状态时，当权优势群体或阶层则会通过权力与规训使自身的价值观和理念得到宣扬。不同的社会结构之所以有相异的理念，根本原因在于其所处的社会条件。任何理念对与其相适应的社会而言，都具有两面性：一方面，大学理念是维护大学自身稳定性的最基本条件；另一方面，某种固有的理念也是限制大学发展或变革的内在最大阻力。在社会转型的过程中，不同利益主体之间的冲突在教育领域中开始凸显，需要根据社会转型所产生的结构性演变，建立一种新的理念。社会变革深刻地影响着作为大学主体的人的思维方式和行为方式，从而推动大学主动调适理念，更新教育体制与模式，使其符合社会发展趋势与特点。就这个角度讲，理念变迁是社会其他条件变化累积的效应。然而，教育的相对独立性与稳定性使其难以适应急剧的社会变迁，中国社会转型的复杂性决定了我国大学理念问题的特殊性。大学理念在不同的转型轨迹下，形成了与西方不同的发展特点与路径，社会转型、体制转轨、文化冲突、观念转变交织在一起，使得大学理念变革与发展的问题极难把握。

2. 社会传统意识形态的分化与矛盾对大学理念的冲击效应

当社会具有稳定性支撑和保障世界观的内在统一性时，主流意识形态将以推演的方式渗透于个体的思维，有分歧的思想就不可能在这种社会中存在，大学理念的多样性不可能成为中心议题。由于意识形态的高度统一性，某种根深蒂固的理念既能够使人凝聚信念，也容易使人产生路径依赖，弱化对社会变化的敏感度与思考力。在总体稳定的静态社会结构下，新的大学理念的思想性与可行性容易被隐蔽，当不同群体的认知冲突较缓时，理念认同度相对较高。某种认识错觉更容易盛行，它认为一切皆在运动中，但唯独思想保持不变。反之，转型期原有社会结构的稳定性开始被打破，不同利益主体之间的冲突、知识和权力的冲突在教育领域中开始凸显，促使大学寻找新的理念与秩序。只有社会与大学之间的思想碰撞能在重大的、根本性的问题上趋于一致时，大学也才能有新的理念可循。

3. 社会纵向运动通过人的信念体系对大学理念产生解构效应

社会运动对大学的作用存在两种形式：一种是在横向运动中，大学从一种形态移向另一种，但不改变其社会地位，表明不同的大学在以不同的方式思考。只要其所在的文化传统没有被打破，就能保持相对的稳定性。另一种是横向运动伴有强势的纵向运动，即社会地位在各阶层间迅速变动时，人们对于那些普遍的、永恒的信念才会产生动摇。也就是说，在影响观念解构的众多因素中，社会纵向运动是关键，这种纵向运动尤其反映在社会转型的“剧变期”。

在整个社会转型和大学教育自身的转型过程中，我国大学教育中存在的旧的利益格局尚未被完全打破，而新的利益格局又未建立起来，利益冲突与价值混乱交织在一起，使得转型期的中国大学正陷入越来越深的现代性二重困境之中：不随世俗潮流，大学难以生存发展；随波逐流则越来越异化，追求的是工具和手段的合理性，而忽视了目的本身的合理性。这表明，中国大学理念与社会转型之间尚未实现良性互动，二者相互纠缠，阻碍了我国大学理念的转变与创新。

从社会学的观点看，当历史的发展使先前相互孤立的阶层走向互动，并形成一定的社会循环时，决定性的变化就会发生。在社会的稳定性支撑和保持一种世界观的内在统一性时，思维方式的多样性就可能成问题。只要大学理念以推演的方式反复强化，有分歧的思想过程就不可能在那个社会存在，生活在稳定情境中的成员甚至都不可能意识到思维方式在逐渐改变，[①] 由下至上的大学理念渗透不会有太大意

---

① ［德］卡尔·曼海姆：《意识形态与乌托邦》，黎鸣、李书崇译，商务印书馆 2000 年版，第 6—7 页。

义，因为权力集团对思想界可能存在的变化的理解并不会导致他们理智上的动摇。只要社会权威的基础能保持稳定，那么政府就不会有理由去怀疑自身的社会存在及其价值。除非大学的社会地位有了相当大的提高，而大学与政府的平等对话有赖于社会的民主化。

（三）大学理念对社会转型的“防御”与“促成”

不同社会结构下，社会与大学的关系也是相异的。正如有学者所言，“农业时代大学游离于社会之外，社会对大学是排斥的；工业经济时代，大学徘徊于社会的边缘，社会对大学是暧昧的；知识经济时代，大学将不断走近并最终走近经济社会的中心，社会对大学是渴求的。”① 社会转型主要通过改变人的生存方式实现对大学理念的转型，特别是经济转型是一种客观性的社会力量，在它的强力推进下必然导致社会结构的变化，从而造成人的生存方式也发生相应的变化。大学理念的转型又反过来推动着社会经济和人的生存方式的转型。教育及其“外部性”对社会转型日益发挥其发展效应，② 突出反映在教育通过生产人力资本，对经济增长发挥生产率效应、教育配置效应、就业效应、科技创新效应及社会进步效应等方面。可见，社会转型与大学理念转型的根本目的在于实现人的现代转型，三者相互交错、始终处于互动的关系之中。

1. 大学理念对社会转型中的不确定因素具有防御效应

大学教育的相对独立性、稳定性与保守性使其难以适应急剧的社会变迁，决定了大学理念只能对可变因素作局部性调整，但正是不可变因素的存在才使大学保持内在稳定性。“变”的是表征，而“不变”的是内核。大学理念相对其他社会思想而言有其特殊性：一方面，观念的启蒙总是先于社会的发展，大学教育对知识的保存、传递与创新功能使自身具有保守性、稳定性与相对独立性，无法对所有社会变迁因素作被动调整。另一方面，大学组织系统倾向于“形成自己

① 韩延明：《论知识经济与高等教育》，《临沂师范学院学报》2000 年第 2 期。

② 王德文：《教育在中国经济增长和社会转型中的作用分析》，《中国人口科学》2003 年第 1 期。

的工作模式、信念模式和权力模式”，使得该系统具有“高度定型”的特征，大学的相对独特性与保守性正是大学知识品性的表现，这些特征成为了大学理念的不可变因素，使大学在长久的历史变迁中不被其他社会组织所代替。从这个意义而言，大学的超越主要应体现在理念的超越性上。

2. 大学理念通过改变人的思想体系对社会转型产生促成效应

大学理念和功能总是反映一定的社会要求和规范，但大学理念并不总是社会变迁的结果。任何一项社会行动都具有反向功能，在一定条件下，大学理念变革也可以通过改变人的知识和观念而成为社会变迁的条件和促成因素。

由于社会转型最终要由人来完成，农业社会的主体是地主和农民，而工业社会的主体是工厂主和工人，知识社会的主体是知识分子，较高的生产技术含量必然要求相对高素质的人来与之相适应。那么“人”的改造与被改造的过程，就是社会转型过程。改造人的力量主要来自两个方面：一是教育，二是立法，其中大学教育及其理念起着关键作用。正如美国教育家西奥多·姆·赫斯伯格所言：“大学是所有社会机构中最保守的机构之一；同时，又是人类有史以来最能促进社会变革的机构。”① 大学能否与社会保持良性互动和积极的对话，关键靠改变人的思想来进行，这是大学理念反向促成功能实现的基本前提。同时，大学理念所蕴含的价值观被受教育的人所吸收后，能反过来渗透到人的生存世界，渗透到社会子系统中，进而促成社会转型的实现。这表明大学理念变迁既是社会转型的重要内容之一，也是社会转型的间接条件。

二　知识演化与社会转型：权力争夺关系

知识是人们在认识与改造客观世界和主观世界的实践中，不断获得的认识成果和经验结晶。知识既是一个事实问题，也是一个价值问题；既是一个逻辑问题，也是一个历史问题。没有绝对的“什么是知

---

① Theodore M. Hesburgh, “The Nature of Challenge”, in Stephen D. Kertesz, *The Task of Universities in a Changing World*, Notre Dame, Indiana: University of Notre Dame Press, 1971: 3.

识”，只有相对的“知识是什么”。前者是事实判断，后者是价值判断。因而任何绝对意义上的或是终极意义上的知识概念的本身都是值得怀疑的。福柯认为，在任何一个时代潜伏在知识背后的，是界定一个特定时代知识的“历史的先验结构”。知识作为一种社会现象，是人类对社会的一种符号表征、对社会组织及其与自然环境之间关系的认知表达。

（一）知识及其演化路径

知识作为一种特殊的认知符号，具有以下主要特征：一是内在性。如亚里士多德所言：“求知是人的本性”。知识是人的产物，内在于人的思维逻辑，知识的内化只能依赖于人的能动性。二是动态性。客观世界一直处于运动变化中，但人的认识总是有限的，只能在特定条件、某种程度上获得认识。三是中立性。知识是一种事实性的真理，排斥掉了人的信仰、情绪等主观因素而追求科学认知，保持中立性是知识客观性和追求真理的必要条件。四是普遍性。知识与文化的主要区别是超越国别和个体条件限制，成为可被普遍证实和接纳的认识产物。正是知识的价值无涉和文化无涉而被视为共同财富。

由于知识的范畴十分宽泛，人们总是从自身的角度和需要出发去理解知识，因此，一种产生于特定情形中的知识观只在特定范围或有限时期内具有效性，它不能将自身作为有恒定价值的知识本身，因而对知识演化的考察需要结合特定视角和问题来进行。①从知识的哲学意义看，知识经历了本体论—认识论—知识论的过程，知识演化的基本思路是：“认识者—认识对象—知识”，这里事实上也包含着对教育的认识和价值判断，围绕着教育“以何种认识手段，对何种认识对象，提供何种知识”的脉络而进行的，反映了知识和教育理念的动态发展历史。尽管哲学家对“知识的性质”作了不同的回应，形成一些基本主张。但就今天来看，真正的共识是很少的。②从知识的社会运行机制看，知识经历了古典、新古典和现代三种形态。知识变迁是和劳动分工直接相关，在理性个体在一定约束条件下追求效用增加的过程中，发生着知识的生产、传播与变迁。“分工”成为知识演化的逻辑起点，廓清了对知识生产与发展的约束条件与传播机制。③从认知方式看，知识演化大体经历了由知识的认知—知识的社会建构—知识的反思性过程。19 世纪中叶以来，哲学与社会科学相联结形成了知识的社会范式，人们开始关注知识的社会性和社会的知识化，从单纯的知识论中心转向从社会背景中去理解知识。随着对知识的情境性、个体性等特征的关注，知识的意义性与价值性也进入了人们思考的视域，并在不同层面对知识进行了多种分类（见表 2－1），这些分类也反映了知识演化的过程。

表 2－1 西方学者对知识形态的划分

学者	划分依据	知识类型
舍勒	知识组织形式和社会性	拯救的知识、文化的知识、实践的知识
波兰尼	主体认知	缄默知识、显性知识
孔德	人类知识发展阶段	宗教知识、形而上学知识、实证知识
罗素	哲学认识论	事物的知识、人的知识
赖尔	知识话语与表现	事实知识、技能知识
奈勒	知识认识活动方式	天启的知识、直觉的知识、理性的知识、经验的知识、权威的知识
文德尔班、李尔凯	知识世界的内外联系	自然科学知识、人文科学知识
哈贝马斯	人的三种旨趣	技术的知识、实践的知识、解放的知识
梅耶	社会分工	陈述性知识、程序性知识、策略性知识

（二）知识演化与社会转型：互为条件与表征

知识演化受社会因素，如社会结构、社会权力、社会利益等影响与制约。知识本是“自在”于生活世界的，一切知识都来源于社会，知识和社会结构不可分割地联系在一起。

1. 知识作为一种认知符号与社会转型互为条件

一切知识活动都离不开一定的社会情境，社会转型正是在此意义上成为知识演化的基础。反过来，知识演化也能通过改变人的认知系统和文化系统而推动社会的转型。实证主义社会学家奥古斯特·孔德（Auguste Comte）认为，整个社会的转型都是按知识演化的路径进行的，即社会从神秘知识占支配地位的神学阶段发展到以理性知识为特征的现代阶段，最后进入以实验科学为主导的后现代阶段。根据中西方不同知识性质与大学的内外关联，知识也呈现出不同的形态特征，形成了不同的演化脉络：西方知识主要由古典神学知识传统和形而上学知识传统演化而来，在转型期经历了经院性知识—自由性知识—解构性知识演变；中国的知识则由古代以“礼”“法”为核心的伦理性知识传承而来，自近代以来，中国社会转型期内经历了无序型社会、集中型社会与管治型社会三个主要阶段，知识则相应地经历了融会性知识—强纲性知识—市场化知识的演变。可见，知识的形态、性质与社会形态、性质之间的变化大体是同步的、相对应的。一定的知识体现着一定社会结构的性质与要求，并成为特定社会环境下的生成之物；一定的社会结构又受知识演化趋势的牵引，知识通过改变人的主体观念而影响社会转型的“度”与“势”，并成为社会转型的必要条件。

2. 知识由情感向理智的演化是社会转型的重要表征

不同的知识形态体现了不同的性质，但总体而言主要包括两个核心属性——个体性与社会性；两种符号——情感符号与理性符号。知识相对于社会而言，是一种隐性的符号认知，知识的演化既是由个体属性向社会属性过渡的过程，也是由情感向理性过渡的过程。在前现代社会，人们主要通过地域与时空把握外部世界，知识主要是人的情感符号；而在转型社会，知识因社会分化而裂变为科学知识与人文知识，科学知识居于知识等级的顶端，知识社会化后则成为社会理性符号。

理性化是社会现代转型的重要表征。知识从个体“情感符号”到社会“权力符号”的演化，打上了人类“理性”的烙印。一方面，知识作为人类最初的语言符号，是一种认识主体的“自在”现象，首先具有个体属性，折射出了人与自然界的原始关系。个体的知识与权力是一体的，还没有理性的参与，只是以情感体验为基础。另一方面，知识演化过程是由个体主观知识向社会客观知识、由情感符号向权力符号之间的循环往复。柏拉图在论及知识的性质时，以“洞穴隐喻”为例试图说明，感性活动所得到的知识是虚假的、不真实的，只有通过理性活动所得到的知识才是真实的、永恒的，“理性活动”体现了知识的性质。[①] 这表明只有通过理性活动所得到的知识才是真实的、永恒的，理性活动体现了知识的性质。正如理查德·J. 伯恩斯坦所说：“要证明某主张为知识，唯有诉诸理性本身。”[②] 可见，社会转型的实现最终要依赖于知识的理性化。

（三）知识与社会的关系：以权力为基础

知识由“情感”向“理性”演进后，知识的建构就不再是一个简单的智力活动，其中充满了权力的纷争，知识成为权力获得和再生产的工具。培根曾说“知识就是力量，就是权力”。在马克斯·韦伯（Max Weber）看来，权力就是达成某种结果的潜在能力，它的形成在于行动者拥有某种资源。[③] 功能主义者帕森斯（Talcott Parsons）将权力看作为了实现系统目标的利益，使资源流通的一般能力。[④] 权力体现了等级性的社会关系，权力争夺的实质是资源争夺，而最有力的资源是知识。知识与社会的交往活动加强了权力的特性，社会不再以传播真理性知识为主，而是以传达社会主宰势力的意图为主，加强了知识同权力的相互渗透。

知识因其有用性而成为社会资源争夺的核心。社会转型使知识成为一种相对独立的形态，独立知识分子的出现推动了社会转型，掌握知识的人获得了独特的社会权力，知识与权力的关系出现对立。在福柯看来，知识与权力之间具有非常密切的相互作用关系，知识不是权

---

① 任永译：《教育知识的性质研究》，博士学位论文，东北师范大学，2009 年，第 7 页。

② ［德］理查德·J. 伯恩斯坦：《超越客观主义与相对主义》，郭小平等译，光明日报出版社 1992 年版，第 145 页。

③ Jonathan H. Turner, *Sociology: The Science of Human Organization*, Chicago: Nelson-Hall, 1986: 211.

④ ［美］帕森斯：《现代社会的结构与过程》，梁向阳译，光明日报出版社 1988 年版，第 134 页。

力关系的反映，不是权力关系的歪曲表达，而是知识本身就是权力关系的固有之物。这是由于：一方面，知识的“真理性”和“有用性”决定了自身的权力性，知识具有服务权力的功能。另一方面，知识是因人的使用才变成权力，知识与权力相结合需要人的社会行动参与。两者本质上是各自独立的。知识独立于权力的运作而获得知识论的地位，正如学者约瑟夫·劳斯所解释的，“权力成其为权力，知识成其为知识的本质而言，权力与知识原则上都不受对方的影响。”[①] 只是权力能够通过知识得到强化或弱化，知识则通过权力得到使用或控制。任何形式的知识都拥有特定的效用和演化路径，知识不会完全受权力改变而阻碍其内在发展。

在社会学家布迪厄（Pierre Bourdieu）看来，一切知识活动、文化活动本质上都是逐利的，尽管它们具有符号的特征，但最大的利益是权力。随着知识的政治、经济价值的显现，知识已经具有一种与文化、价值等因素相结合的社会属性，知识与权力的关系由一体化走向分裂，对知识权力的争夺和控制在不同社会阶段形成了不同的关系结构。一方面，作为社会产物的知识在形成、传播统治阶级的意识形态方面具有重要的作用，知识演化为统治阶层的意识形态工具和发展生产力的工具。由于掌握知识的判断标准的人获得了权力，对知识的演化起制约作用，政治意识形态与经济体制的转型都伴随着知识的演变。另一方面，由统治阶级控制的知识控制着人与社会的发展，作为一种思想力量对社会发展向度实行着监控和调节功能，使社会关系中的权力结构与意识形态相匹配。

可见，社会结构蕴含着知识与权力关系的性质。一所大学的理念如果与这种知识—权力结构特性相契合，则会促进其发展，反之则会受到阻碍。具有社会性的知识不仅体现为受社会因素的影响与制约，同时也体现为影响和制约着社会事物，即知识同样作用于社会事物。社会权力在实践中体现为“知识的控制”，大学步入社会中心之后，

① ［美］约瑟夫·劳斯：《知识与权力——走向科学的政治哲学》，盛晓明译，北京大学出版社2004年版，第12页。

知识的这种控制作用越来越清晰地显示出来，在社会生活中，知识的这种控制力量突出地体现在对大学理念话语权的争夺上。不过，社会权力可以使用或不使用某种知识，但不可以改变知识的内在价值和作用。

三 大学理念与知识：自洽性关系

大学首先是一个理念组织，是一个思考的社团，是一块精神园地。在这里，非权力性因素远比权力性因素影响力大。教授们、学生们最信从的是真理，是学术水平，是学术自由，而非权力。理念的影响在非权力影响中最为重要，它是无声的召唤，是无形的旗帜，是无影的灯塔。[①] 知识的真理性和实用性决定了自身的权力性，权力能影响社会事实，但社会事实本身对认识领域或思想领域而言并不完全受权力影响，大学与知识的天然“自洽性”关系决定了大学及其理念的特殊性。

（一）大学理念与知识：同质化范畴

知识的演化离不开三种因素：一是专业组织。能提供知识探究的场所，共享价值追求，从而推动知识的互动传播。二是交流通道。知识具有交往性和公共性，需要提供畅通的交流通道。三是智力与经济支持。能同时有效满足这三个条件的社会组织只有大学。

知识与大学理念具有同质性：二者都属于认识范畴，并且是内在支持与相互渗透的。作为一种理性认识，大学理念是一种特殊知识形态，它产生于知识，以知识为核心和生命。换言之，所有的人类活动都需要知识，哪里出现了一种知识的需求，大学就有责任对新颖的理念敞开。大学理念始终围绕着对知识价值的认识而展开，二者都具有主体性和自由性特征。这是大学与知识的共通关系决定的，在布鲁贝克看来，大学就是传递深奥的知识、分析批判现存的知识并探索新的学问领域的机构，“凡是需要人们进行理智分析、鉴别、阐述或关注的地方，那里就会有大学”。

而就范畴和思维方式而言，大学理念与知识又有一定区别。“知

---

① 张楚廷：《高等教育学导论》，人民教育出版社 2010 年版，第 419 页。

识”和“理念”的差别在于：①知识力求实现思维与存在之间规律层面上的统一问题，以获得被确证的真理；而理念则集中表现为对思维与存在关系的反思性维度，努力反思思维与存在统一的前提和基础，并进一步反思我们的思维和生活何以可能。在不同时期的不同文化中，都存在着思维模式的差异，变化的不仅是大学理念的内容，还包括范畴和框架。②知识是人类情感与理智的共同产物，既包括对事物表象的主观认识，还包括客观的科学知识；而理念带有主观的因素，只有当理念接受实践检验为“真”时才可能转化为知识。作为一种相对稳定的存在，知识为大学理念与学术思想提供了共同源头与材料；又作为一种相对静态的存在，知识是大学理念产生的重要基石。

（二）高深知识：大学及其理念建构的核心

无论哪个层次的教育，都离不开知识。知识材料，尤其是高深知识的材料，处于任何高等教育系统的目的和实质的核心。[①] 在西方文化语境中，大学是由行会发展而来的知识共同体，具有专门化和系统化特征。在中国古代文化语境中，学问主要分两个层次：小人之学与大人之学。“小人之学”对应的是一般性知识，即“洒扫、应对、进退之节”的启蒙的知识体系，目的是“学其事”；“大人之学”建立在“小人之学”基础之上，对应的是高深知识，目的在于“学其理”，传授和研究相对深奥的知识，表现为程度上的高深性、功能上的专门性、性质上的公共性、过程上的游移性。

大学与高深知识是相互通约的关系。在古希腊，“教化”（Paideia）[②] 与哲学之间的关系已经显示了大学与高深知识之间的天然联系。在亚里士多德看来，“哲学”是为少部分精英设置的知识，而“Paideia”则指向大众。古罗马时期，西塞罗将知识分成基础修养（puerilis institution）和高级修养（politior humanitas）两大部分，后者则是大学

① ［美］伯顿·R. 克拉克：《高等教育系统——学术组织的跨国研究》，王承绪等译，杭州大学出版社 1994 年版，第 12 页。

② ［德］瓦纳尔·耶格尔：《Paideia：希腊文化理想》，载刘东《中国学术》（总第十辑），陈恒译，商务印书馆 2002 年版。

关注的主要对象。英国学者马克·帕蒂森（Mark Parttison）认为，所有知识都存在基础（elementary）和高深（higher）之别：基础的部分强调“规则”（rules），规则是通向高深知识的必由之路，而要探索高深知识必须超越规则，在高深知识领域，“所有的一切都是朦胧的，无法定义的。一切都是猜测，而且这些猜测只能为那些从未涉足此地的人所思考”。[①] 大学是高深知识生产的主要社会机构，在大学教育活动中，学者们传播、应用、研究和创造知识，并培养生产新知识的人才，因而雅斯贝尔斯说：“离开知识的存在，大学则不具有存在的依据。”[②] 大学与知识，尤其是高深知识之间形成了固有的通约关系。

（三）高深知识的特性：大学相对独立性的基础

对高深知识的探究正是大学的独特性所在。人们不排除高深知识在社会其他机构中的存在，但一切其他社会机构所创新的知识，最终都要为大学所吸纳，进而成为自身知识总体的有机成分。因而，克拉克也一再强调“高深知识是大学一项无止境的任务”[③]。高深知识有其特殊的运行逻辑，这种特殊性体现了大学不同于任何社会机构的相对独立性。主要表现在：

一是高深性和复杂性。对高深知识范畴的理解有两个维度：相对高级的知识（advanced knowledge）和比较深奥、神秘的知识（profound knowledge）。从层次上看，大学对“高深知识”的关注是区别于普通教育和其他社会机构的独特之处。随着大学自主性的增强，高深学问与基础知识间的距离开始扩大，对此，布鲁贝克指出：“高等教育与中等、初等教育的主要差别在于教材的不同：高等教育研究高深的学问。在某种意义上，所谓‘高深’只是程度不同。”当然，就

① ［美］约翰·S. 布鲁贝克：《高等教育哲学》，王承绪等译，浙江教育出版社 1998 年版，第 13 页。

② ［德］卡尔·雅斯贝尔斯：《大学之理念》，邱立波译，上海人民出版社 2007 年版，第 132 页。

③ ［美］伯顿·R. 克拉克：《高等教育系统——学术组织的跨国研究》，王承绪等译，杭州大学出版社 1994 年版，第 15 页。

人的认知发展顺序性而言，对基础知识的掌握是获得高深知识的前提。从深度上看，高深知识是需要学者“深奥探求”的“专门知识”，它们“还处于已知与未知之间的交界处”，或者“虽然已知，但由于它们过于深奥神秘，常人的智慧难以把握”的那些学问。因而布鲁贝克指出，“这种程度在教育体系的上层是如此突出，以致使它成为一种不同的性质。教育阶梯的顶层所关注的是深奥的学问。”① 克拉克也将高深知识视为“构成各民族中比较深奥的那部分文化的高深思想和有关技能”。②

二是专门性与理智性。专门性与理智性是高深知识最突出的两大特征。①高深知识的高深性决定了其专门化特性，表现在高深知识主要是在高层级的学科范畴中得以积累和传承的。随着知识积累与社会分工的加强，学科分类更为细化，高深知识与基础知识的距离不断加大，其专门化特征更为突出，需要有专门的传播、发表和认可制度，需要长期的、专门的学习和训练才能掌握。②高深知识的深奥性决定了其理智性。高深知识内在的深奥性非常人能够把握，需要特定的机构和组织进行探究、传承与创新，理智性是探究高深知识的内在要求。大学作为探求高深知识的主体，寻求自主性亦是知识的逻辑使然。

然而，高深知识的“理智性”与“专门性”两重特征之间存在固有的矛盾，二者分别以“认识论”与“政治论”为哲学基础，贯穿于“理性”与“经验”之间的冲突。高深知识的自主性强调的是知识的“价值自由”，而高深知识的专门性则体现知识的社会取向。人们对大学理念的“价值判断”根源于高深知识的性质。从范围上看，高深知识作为高等教育的逻辑起点，应该是限于少数人的。但是，随着高等教育大众化进程的推进，大学到底应该为谁服务，应该强调精英教育还是大众教育？大学应该强调自由教育还是职业教育？大学的

---

① ［美］约翰·S. 布鲁贝克：《高等教育哲学》，王承绪等译，浙江教育出版社 1998 年版。

② ［美］伯顿·R. 克拉克：《高等教育系统——学术组织的跨国研究》，王承绪等译，杭州大学出版社 1994 年版，第 12 页。

知识应该是面向生活的抑或面向养成的？这一切的问题，都依赖于大学对高深知识存在状态的揭示。

第四节　“人”：大学理念关系性要素合目的性与逻辑性的统一

大学理念体现了人们对知识、大学以及社会之间关系性要素的理性认识。在不同社会阶段，各要素之间的联系有着不同的特征，但至少蕴含着三层关系：第一，“人”是理念生成的主体；第二，人的发展是合目的性与逻辑性的统一；第三，大学理念建构是社会性与知识性的有机统一，大学、知识、社会的共同目的与归宿都是为了人的发展。

一　人是一切大学、知识、社会发展的共同目的

从人与社会的发展关系看：第一，人同时具有社会属性和自然属性。人的社会属性体现在：人是社会的人，社会是人的发展外部条件，为人的发展提供现实根源与资源；人的自然属性体现在：人是生物意义上的人，要生活在适当的环境中。马克思曾认为人的本质是社会关系的总和，在经济运行机制背后隐含着人与人的社会关系的存在。而社会关系应是人类思想的具体表现，社会发展是从“人的依附性”走向“人的独立性”的过程。第二，人与社会、大学的发展是互动的。社会不能简单地决定大学或人的发展，社会对大学和人的作用离不开人的主体观能动性。一切社会规律的运行和实现都离不开人的主体的活动，而人的主体的活动是有目的、有意识的，人的自我意识越强，与社会的互动、选择能力就越强。人是一切理性思维活动与实践活动的主体，也是大学、知识、社会发展的共同目的。第三，社会发展、转型的根本主旨是人的生存价值与观念体系的变革。人是社会发展与进步的主体，社会转型的速度、程度、水平根本上取决于主体的素质水平，而决定主体人的发展水平的要素是教育，尤其是大学教育。社会与大学发展的最终目的是实现人自由全面的发展，人在大学理念与社会关系发展中起决定性作用。

从人与知识的关系看，知识对人的发展的重要性是由知识本身的价值所决定的。第一，知识对人具有认知价值、能力价值、陶冶价值和实践价值等。[①] 知识包含着各种概念、范畴、命题、原理、因果关系、逻辑结构等，人对知识掌握的深度和广度，制约着人对世界的认识程度；由于高深知识的存在，大学中的人主要以知识符号为载体获得认识世界的能力；高深知识本身包含着更为丰富的人生智慧，蕴含着科学精神和人文精神，而这两种精神构成了大学育人的基本要求。显然，对大学而言，高深知识的价值主要体现在人的思想价值上。第二，知识依赖于人的传播、继承与再生产，追求知识是人的精神活动的核心部分。亚里士多德在《形而上学》中提到“求知是人的本性”，不同知识打造拥有不同的思维系统与生活意义的个体。第三，任何知识与思想都是人的产物，源于人的创造，产生于人的主体生存意识。知识的创造是通过人与人或人与周围环境相互作用产生的，但并非被动地由社会建构，而恰恰是人们对人类精神文化的渴求，是对现实世界的领悟。第四，人因其拥有理性认识而成为区别于其他类型的动物，因其拥有思想而产生了超越自然生物界的知识。马克思在《资本论》中曾这样比喻：“最蹩脚的建筑师从一开始就比最灵巧的蜜蜂高明的地方，是在用蜂腊建筑蜂房以前，已经在自己的头脑中把它建成了。”[②] 这就是说，只有人类才能根据自己的知识和理念，根据对客观世界的认识和自身需求去能动地改造世界。知识由人创造，社会由人改变，社会转型与知识演化从根本上讲都是人在起作用。

从人与大学的关系看，第一，大学教育的过程是作为教育活动主导者的“人”与作为教育活动主体的“人”之间双向互动的过程。知识是人的教育活动对象，通过人与知识的互动影响人的发展。人类最原始的知识活动是在想象中产生的，教育，尤其是大学教育正是将人从愚味导向知识、获得理性认识的过程。第二，大学拥有两大核心要素：知识和知识分子，这是大学成其为大学的基本构成条件。知识

① 王道俊、郭文安：《教育学》，人民教育出版社 2009 年版，第 48—49 页。

② 《马克思恩格斯选集》（第 2 卷），人民出版社 1995 年版，第 178 页。

与知识分子互为“对象性存在物”，并形成“生存共同体”相互依存。大学中的知识分子（包括教师与学生）是大学教育的主体，也是理念创新的主体。第三，人们对大学的思考总是伴随着对人生问题的思考，人的发展是与人的生存问题紧密相连的，但人是理性的动物，能够自觉地思想，理性起源于人的目的性谋划，在试错中获得经验而形成。人的发展是整体的发展，但又包含一定的层次性，大体包括生理、心理与社会发展。第四，人的本质与大学教育具有内在联系。大学教育的目的是使人形成对象意识、自我意识和实践意向。只有大学能够“发现为提出创造性解决办法作基础的知识，只有大学能够教育出永远作出批判性决定的人。”① 这不仅因为教育是人生的重要部分，还因为人类自身既是“制造工具的存在”（tool-making being），更是“创造教育的存在”（education-making being）。

二　大学教育本质上是通过知识实现人与社会共同发展的过程

大学教育本质上是合逻辑性（知识逻辑）与合目的性（育人目的）的统一。大学是高深知识的探究场所，知识逻辑是大学独有的运行起点；大学教育的根本目的，是培养个体与社会价值相统一的人。

（1）大学教育的逻辑性在于，大学应按照高深知识独特规律来运行。柏拉图和斯宾塞曾从不同角度探讨过“什么知识最有价值”的问题，知识最深层的价值体现在对人的教育价值上。美国教育家赫钦斯曾说过，“教育意味着教学，教学意味着知识。”② 大学与社会、大学与人之间的联系是以知识这一认知符号为中介的，大学的产生源于人类生活对知识的需要，知识是大学的核心、生命，也是大学与生活世界的联结点，为知识而知识是大学理念的基本逻辑。

（2）大学教育的目的性在于影响和促进人的发展：是否有目的地培养人是教育活动与其他社会活动的根本区别；是否有目的地通过探究高深学问来培养人则是大学组织与其他社会机构的根本区别。人的

① 眭依凡：《学府之魂》，江西教育出版社2001年版，第307页。

② ［美］赫钦斯：《普通教育》，载《现代西方资产阶级教育思想流派论著选》，华东师范大学教育系，杭州大学教育系编译，人民教育出版社1989年版，第318—333页。

发展有两种状态，主要区别在于人的活动目的性，是以人的个性素质发展为目的，还是以人的生存与生活改善的劳动和工作为目的。[①] 二者归根结底是个人本位与社会本位的关系问题。一方面，大学作为一种社会建制，产生于社会生活的需要，承担社会责任、服务社会发展、促使个体走向社会化是大学合法存在的必要条件。另一方面，育人功能与知识（文化）功能始终是大学的本体功能。大学教育的价值在于，通过对高深知识的传授、探究、创造和应用，从更高层面上达到个人与社会价值相统一的目的。忽视大学培养人这一根本使命，就意味着将大学泛化为其他社会生产机构，否定了大学的教育性。

大学理念的根本问题是人的发展问题，知识存在价值根本在于人的价值。任何时期的大学，最终只能通过培养人才能生产知识、服务社会。如果否定了大学理念的育人价值，也就等同于否定了大学的社会价值，离开对人的培养，大学对社会也将无所作为。大学理念的主旨在于，启发人类生存意识的觉醒，通过知识获得智慧与道德，发展人的潜能，使人能够养成创造生活、批判生存状况，选择更有意义生存方式的意识与能力，不断寻求超越，最终使人类成为社会历史活动的主体。不同时期、不同大学对“人”的培养要求不同，对人的生存与发展认识程度与认识取向不同，对大学理念的选择与理解也不同，在实践中产生的效果也有差异，但坚持以人为本、坚持人在大学教育中的主体性，应成为大学理念的永恒主题。

第五节　小结

大学理念存在于“错综复杂的意义关系网络”。[②] 大学具有知识性与社会性两大基本属性，这两大属性之间的博弈贯穿了整个大学理

① 王道俊、郭文安：《教育学》，人民教育出版社 2009 年版，第 16 页。

② 刘悦笛：《论哈贝马斯“生活世界”的意蕴》，《河北学刊》2002 年第 3 期，第 51 页。

念的矛盾运动：社会是理念建构活动的具体情境，“知识”是大学理念建构的核心依据，大学与社会通过对高深知识的符号认知实现大学理念意义的更新；大学理念主体在社会建构知识的同时，知识通过大学理念传达和实践而完善人类自身。

大学及其理念的生成与变革首先基于社会结构的变化，知识则成为形成这种变革的重要载体。同时，大学教育体系的建立又反过来促进了社会生产关系的扩展，并逐渐在知识与社会之间形成了一种加速循环的体系，形成双向联动的效应：社会转型对大学理念的“冲击”与“扰动”效应，而大学理念反过来对社会转型具有“防御”与“促成”效应；大学理念与知识是内在支持与相互渗透的，知识为大学和社会之关系的建立提供了中介，大学因高深知识的独特价值而使其与社会关系更为紧密；知识与社会之间互为变迁条件与表征，社会环境蕴含着知识权力的性质，正是知识有用性的显现使得大学成为权力争夺的场域。

人类的一切活动及其产物，从根源上说都是社会关系建构的结果。然而，人类社会的起源和人的本性有着密切的联系，甚至从某种意义来说，它是社会赖以建立的一个稳固的基础。人对社会和教育具有主导性而非依附性、被动性，在大学里，思想被赋予自由的力量，大学理念深深地根植于人的本性，尽管在较长的历史时期总在不断地调整变化着，但人始终是一切发展的共同目的，大学教育本质上是通过知识实现人与社会共同发展的过程，因而作为大学主体的人始终是大学合目的性与逻辑性的统一。

大学理念的形成过程也是大学认识自然和人类自身理智与情感品质的过程。雅斯贝尔斯指出：“人从对知识的根本义务中所能得到的唯一满足，就是有望超越已有的限度，把知识的范围推进到前所未有的境地。”① 知识是人的生命意识的一种表达，并通过人的思想而转化为理念，人又借助新思想的力量而实现自己的主体价值。一所大学的

---

① ［德］卡尔·雅斯贝尔斯：《大学之理念》，邱立波译，上海人民出版社2007年版，第38页。

理念如果与这种知识特性相契合，则会促进其发展，反之则会受到阻碍。每个时代都有自己的知识观，构成了不同时代的知识形态，大学如何顺应社会对新的知识范式的需求并作出相应的变革，向社会提供被认可的知识，是追求自身知识价值的关键。

大学理念作为关于知识存在价值的主张，是一种观念的逻辑形态，而运行了这些理念和主张的大学教育活动是一种实践的历史形态。因此，大学理念同时包括了历史与逻辑的发展，但却不是历史与逻辑的绝对统一，由于转型期社会政治经济结构、文化政策、变革方式等因素的制约，大学理念发展在空间上存在着历史与逻辑的落差，这种落差则需要协调知识理性与社会理性的关系。

第三章　西方大学理念的演进

发展的巧妙之处就在于要变中求稳、稳中求变。

——阿尔弗雷德·诺斯·怀特海

从传统社会向近现代社会的转型首先发生在西方。西方大学理念中的现代性因素是在社会内部知识传统中逐步生长出来的。尽管西方大学也曾遭遇过较大社会转型的冲击，但这种冲击主要是内部新旧两种因素间的矛盾，并最终以相互妥协的方式得到解决。这种解决形式在很大程度上避免了大学文化传统与现代的断裂，进而保持了大学理念变迁的连续性和继承性。

第一节　前现代社会：西方知识传统与中世纪大学理念

中世纪大学理念是现代大学理念的共同渊源。美国学者哈斯金斯（Haskins，C. H.）认为，“现代大学和中世纪大学的基本组织是一样的，历史的延续性并未中断。”[①] 中世纪处于西欧农业社会末期（5—15 世纪），如果将 1500 年视为西方社会转型起点的话，那么整个中世纪（约公元 476 年至 1500 年）的政治经济文化发展都为现代化做了前期准备。

① ［美］查尔斯·霍默·哈斯金斯：《大学的兴起》，王建妮译，上海人民出版社 2007 年版，第 3 页。

大学的理念早在古希腊时期就已“发轫”了。[①] 而自公元5世纪欧洲高等教育中心转移到拜占庭的康士坦丁大学之后，西欧已不存在任何意义上的高等教育机构达700年之久，直到中世纪大学的兴起才使传播高深学问成为该机构的首要理念和职能，[②] 并承担起知识系统化与学科体系化的使命。当然，中世纪大学的出现究竟是建立在某种抽象的理念基础之上，还是出于社会转型需要所做的结构化安排，人们尚难以下定论。但在这样一个长达几个世纪的特殊阶段，大学组织得以诞生、发展并维持下来，没有可支撑的教育理念和信念是难以想象的。

一　统治型单极结构：中世纪大学理念生成的社会基础

中世纪大学理念起源于前现代社会，这一社会形态具有以下典型特征：以传统主义为轴心，知识主要建立在“常识”和“经验”基础上；以土地为核心，万物的本质由天启来解释；社会结构上呈现出家庭、社会及国家的一体性，以身份与等级为标识，人的受动性比较突出，权力成为社会关系中的支配性力量，强调思想意识的统一性，带有“整体主义”社会特征。社会的主要矛盾是有限的农产品与日益增长的社会需求之间的矛盾，即与自然作斗争，而土地是有限的，因而农业社会末期人们从对自然生产的绝对依赖，逐渐转向科技，服务于这种转变的工业日趋成长。

自11世纪大学产生以来，西欧社会进入到传统社会中的一个特殊历史阶段：一方面具有相对静态的农耕环境和原始的生存方式，群体关系相对封闭但尊奉着相同的信仰，具有迪尔凯姆所称的“机械的团结”特征；另一方面，社会分工的复杂化使群体之间内在依存性增

---

① ［德］卡尔·雅斯贝尔斯：《大学之理念》，邱立波译，上海人民出版社2007年版，第190页。

② 早期大学的起源是个复杂而模糊的过程。对此，史学家马林洛（Mullinger）认为萌芽于9世纪的萨勒诺医科大学是欧洲第一所大学，但拉西达尔（Rashdall）则认为这所医学中心尽管较早就有一定声望，但并未对大学制度产生任何影响，他认为如果将法人团体的存在作为唯一标准，产生于1088年的意大利博洛尼亚大学则为最古老的大学，而如果将大学基本组织的形成作为量度，那么最古老的大学当推1208年的巴黎大学，这些看法主要取决于对构成大学要素的权衡。

加，需要各个类型相同，并互相分裂的社会单元之间存在某种“有机的联系”。在这种条件下，大学成为这种社会关系的纽带，中世纪大学理念也是这种关系的直接体现。

（一）权制结构下知识的统一性：西方大学理念宗教意识的确立

西欧中世纪的社会结构主要是一种支配型关系，统治者极力倡导意识形态的统一性。中世纪西欧各诸侯王国之间征战不已，还没有现代意义上的民族国家，日尔曼人的南迁使商路中断，经济萎缩，手工业和商业萧条，80%以上的人以农业和畜牧业为生。由于城乡分离导致系统整合的出现，但整个社会处于低水平的整合之中。[①] 国家无法深入地渗透到地方化的习俗中去，社会控制主要靠军事力量。当时的宗教神学不仅是占统治地位的意识形态，而且笼罩着社会生活的所有领域，不仅窒息了社会生机和活力，还禁锢着人们的思想。基督教在中世纪享有塑造和改造社会意识的垄断权，控制了讲道、教育和对世界的解释，并理所当然地成为中世纪大学理念的主体，大学目标及理念均受制于宗教信仰的要求。直到诺曼底征服以后，世俗政权与基督教会分庭抗礼，城市市民在与封建庄园的斗争中获得了自治地位，正是在诸多矛盾的夹缝中，大学成为各方权力争夺的场所，才赋予了中世纪大学学术自由的生长契机。

（二）城市化商品交往模式对知识的累积：西欧大学理念的生长契机

英国的乔尔韦斯在《世界史纲》中认为中世纪是个衰退的时期，只是在15世纪临近结束时西欧的真正活力才显现出来。[②] 此后社会经济结构开始从“传统农耕模式”向“商品交往模式”运行，职业训练成为大学教育的主要目的。城市化瓦解了自然经济和庄园经济，形成特有的理性经济形式。这种经济并非以消费和权力为目标，而强调

---

① 李红专：《当代西方社会历史观的重建》，《教学与研究》2004年第4期。

② 中世纪时代（公元1000—1500年）世界人均国内生产总值每年递增0.05%，人口增长0.09%；初级资本主义时代（1500—1820年）每年人均国内生产总值增长0.07%，人口增长0.28%；资本主义时代（1820—1995年）人均国内生产总值每年增长1.17%，人口增长0.96%。尽管全球经济增长并不均匀，但增长趋势仍是大体一致的。资料来源：乔尔韦斯：《世界史纲》，人民出版社1992年版，第790页。

生产本身，这是形成具有张力的“自我维持增长型”经济的关键，也为大学理念提供了生长契机：第一，城市经济的发展使人们获得了更多闲暇的机会，使大学得以“闲逸的好奇”自由追求学问，从而免于过多功利的追求。第二，职业归属成为自我意识的基本依据之一。人们迫切需要建立某种专门机构以整理、研究和传授高深学问，创造专门的学术职业。在萨勒诺医科大学、博洛尼亚大学等行会组织中产生了职业教育理念。第三，经济交往的增加为知识和精神丰富提供了可能性。城市的自由人结成近于基尔特（gullde）和职业行会的组织。城市和大学共享着各种文化形式，这使得大学与城市一样拥有“自治的行会”，为其成员和精英授予各种权力。

（三）个人主义价值观对主体性知识的张扬：中世纪大学理念的理智基础

从观念维度来说，西方中世纪已不再持有保守落后的封建等级观、骑士传统精神和教会禁欲主义观，对主体权利的张扬与理性的萌芽强化了大学的主体意识：既强调对骑士、神职人员及贵族间的职业等级分工，又尊重学者个体权利的保护。一方面，由于刚刚形成的资产阶级力量十分软弱，于是知识分子首先在思想意识形态领域展开了斗争，用人性反对神权，用个性解放反对禁欲主义，用理性反对蒙昧主义。另一方面，十字军东征以后，西欧社会的文化视野因东西方文明碰撞而得以扩大，古希腊时期的理性精神得到张扬，探讨高深学问、传播高深学问逐渐成为一种风尚。尽管当时的主体权利仍属于等级权利或原始的个体权利，但主体价值观仍在法律政治制度中逐渐发育起来，成为大学自治的诱因。但在多元政治和文化格局下，中世纪仍不可避免地存在着两种相互矛盾的思想解释模式：一是已注定要衰落的统治贵族思维方式；二是城市手工业者较低阶层更具分析性的思想处于上升过程。社会价值观动摇的结果是：大学不得不摆脱宗教神学的束缚，而寻求新的价值追求。

二　古典经院性知识：中世纪大学理念的知识基础

经院知识发展的历史与中世纪大学理念的发展具有高度重合性，是中世纪大学理念形成的价值哲学。经院知识具有以下特征：第一，抽象性。从古希腊哲学有关世界本原的“本体论”思考，到中世纪经院哲学对《圣经》和上帝的阐释，主要是一种抽象性的知识，不涉及具体事物，而是一种经过高度总结提炼的具有普遍性质的知识，以教会知识为主要内容，倡导宗教教育。第二，绝对性。绝对性是针对知识的普遍性而言的，指知识一旦被确定下来便成为一种永恒的真理，教育主要着眼于过去。第三，整体性。知识与道德是一体的，要想获得达这种统一于上帝之下的整体的真理，就必须认识真理的全部。这种真理统一的意识是导致“普遍知识”观念的直接思想基础。

（一）经院知识的两大维度：“理智”与“信仰”

经院知识是贯穿中世纪大学理念的主要知识形态，包括所有确证了的知识、宗教教义、常识性信仰和科学理论，大学存在的基本价值在于将抽象的知识变为指导人们日常行为和解释神的最终旨意的道德真理。随着中世纪新大学的诞生和迁移，知识交往的增多动摇了原有朴素的基督教信仰，社会的独立探索精神显露出来，个人开始以理智理解教义。此后，理性与信仰先天的矛盾就贯穿于中世纪大学理念发展的整个过程。

西方大学理念的形成主要基于两大知识传统。一是神学知识传统，以信仰为核心。神学知识从普遍化了的东方神学，特别是犹太神学和庸俗化了的希腊哲学，尤以斯多葛派哲学在混合中产生，① 强调知识来源于神灵，旨在通过心灵的获得感知上帝，使不同民族的共同精神文化在此获得统一。② 基于这一传统，教会把一切意识形态的知识形式——哲学、政治、法学都合并到神学中，使其成为神学科目。③ 大学教育的目的在于发现和传播与上帝有关的绝对的、终极的真理。二是形而上学知识传统，以理智为核心。古希腊思想家思考生活和行为方式的这种双重性，逐渐萌生知识理性的原生形态或雏形——逻各

① 恩格斯：《路德维希·费尔巴哈和德国古典哲学的终结》，载《马克斯恩格斯全集》（第4卷），人民出版社1972年版，第251页。

② ［美］克里斯托弗·道森：《宗教与西方文化的兴起》，四川人民出版社1989年版，第18页。

③ 《马克思恩格斯选集》（第4集），人民出版社1972年版，第251页。

斯。“万物根据这个逻各斯生成”，同时，这种逻各斯是“世界的客观的解释性原理”。[①] 这种通过理性以此培养自由人的知识观成为自由教育的源头。

11 世纪，哲学家托马斯·阿奎那将两大古典知识传统相联系，形成具有“信仰”与“理智”双重意义的经院哲学。经院知识强调理智在理解信仰中的作用，试图通过理性思考和抽象推论来证明上帝存在和基督教永恒合理性。[②] 知识的基本任务就是对“上帝的认知”，也即是对真理的认知。这种认知不能依靠哲学的“理性”，而是必须依靠合乎基督教精神的人的灵魂，强调信仰是认知的基础。经院知识中的理性是一种先验理性观，这使教会有机会成为极权主义的组织形式。

经院知识与大学理念结合的意义在于：明确了学术训练对社会职业的价值只有通过大学才能实现。这是由于，旨在理性地探索真理的学术活动，是大学学术秩序化安排的本质。在这里，大学公开宣扬的理念是提供亚里士多德式的“沉思的生活”，为理智而进行理智训练。尽管大学的潜在功能是培养务实的专门人才、促进“实践的生活”，但不能否定大学“为知识而追求知识”的社会价值，而这些正是以探索知识的愿望为前提的。

（二）经院知识的内涵：“知识统一于真理”

经院哲学认为，知识的价值不在于其他任何外在的功能与作用，而在于其自身，这种知识观的形成主要源于古希腊哲学。在古希腊哲学中，知识的价值内在于其本身，主要体现为精神层面的价值。或者说，除了知识本身的目的，人类对知识的探求不应具有任何外在的价值或目的。这是由于，知识本身有助于人们形成理性，同时能够把精

---

① ［英］C. C. 泰勒：《从开端到柏拉图·劳特利奇哲学史》（第一卷），韩东晖等译，中国人民大学出版社 2003 年版，第 109—110 页。

② 唐逸：《理性与信仰——西方中世纪哲学思想》，广西师范大学出版社 2005 年版，第 5—6 页。

神从低级的物质世界中提升出来，并形成对于永恒真理的思考，[①]而这种思考，正是智慧的开端。因此，知识是值得永恒追求的。反映在古希腊教育内容中，主要以哲学、修辞学、伦理学等为课程知识。

在经院哲学中，上帝是真、善、美的统一体，知识具有净化人的心灵的作用，知识的价值也主要在于知识本身。苏格拉底的人生目的就是要实践古希腊德尔斐神庙门前的那句箴言“认识你自己”，并把道德的本质归为关于“善”的知识。同样地，柏拉图也提出，人应当超越感觉世界的洞穴而在理念世界中获得真知，从而实现人的本质。[②]相应地，在中世纪大学中，人文学科是一切专业性学习的基础，而神学思想则占据着支配性地位。经院哲学认为，人们获得知识的途径是一种演绎的方式，即以一种预先设定的、不变的真理性知识为基础，通过逻辑演绎来说明其他知识正确与否。这在客观上打破了罗马教会的权威地位，同时也有利于促使哲学成为大学知识的一个重要来源。

在中世纪，经院知识倡导“知识统一于真理”的知识观：宣扬一切知识归于上帝，宗教揭示了世间万物的真理。“知识统一于真理”的思想包含两个重要命题：第一，假设所有真理是统一的，并最终在单一体系内相互联系；第二，假设知识具有道德导向，获得真即获得善。[③]这一知识观使中世纪大学理念具有典型的“理智与信仰相统一”的特征，大学之所以为大学，是人们出于寻求真理的唯一目的而群居于此，并且是为真理而真理。[④]大学的目的就在于追求普遍真理，这种“真理”包含的是一种确定性的、深奥的、非一般人所能掌

① 王玲：《美国知识观转型与大学本科教学模式变革之关系研究》，博士学位论文，东北师范大学，2007年。

② 卢云昆：《自由与责任的深层悖论——浅析萨特“存在主义的人道主义”概念》，《复旦学报》（社科版）2010年第3期。

③ Josiah Cooke, “The Nobility of Knowledge”, *Popular Science Monthly* 5, 1874, 621, in Julie A. Reuben, *The Making of the Modern University: Intellectual Transformation and the Marginalization of Morality*, Chicago: The University of Chicago Press, 1996: 17

④ ［德］卡尔·雅斯贝尔斯：《大学之理念》，邱立波译，上海人民出版社2007年版，第20页。

握的高深知识，因而形成了中世纪大学“探索高深学问”的核心理念。

中世纪经院知识对大学理念的影响突出体现在三方面：①随着学科的形成，大学开始形成职业教育的理念。中世纪大学的知识体系逐渐在分化中得到确立：一方面，中世纪“七艺”为基础课程的人文知识不断完善，逐渐形成了中世纪大学的基础学问；另一方面，在艺科知识的基础上，专业学科知识不断扩充，进而发展为结构严密的大学知识体系，成为大学主导性的知识。②大学将传播普遍知识和培养德性作为这一教育机构的首要宗旨，作为社会道德与宗教文化教育机构，大学由教会举办并由教会服务、提供“不为今世而为永生”的教育；同时，虽然中世纪大学被分为博洛尼亚型、巴黎大学型或混合型，但从学院的组织理念到学习科目、学位、教学计划和教学模式等却拥有惊人的一致性。③大学受到统治阶级的外部控制，欧洲中世纪大学主要限于为政治、宗教等意识形态领域工具性人才的储备。相应地，仅僧侣阶层有享受专业教育的机会。这种层次的划分是亚里士多德式的，根据所学对象的性质进行划分的原则，而不需要内在统一原则，相反，存在着一种外在统一原则——神正论，并仅仅作为精神对世俗的一种外在监督而介入。

总之，理性和信仰的统一构成了经院式大学理念的基本特点。大学在信仰之内进行自由理性的探索，在理性的指引下推导出符合信仰的结论，这始终是中世纪大学的学术态度。而由于缺少科学技术的支持，大学理念往往只能依赖学员的流动而自发传播，知识传递与生产主要靠手稿和文本，在教会的限制下大学理念几乎不考虑过多社会因素，因而中世纪的大学理念建立在远离社会的“玄学”知识基础上，使得中世纪大学只是一个进行指导的地方。

（三）中世纪知识与社会的关系：“权力一体化”

分析可知，尽管知识与社会对大学理念的变迁作用方式不同，但三者大体是对应、同步的。那么，大学理念中的知识与社会之间权力匹配关系则很大程度上能体现知识、社会、大学的关系。中世纪社会意识形态的统一性使知识权力集中于教会，宗教集团通过传播经院知识巩固并控制着大学，并为大学理念的合法性提供外部保障，推动理念主体、知识主体与权力主体的一体化。但是，在一个按封闭角色等级组织起来的社会中，由于缺乏纵向运动，这种统一的社会意识形态反而给予农民、手工业者、商人、贵族和知识分子不同的体验，在各自不同的生活背景下，人们以不同的方式对共同的宗教作出多种解释，这种“一体化”特征也为后期现代大学理念“相对的自由性”提供了空间。

中世纪大学起源于教会的道德权力和政治权力正在衰退而现代政权体系尚未完全建立之时，在这样一个特殊的背景下，知识与社会的“权力一体化”关系对中世纪大学理念的影响主要有三方面：①当大学愈使自己成为教会意识形态的阐释者，其理念就愈倾向于经院主义：向外界宣扬思想统一战线的必要性，并渗透这种思想隐含的本体论和认识论。其结果是，社会权力结构集中化，并成功地将宗教思想和经验的统一性强加于大学理念。这种渗透主要包括三个途径：第一，通过直接创办大学或者通过给大学颁发特许状控制大学及其理念。第二，建立教会奖学金制度（rotuli），通过提供定期的牧师薪俸吸引大学生献身宗教事业。第三，社会通过规定大学知识的性质来影响大学理念。将教义作为大学的教学内容，使大学成为传播教令和教义的场所。②将大学教育的中心放在“人”本身，放在人的灵魂本身，大学所关心的是如何塑造合格的基督徒，从而使中世纪大学在职业教育基础上具有了人道主义传统。③隔绝与世俗社会的联系。

尽管大学理念的产生是出于自身对系统化的需要，但这种系统化总将宗教的起源列为固有的传统，并在理智上不受自身控制，使得中世纪大学理念与现实问题相对脱离，既是经院的、学术性的，也是毫无生活气息的。[①] 经院哲学的这种理性思辨的本质显然与基督信仰精神是相悖的，这最终导致了中世纪末期“唯名论”与“唯实论”的大辩论。而无论如何，经院哲学仍促使中世纪大学理念从隐喻化、

---

① ［德］卡尔·曼海姆：《意识形态与乌托邦》，黎鸣、李书崇译，商务印书馆 2005 年版，第 10—14 页。

符号化向理性化、系统化发展，为持续的中世纪理智复兴开辟了道路。

三 “探究高深知识”：中世纪大学的核心理念

毫无疑问，正是高深学问的价值和专门化程度决定了中世纪大学在整个国家教育体系中的位置。在亚里士多德看来，“真理”即是通过智慧的力量而产生的一种“真知识”，反映在知识形态上则是“处于已知和未知之间的交界处”的“高深知识”，或者是虽然已知，但由于它们过于深奥神秘，常人的才智难以把握的知识。[①] 可见，大学理念作为一种理智活动，与高深知识之间有着必然的紧密联系。

（一）高深知识两重性的显现：学术教育与职业教育

在“知识统一于真理”的观念中，知识与道德从来就是一致的。以古典学科为主，但一切新的知识或理论只要属于真理范畴都将得到认可，这些以高深知识为特征的所有“真理”都将获得进入大学的权利。高深知识具有两大特征：“理智性”与“专门性”，这种两重性特点对大学理念的直接影响是“学术教育”与“职业教育”理念的形成：学术教育以教授和研究神学、以哲学为中心、位于欧洲北部的巴黎大学为代表；职业教育以课程专业性极强、以法律而著称、位于意大利南部的博洛尼亚大学为代表。

第一，高深知识的“专门性”特征促成了“职业教育”理念形成。根据高深知识的材料性质，专业是一切知识的基础。早期中世纪大学是单科性的，萨莱诺大学是一个单科性医学院，博洛尼亚大学是一个单科性的法学院。专业的发展导致学科的分化后，大学才开始从不分层次的教育中分离出来，逐步成为一个相对独立的教育层次，也逐步从单科性发展成多科性的教育。职业教育训练学生掌握一定的知识，以为以后从事法律、医学、教学这些世俗专业或献身教会工作所用。[②] 围绕着学科，教师和学生开展分科教学及活动，开始发挥大学

---

① ［美］约翰·S. 布鲁贝克：《高等教育哲学》，王承绪译，浙江教育出版社 2002 年版。

② ［美］伯顿·R. 克拉克：《高等教育系统——学术组织的跨国研究》，王承绪、徐辉、殷企平等译，杭州大学出版社 1994 年版，第 20 页。

培养专业人才的职能。不过，“这时的大学主要是培养专业人才的职业学校，只是在有限的意义上可以说它是为学习本身的概念而存在的。大学在满足专业、教会和政府对各种人才的需要的过程中不断发展。”① 强调掌握与教会有关的实用知识和论辩技能，宗教色彩非常浓厚。②

第二，高深知识的“理智性”特征促进了大学“学术教育”理念的形成。学术教育理念的特点在于：以理性和智慧的培养为核心，并作为大学教育的宗旨，致力于具有永恒价值的学术研究之中。③ 在学术教育中，只有宗教的、道德的、思想的活动，才构成真正意义上、本质意义上的学术活动。这一理念的产生与早期基督教给大学建构的亚里士多德式的形而上学知识标准有关：所有知识要么是实践的，要么是创制的，要么是理论的（见表3－1）。在学术教育中，教育目标不在于教给学生实际的知识，而在于培养他们一些纯属形式性的技能，要么是论辩的技艺，要么是自我表达的技艺。④ 由于神学知识处于支配地位，而传授谋生手段的知识被认为是大学的“世俗功能”，属于较低的等级，使得具有学术教育传统的大学沉浸于经院哲学的论辩中，其最高宗旨是培养学生身上原本包含的人性的种子。⑤ 正如亚里士多德在其《政治学》中强调的，教育是专门为人的自由而设立的，它不应当具有实用性或职业性，而纯粹以“使用闲暇从事理智活动”为目的。大学探寻知识并非寻求知识的功用，而主要是为了个人的自由。这种以学术教育培养自由人的理念也成为纽曼关于自由教育的理念来源。

---

① ［美］伯顿·R. 克拉克：《高等教育新论——多学科的研究》，王承绪等译，浙江教育出版社2001年版，第29页。

② 贺国庆：《外国高等教育史》，人民教育出版社2003年版，第65页。

③ 同上书，第67页。

④ ［法］爱弥尔·涂尔干：《教育思想的演进》，李康译，上海人民出版社2003年版，第390页。

⑤ 同上书，第393页。

表3-1　亚里士多德关于知识的分类与大学理念的对应关系[①]

知识分类	对应大学知识	大学理念
实践的知识	伦理学、政治学、其他	以实用智慧来探索实践性问题，以导向人类的善
创制的知识	艺术、修辞学、其他	以人类理性中的制作或创作功能来导向作品及技艺之完成
理论的知识	神学（形而上学、逻辑学、其他）；数学（算术、几何、其他）；自然科学（生物学、植物学、化学、其他）	以人类理性功能中的最高直观理性和智慧来认知不可改变的永恒存在，形成为知识而知识的理念

可见，中世纪大学显现出学术性与职业性并存的格局。但是“知识的统一性”与各学科“专门化”的追求始终存在难以调和的矛盾。按照经院知识所给的标准，只有宗教的、道德的、思想的活动，才构成本质意义上的人的活动，教育的最高宗旨就是培养学生身上原本包含的人性的种子。[②] 由于传授谋生手段的知识被认为是大学的“世俗功能”，属于较低的等级。就这样，职业教育逐步被排除在大学之外。

（二）作为高深知识活动的必要条件：大学自治与学术自由

自主性是高深知识的固有特征和必要条件。随着专业之间的普通知识距离不断扩大，高深知识更加表现出内在深奥性和固有的自主性。同时，由于发现知识是一项无止境和不确定的任务，通过常规组织机构对其加以系统化是很困难的，这显示了大学知识活动的特殊性，并隐含了这样一种理念：学术丰富着知识，并使社会秩序保持稳定。

中世纪大学获得自治与自由的社会因素主要有三个：①社会权力秩序的建立。大学成立的主要标志是获得教皇诏令或王室特许状，西

---

① 根据亚里士多德关于人类知识结构体系的划分改制。参见［古希腊］亚里士多德《形而上学》（第1版），商务印书馆1981年版，第121—125页；［英］乔纳逊·伯内斯《亚里士多德》（第1版），余继元译，中国社会科学出版社1989年版，第55页。

② ［法］爱弥尔·涂尔干：《教育思想的演进》，李康译，上海人民出版社2003年版，第393页。

欧国家将传统日耳曼人的马尔克制度、罗马法和基督教文化相结合形成了多元法律体系，保护学者个体的权利也成为帝国法规中的保证条款。早在1155年，巴巴罗萨·腓特烈一世就在基本法中提出："只有通过知识的传播，这个世界才能被照亮，臣民的生活才能遵照上帝及其仆人的旨意"①，这被视为最早有关学术自由的制度安排。②高深知识专门化的惯性。西欧大学知识专门性的认知形成了特殊的行会制度，巴黎大学的教师行会被移植到牛津和剑桥，博洛尼亚大学的学生行会模式被传入西班牙及拉丁美洲。"行会"的性质决定了大学有高度的司法自治权、选举领导权、独立制定学校法律权，有代表学校的统一印玺，外地招生的能力等。② 这使大学有能力在不断地与世俗、王权抗争过程中，通过"迁移""对话""寻租"等方式保持自身必要的自由。③宗教文化中对个体价值的尊重。早在12世纪，教会评论家的论著中已经产生了主体观念的概念与实践。③ 无论是13世纪反映现代人权思想的大宪章，教会与王权的抗衡，还是市民特许状的获得、市民阶层的形成等都与此息息相关。主体观念浸润着整个欧洲文明的躯体，是西方文化之魂，④ 这种主体权利观为学术自由找到了根本依据。

中世纪大学理念是欧洲社会政治变革、经济发展和文化开放的产物，激活了长期沉寂单调的教育文化领域，在一定意义上为大学理念的现代化转型作了准备：第一，城市的兴起形成了分工极细的行会制度，专业人才的需求增加使大学把教育活动建立在高深学问和智力活动基础上，大学成为"学者共同体"，形成追求"普遍学问"的大学理念。第二，基督教会成了欧洲最大的政治力量，大学成为被教会赋

① P. Kruger and T. Mommensen (eds.), *Corpus Iuris Civilis* (vol. Ⅱ), Kaufman: Deutsche University, 1877: 511, 165.

② 贺国庆：《欧洲中世纪大学》，人民教育出版社2009年版，第8页。

③ Brian Tierney, "The Idea of Natural Rights: Study on Natural Rights", *Natural Law and Church law*, Emory University, 1997: 1150 - 1625.

④ 侯建新：《社会转型时期的西欧与中国》，高等教育出版社2005年版，第14页。

予“行业特权”的自治性行会组织，为“大学自治”理念提供了条件。[①] 第三，在文化上，历时200年的十字军东征促进了东西方文化的交流，但在宗教统治下，“中世纪所有的思想活动都指向单一的目标：创造一套可以充当信仰基础的知识体系”，使大学具有普通教育与专业教育相结合的传统。

第二节　转型社会：西方大学理念的现代化转变

西欧国家在1500年前后进入了“转型社会”，[②] 并先后于16—19世纪完成了由前现代社会向现代社会、由农业社会向工业社会的转型。“转型社会”是相对于“常态社会”而言的社会形态，是处于社会转型“过渡期”的一种特殊社会运行状态。从16世纪到18世纪，西方国家相继出现了一系列重大的历史事件，如文艺复兴、宗教改革、反宗教改革、启蒙运动和科学革命等，致使社会处于新旧转换、剧烈变动之中。这种变革的过渡性是现代性潜在因素在欧洲历史演变中长期积累和冲击的结果。

---

① Rederick Ebyond and Charles Flinn Arrowood, *The History and Phylosophy of University Education in Europe*, Cambridge University Press, 1997: 51.

② 史学家之所以将1500年作为社会转型的起点，是由于一系列对欧洲现代社会的形成甚至对世界都具有重大意义的事件都发生在1500年前后。如西班牙、葡萄牙殖民者开始海外探险，哥伦布于1492年发现美洲新大陆；此前不久，但丁的《神曲》问世并标志着意大利文艺复兴的开始；时代巨人如达芬奇、拉斐尔、米开朗基罗等都活跃在这一时期；1521年马丁·路德被剥夺了公民权，掀起了宗教改革的浪潮，标志着欧洲社会精神的划时代觉醒。1543年哥白尼《天体运行论》出版，科学革命孕育成熟。1610年前后，培根、伽利略、笛卡尔等提出了自己的科学哲学理论。17世纪40年代，英国资产阶级革命爆发，并于1688年发生《光荣革命》，实行君主立宪制。18世纪70年代工业革命的开始标志着西欧社会正式向现代化转型。1789年法国大革命开始后，发布《人权宣言》，封建制被废除，1848年资产阶级革命席卷欧洲。在一系列的变革中，西欧跨过了一段“转型社会”，成功地迈向了现代化。参见孙立平《现代化的要素和推进时序》，载张琢主编《国外发展理论研究》，人民出版社1992年版，第154—156页。

一　松散的共同体：转型社会西方大学理念的转向

西欧转型社会的特点是：以经济增长和资本为中心，建立在实验基础上制造社会，“业缘关系”取代血缘和地缘关系，追求高度的独立自由民主，社会关系从“机械单一模式”走向“自主共和模式”，形成一种“松散的共同体”，法治取代人治成为政治系统运行的基本方式。在此阶段，社会突破原有模式而发生全方位的革命性转变，彻底改革前现代社会中依靠政治力量统摄经济和文化，使传统的人与自然、社会的关系发生根本性变革。基于这些变化，大学与教会、民族国家间的关系发生了质的变革，转向与民族国家建立同盟关系，大学理念进入了前所未有的历史剧变期。

（一）转型期知识统一性的破裂：大学理念变革的启动点

自治城市形成后，社会要求形成一定的权力中心。王权的兴起催生了民族国家和统一政府，打破了中世纪市民权力—王权—领主（贵族）权力相互制衡的结构，形成以“自治”和“契约”为特点的政治模式，西方各国开始致力于建立一种“公民共同体”。社会权力结构由“三元博弈”走向“有机联合”，大学理念随传统教会权威的流失而转向民族主义。在此阶段，大学自治的过程也是“由身份到契约”的权力运动过程，契约把个人整合于社会，维系共识。由于原有社会的秩序和稳定的传统，社会权威开始受到普遍的怀疑。

这种变化对大学理念最大的影响在于：一方面，以教义信仰为主的绝对权威的知识力量正在逐渐瓦解，受制于罗马教会所形成的大学理念与体制逐步分化；另一方面，暗示着大学理念对原有信仰产生动摇而追问信仰与真理的力量正在加强。在转型社会，由教士特权把持的对世界的牧师式解释的知识垄断权被打破，取而代之的是一个自由的知识界。

（二）民族国家的崛起与知识权威的转移：大学理念变革的条件

现代意义上独立民族国家的建立既是社会转型的基本前提，也为大学理念的合法性提供了可能。16 世纪前后，民族国家相继建立起来，中央集权的加强使政治权力得到统一，民族国家的崛起和王权的削弱彻底改变了大学与社会的关系，原有封建社会秩序的解体要求大学重建一套各国自我认同的理念体系。

随着民族意识的觉醒，国家需要大量的专门人才，且鼓励和支持大学发展对君主获得声望有利，于是，“大学成为重要的政治力量，在社会各阶层的斗争中发挥了积极的、有时是突出的作用，成为大学内部组织起来的民族团体之间剧烈冲突的舞台”①。布拉格大学的建立是民族意识觉醒和国家影响大学发展的典型事件。此后的大学持有两极的世界观念：一方面，大学是行会，其特权应受到保障。另一方面，基督教世界作为“信仰之光和除谬之灵”，是大学权威的自然范畴。知识权威转移的结果是：过度强调大学自治权已经变得不合时宜，大学很难合适地确定大学自治权和国家政治利益之间的边界。大学政治观念的非现实主义让大学无法理解冲突的政治实质。

（三）经济结构市场化与知识的自由化：大学理念世俗化的转向

17—18 世纪早期古典自由主义的形成和市场经济模式的转换标志着知识的自由化。亚当·斯密在《国富论》中提出了两种自由：“资本的自由流动”和“劳动者的自由流动”。市场经济的主要特点就在于理性的自由劳动组织和理性的资本运作方式，通过行政或市场的手段统一配置资源，形成一种具有扩张力的“自我维持增长型”经济。随着社会经济与大学的相互依赖性不断加强，大学理念在这种“自由放任经济模式”下，开始与市场相结合，大学显现出了其前所未有的强大经济功能。

一方面，社会经济结构从商品交往模式向市场垄断模式过渡，自由竞争的思想渗透到大学理念中。商品交换是社会关系的基础，而交换的前提必然要求每个人拥有对可交换财产的绝对支配权，国家对产权的保护使社会转型的每一步都走向法制化。产权观念、法制观念普及全社会，奠定了大学理念的合法性基础。随着工业化进程中原始资本积累的完成，大学理念冲破传统束缚，接纳了市场经济中的自由思想。另一方面，第三产业的崛起带动了大学理念的社会化。劳动分工

---

① ［法］雅克·勒戈夫：《中世纪的知识分子》，张宏译，商务印书馆 1996 年版，第 125 页。

是自由市场经济的一方面，它与知识分工的存在又相辅相成。随着工业产值在国民经济生产总值中所占的比重不断提高和农业产值比重的下降，服务业日趋成为重要的第三产业并得到快速发展。[①] 服务业的惊人崛起推动了大学功能的转向，走出象牙塔的大学不仅被要求服务于民族国家和产业经济，甚至在某种程度上已经被纳入了“第三服务产业”，这种身份的变化正是大学理念社会化的重要标志。

（四）人文主义的复兴与知识理性的萌芽：大学理性原则的确立

民族国家文化交往的增加促进了价值观的自然过渡，为大学理念转变提供了可能。转型期西欧社会价值观由单一化转向科学、理性与自由并存，大学理念奠定了现代理性原则。第一，文艺复兴运动冲破了“以神为中心”的思想束缚，强调人在价值判断和追求幸福方面的自主性。人文主义在哲学观上瓦解了传统宗教社会的统一性，推动了大学理性原则的确立。第二，18 世纪法国启蒙思想家要求现实的一切都要合乎人的理性，把理性作为衡量一切的标准，形成“以理性为中心”的人道主义思想。只是这种人道主义思想完全脱离了社会关系，陷入了抽象人性论。第三，在 17 世纪的古典时期，法国哲学家笛卡尔以“我思故我在”宣示了现代意识的萌芽。英国哲学家霍布斯和洛克提出的“社会契约论”提倡“人生而自由平等”，认为一切权力来自人民，启蒙思想家们强烈要求打破神权政治，建立现代民主制度和法治国家。这些大规模的文化运动为大学思想体系的建立奠定了基础，也成为西方社会转型的关键。

二　由权治到自由：现代性自由知识与大学理念

近代社会科技的发展和功利主义的盛行改变了知识的性质。培根提出“知识就是力量”，表明知识的“功利性”与“公共性”开始结合，这种知识的现代性转向为大学理念提供了存在的合法性依据。

（一）由信仰至上到理性至上：大学理念变革的知识因素

如果说中世纪是知识的“西塞罗时代”，那么 16 世纪以来的转型

---

① 资料显示，德国 1860—1869 年服务业在国民生产总值中的比例达 44%，法国 1872—1882 年占 28%。1782—1852 年间，英国经济的年均增长率达到 3%—4%。

社会则是知识的“雄辩时代”。尽管在经院知识中，托马斯·阿奎那企图实现信仰与理性的平衡，然而，对亚里士多德哲学“理性”的理解与对圣经上帝“信仰”的解释在中世纪末出现了失衡，且这种失衡问题在转型社会之初尤其显著。“信仰”与“理智”之间的对立抗争迫使人们寻找新的思想。

中世纪的理性主义者主张宗教的世俗化与普适性，认为知识是直接产生于《圣经》的，不需要任何媒介的存在，真理是通过阅经人自己的心灵体会来获得的。从 14 世纪和 15 世纪开始，经院知识内部的矛盾已经显现。牛津大学和巴黎大学的教育理念分别盛行着“奥古斯丁主义”和“托马斯主义”。在理性和信仰关系上，主要出现了奥卡姆的神学“现代路线”和司各脱的学说：司各脱是以批判和怀疑为基本格调的神学理论，将理性从信仰里驱逐出去，认为上帝是自由的，远离类的理性；奥卡姆则把司各脱的学说应用到上帝与人类的关系上，提出了实践知识和理论知识分离的思想，这种观点为知识向现代的转型发挥了重要的作用。

在中世纪的“普遍真理”中，大学理念强调如何讲解和传授高深知识，即“发现或探索”知识，而非“创造”知识，不注重科学研究。“理性至上”的转变对大学理念的影响主要有三点：①由于社会阶层和生活条件的不断变化，大学理念不再受一个类似等级组织的管理支配，对宗教真理的信仰开始动摇。②由于不存在固定的社会组织，知识分子允许表达各自的思想和经验。随着等级化的垄断意识形态的废弃，自由竞争开始支配知识生产方式，多样化的争论和表达就会产生，以获得公众的支持。③那种曾经被人为地维持其统一性的思想、那些只存在唯一思维方式的统一意识形态，其效力开始逐渐丧失。直到教会对知识的控制崩溃之后，人们对社会思想的质疑才真正开始，大学理念才有了现代文化理性的特征。总之，西欧大学理念的现代化过程主要是靠弘扬自己传统中的人文理性因素并不断创新而实现的。

（二）自由知识的两重要素：“理性”与“经验”

17 世纪，整个社会意识形态转向现代实验科学及其理性分析逻辑，宣告自由现代性知识时代的来临。1884 年，英国哲学家斯宾塞（Spencer）在《什么知识最有价值》中倡导知识的实用观，“科学知识”因关系自我生存而代替了“人文道德知识”，在社会中占据支配地位。这种变化使经院知识中的“理智”与“信仰”冲突加剧：在前者得到强化的同时，后者则在科学革命的冲击下发生了转向，“理性”与“经验”构成了现代“自由知识”的内核，成为转型社会大学理念的主题。

（1）自由知识中“理性”的因素来自古希腊、古罗马以及中世纪“城市国家”的传统，但又区别于经院哲学意义上的“理智”，其基本含义有两点：一是“感性”或自然性。人文主义者认为所有的形而上学和神学知识都是虚妄和无用的，人们要想获得真知识，就必须以“自然”为师。二是“合理性”，反映在法国启蒙运动中提出的公正、平等（与“宽容”或“自由”概念交叉）等思想中。康德认为，判断一个行动的方式是由“理智”来检验其是否自洽，以及是否能作为一条普遍原则而成立。[①] 事实上，在整个西欧转型期，无论是资本主义发展过程还是大学理念的变迁过程都可看作是“理性化”的过程。

（2）自由知识中对“经验”强化是工业社会发展的产物。作为物质生产行动认知结晶，经验通常以科学经验与技术形态而呈现出来，但经验毕竟具有很大局限性和表面性，不能成为普遍性的指导观念。经验主义者认为可靠的知识源于经验，在其指导下的知识生产方式和大学理念都被赋予工具理性的色彩，美国则在此基础上形成了“实用大学”的理念；费希特把“经验”视为“伴随着必然性感觉的表象”，经验要么只能够从物引申出来，要么从理智引申出来。这表明“经验”与“理性”既有区别又不可分离。

但是，理性与经验既有同一性又具矛盾性。二者的同一性在于，都将知识与真理联系在一起，强调“主客”二分的非历史认识论；二者的矛盾性在于，唯理论认为只有人的理性才能获得确定性知识，而经验论则强调人的知识都源于感觉和经验。尽管如此，“理性”和

---

① 顾肃：《自由主义基本理念》，中央编译出版社 2003 年版，第 15 页。

“经验”都体现了对自由知识的追求，分别对应了欧洲现代性的两种传统：一是民族国家和文化国家的政治传统，二是理性主义和自我修养的理智传统。正如德兰迪所指出的，“自由和知识”是硬币的一面，另一面是“民族和文化”。[①] 各民族国家根据不同的文化选择和社会条件，对“经验”和“理性”采用了不同的结合方式和侧重点，分别形成了以纽曼为代表的英国“自由大学”理念、以康德和洪堡为代表的德国“文化大学”理念、以法国为代表的“现代技术大学”理念和以美国为代表的“实用大学”理念。可见，“自由知识”的两重性推动了大学理念的分化与转型。

（三）知识、社会与大学之间：协作联盟关系

显然，西方社会转型带来知识的理性化变革，这种变化同样反映在知识与社会关系问题上。西方转型期的大学认为知识是超越社会和个体条件限制，可被普遍证实和接纳的认知产品。知识为现代社会提供了说明和解释世界的模式及世界形成的动力。由于知识被认为是价值无涉和文化无涉，是一种具有普遍事实性的真理，因而知识常常被视为公共财富。

西方转型社会也是知识自由的现代性时期，大学一直处于中央政府和民族国家的资助之下，知识体系成为大学与社会联盟的唯一必要条件，这种条件背后则形成了一种权力体系。大学教育始终处于知识与社会的结合互动中，必然要求在理念上反映这种同盟式权力关系。就这个意义而言，转型社会中的大学理念与中世纪的差异突出表现在由城市化向民族化的结构性转变：在法国是知识与中央集权制国家结盟，在英国是知识与宗教结盟，在德国则是知识与文化国家结盟，在美国是知识与民主生活结盟，这种关系的改变反映了大学理念的价值取向变化。

这种协作联盟关系至少从以下方面对大学理念产生了影响：①冲击了中世纪大学经院思想占垄断地位的教育理念，表现在新的学科如

---

① ［英］杰勒德·德兰迪：《知识社会中的大学》，北京大学出版社2010年版，第41页。

希腊文等被纳入大学课程，为自然科学知识的进入开辟道路的同时，将科学研究纳入新的大学理念之中。②大学与民族国家的结盟使各国强化了对大学的扶持，大学理念转向服务于国家需要，强调大学目标的实现在更高层面上实现了国家目标。③由于政府的直接干预，转型社会中的欧洲80所大学几乎均由国际性的机构转为民族性、地区性大学，国际化特征有所减弱，突出反映在作为中世纪大学通用的拉丁语被民族语言所取代，加快了大学世俗化进程。④学术自由的延续。尽管大学处于政府的高压之下，而自由知识的存在仍使大学学术自由理念得到认同和保护。

转型期大学理念的变革基础并非偶然，理性的思考已使大学理念从中世纪的集体无意识上升到有意识，并达到可控的水平。不过，整个转型期的西方大学理念都处于较大的争议与分歧中：当大学以其对知识领域的垄断展现了自身强有力的地位后，知识开始从属于国家机构，大学理念一度成为"文化政治学"的工具，各民族国家开始奉行一种"独有的思想路线和行动路线"。在此影响下，中世纪大学的国际性特征已经被大学的多样性和地区性特征所取代，尽管这个过程是渐进的、缓慢的，但转型期的西欧大学理念已逐渐向"国别特色"的方向发展。

三　"知识为职业做准备"：法国转型期的大学理念

法国的社会转型始于1798年的大革命。从社会结构上看，中产阶级的崛起开始挑战日趋没落的贵族阶层，波旁王朝一度试图抵制这种社会剧变，开始强化专制政体，而王权最终因失去舆论控制而面临解体的危机，社会形势呈现共存与对抗的特征。从经济、文化上看，工商业的兴盛与城市的扩张共同推动了文化的繁荣，文化的共享性与公众自由意识的觉醒使法国成为18世纪欧洲反封建运动的大舞台。

以神学为中心的教育理念被"自由、平等、博爱"的新思想所替代，由教会垄断的特权被世俗教育的知识分子所接管。在大革命时期，所有旧制度下的教育机构都被废除，包括古老的巴黎大学。在除旧立新的关键阶段，各种新思想、新理念不断涌出，人们对具体事物和现实自然世界的关注度超过以往的任何时期，大学理念的变革势在必行。而自中世纪到启蒙运动之间，大学理念体现了形式主义特征：大学的主要目的在于培养纯属形式的辩论技能和自我表达技能。不同历史时期，这种形式主义相继建立在文法、逻辑或辩证法，然后是文学的基础上。[①] 针对这种形式主义，法国现实主义的教育理念逐渐兴起，强调经验在自由知识中的地位，提出了“知识为职业做准备”的大学理念。

第一，转型期法国教育的宗旨在于“确保社会的有效运作，必须做好准备履行未来社会的职责。”[②] 这一理念强调大学为学生将来的职业做准备，大学的中心任务在于使学生获得良好的职业技能。随着法国大革命的到来，新兴的资产阶级对高等职业人才提出了迫切的要求，而原有的大学不能满足这种需要。在这种背景下，从 18 世纪中叶开始陆续出现了几所旨在为新兴工业部门培养专门技术人才的新型高等专业学院，如路桥学院（1747 年）、造船学院（1765 年）、矿业学院（1783 年）等。这种新型高等专业学院被称为“大学校”，主要从事高等职业技术教育。自此之后，职业教育理念开始流入欧美诸国，不但对传统精英大学中的自由教育理念形成挑战，而且对现代学术教育形成强大冲击。因为第二次世界大战后，随着高等教育的大众化，高等教育呈现出职业化趋势，培养人力的职业教育在高等教育领域最终取得了全面的合法性。

第二，民族国家成立后人们的“社会感”（social sense）推动了现实主义的“职业教育”理念。显然，转型期的法国已经存在人文主义和现实主义的对立：前者注重抽象，而后者关注现实、注重具体事物，在世俗生活中寻求精神修养，特别是让学生具备未来履行社会职责的能力。18 世纪中叶，法国成立了实科学校（Realschule）以展示他们摆脱形式主义的成果。校内讲授的知识针对现实世界，针对事物和讨论这些事物的学问，取代了在此之前一直唯我独尊的纯文学性的

---

① ［法］爱弥尔·涂尔干：《教育思想的演进》，李康译，上海人民出版社 2006 年版，第 297 页。

② 同上书，第 307 页。

教学。[1] 知识的世俗功能（the temporal function）逐渐被大学所关注，外在世界、自然事物才有机会进入大学知识的范畴。

第三，法国职业教育理念形成的基础在于，强调国家要由合格的公民参与共同管理，为培养提升公民素质与能力，国家有责任提供公民适当的教育，让其有能力履行自己的社会职能。1793 年创立的中央大学体现了这种新理念，它直接导致了两个结果：一是传统文学、神学的地位荡然无存；二是更细致的社会分化让职业教育不得不走上专门化。各种高等专科学校纷纷建立，如巴黎理工大学所招学生不论出身地位公平竞争，教学内容为科学与技术知识。如此一来，广博学问的百科全书式知识与现实职业需要的专门化知识之间必然产生不可调和的冲突。结果就导致了所有文科成为无用知识而被视为学习过程中的残余。[2]

总之，法国社会转型期倡导知识为职业做准备，同时在高度集权的体制下通过严格的规章制度，政府主导大学的教育理念、内容和制度。国家通过扶持科学家来担任高等教育管理者，来达到对大学直接控制的目的。在人权思想和军事力量的双重作用下，这种大学理念与模式还在部分国家得到推行。但由于中央集权制的科层组织过于僵化而缺乏弹性，高度依赖政治力量的兴衰，因而大学就很难及时回应时代的变革，成为社会发展的绊脚石。到 19 世纪中叶，当科学知识的发展越来越依靠大学功能的实现时，法国大学已显得无能为力，最终不得不学习德国的理念来自我改善。

四　“知识本身即为目的”：英国转型期的大学理念

英国于 1500 年至 1750 年在欧洲最早实现了社会转型。[3] 英国的政治现代性转型的出现较早，而知识的现代性转型较为缓慢；大学理念虽倡导较早，但变革相对迟滞，直到 15 世纪后 20 年才促使英国大

---

① ［法］爱弥尔·涂尔干：《教育思想的演进》，李康译，上海人民出版社 2006 年版，第 306 页。

② 同上书，第 314 页。

③ 侯建新：《社会转型时期的西欧与中国》，高等教育出版社 2005 年版，第 10—11 页。

学成功转型，英国大学理念的转型主要靠三种因素推动：

第一，知识转型、理念变迁与政治改革的时机相吻合。当人文主义者向大学渗透自由性知识之时，恰逢一场大规模宗教政治变革和内战，经院哲学受到致命打击，英国转向接纳这种新的“自由知识”，大学的现代化转型也获得了合法化基础。第二，英国大学理念与宗教信仰的传统紧密关联。英国历届君主都强调宗教的正统性，并视其为政治忠诚的重要表现，大学教育才显得尤为重要。英国建立了多所宗教性学院，到处充斥着众多意欲从事世俗职业的求学者，并将人文学科视为获得令人尊重的绅士地位的通行证。第三，大学知识构成的主体向世俗群体变化迫使教育理念的深刻变革。宗教改革削弱了教会对大学的经济资助后，英国大学逐步推行付费教育。大学“世俗群体”逐渐取代了“宗教群体”而成为大学社会构成的主体。据统计，自16世纪末至17世纪初，中间阶层家庭出身的学生占牛津大学总入学人数的一半以上,[①] 他们成为过渡时期大学知识构成中的一个新群体，并成为大学理念转变的重要推动力量。

在这些因素的作用下，转型期的英国大学坚持以古典人文学科知识教育为核心的自由教育观，将保存知识和训练理智作为最主要目标，以传播新学问、新思想为使命。19世纪红衣主教纽曼所提出的“知识本身即为目的”事实上是整个转型期英国大学理念的精髓所在，理解“知识本身”需要认识知识与真理、理性和道德的基本关系：

（1）从知识和真理的关系看，真理是任何知识的目的。大学是追求真理的中心，追求“真理”是大学理念的最高依据，这是英国大学“自由教育”的形成依据。正如纽曼所言：当知识上升为一种科学形式的知识后就成为一种力量，一种善，不仅是工具，而且是一种目的。因为知识必然会引向某种超越它自身的东西，那就是它的目的。[②] 这里“超越自身的东西”是一种“终极存在的真理”，“自由”是获

① J. A. Sharpe, *Early Modern England, A Social History (1550 - 1760)*, London: Edward Arnold, 1987.

② ［英］约翰·亨利·纽曼：《大学的理念》，高师宁等译，贵州教育出版社2003年版，第115—116页。

得普遍真理的前提，目的就是通过培养理性来掌握“自由知识”。尽管法国模式在12世纪末13世纪初传入英国牛津大学和剑桥大学，模仿巴黎大学的内部结构划分学部，但很快文学部便在四部中处于核心地位，法学部、医学部、神学部等专业性学部日益边缘化，自由教育“一枝独秀”。英国大学坚信，知识之所以有价值，是因为知识内部含有一种科学和哲学的胚芽，这就是知识本身即为目的的理由。①

（2）从知识和理性的关系看，理性是知识的内在丰富原则。对拥有理性的人来说，它就是知识的特殊价值，大学的目的在于“培养人的心智”，通过“博雅教育”发展理性。“博雅教育”就是心智、理性和思考的训练，大学所提供的“博雅教育”应是普遍、完整的，而非狭隘的专门化教育。所有的知识既是一个整体，又是一个整体的相互分离的组成部分（各门学科），知识的主题材料都是相互紧密地连接为一个整体的，靠其形成的各学科彼此多样化的关系相互调节在一起。纽曼认为人类理性的对象有三大主题：上帝、自然和人。当人的理性分别用于后两者就形成了两种知识：“自然之书（科学），人之书（文学）”。② 于是科学与文学构成了英国博雅教育的主要内容。

（3）从知识与道德的关系看，知识与道德相统一是追求真理的必要条件。知识本身的目的还在于完善人的理性与美德，即将抽象的知识转化为道德，这是英国倡导“道德教育”与“绅士教育”的根源。英国社会把“知识”教化的任务交给教育，而将“道德”问题交给宗教，但在理性的教养上认为要从“道德”入手，从包括神学的一切学科的“自由知识”开始，因为道德本身具有认识功能，是人们获取知识的特殊方法，自由知识的获取、训练以及知识所形成的品位，有净化人的思想的自然倾向。15世纪后，由英国大学的寄宿制而产生学院制与导师制，学院的使命从专业训练转移到道德教育，通过建立师生间的密切关系培养国教派的贵族和绅士美德，坚信大学是一个以道

① ［英］约翰·亨利·纽曼：《大学的理想》（节本），徐辉等译，浙江教育出版社2001年版，第33页。

② ［英］约翰·亨利·纽曼：《大学的理念》，高师宁等译，贵州教育出版社2003年版，第188页。

德教育为主要任务的团体。如牛津大学提出“造就有教养的绅士”，强调“大学的光荣在于培养完全有教养的人”，[①] 因此，职业训练往往只在大学中占次要地位，尽管已有高水平的技术教育，但英国大学的首要使命仍然是进行绅士教育。[②]

总体看来，由于地域文化和知识传统的不同，英国大学转型期形成了两类不同取向的教育理念：一种以英格兰古典大学为代表，沿袭中世纪传统的英格兰贵族“绅士教育”的自由主义大学理念，对实验性自然科学知识的排斥甚为突出，这一状况直到19世纪后半期才逐渐转变。另一种是以苏格兰为代表，借鉴荷兰教育体系与思想，形成了苏格兰各大学—伦敦大学—新兴地方大学一脉相承的“常识唯实论”（Common Sense Realism）大学理念，认为知识是实用的，真理有规范行为的暗示作用，大学对自然科学知识的抵抗则有相对减弱的迹象。到十七八世纪，工业革命和资本主义制度的建立冲击了英国原有的社会价值观，集中地体现为“传统贵族自由主义”向“科学实用主义”的转变。与苏格兰大学的一片兴盛相比，英格兰大学却在宗教斗争中走向衰落，迫使古典大学转变原有不合时宜的理念。总的看来，尽管英国大学理念中遗留了更多的中世纪宗教特征，但这种自由主义思想特质中存在着有助于保持英国文化传统和促使社会政治稳定发展的合理因素，从理想层面上积极捍卫了大学传统，为大学开辟了理智的土壤。

五　“以知识理性为原则”：德国转型期的大学理念

德国直到19世纪到20世纪初才经历了由等级社会向市民社会、由传统社会向现代社会的转型。德国转型期的社会结构呈现出四大特点：一是政治结构松散；二是经济发展缓慢；三是资产阶级与知识分子社会地位较低；四是德意志统一专制制度与体制未曾改变。在转型历程上，英国用了近百年才完成，而统一后的德国仅在19世纪后半

---

① ［英］约翰·亨利·纽曼：《大学的理想》（节本），徐辉等译，浙江教育出版社2001年版，第86页。

② ［加拿大］约翰·范德格拉夫：《学术权力：七国高等教育管理体制比较》，张维平、张民选、徐辉等编译，浙江教育出版社2006年版，第88页。

期以大约30年的时间就完成了由农业统治国向现代工业技术国的转变，[①] 成为仅次于美国的第二大强国。其重要原因在于，以大学改革作为社会转型的突破口。

德国的社会转型始于政治现代化，柏林大学的建立就是政治现代化的产物。一方面，德国民族国家成立后的体制具有明显的“邦国联合”特点，分权制加大了各州的自主权，大学由各州自主举办，这种联邦制的政体为大学保留了自主发展知识的空间。另一方面，普鲁士战争后民族意识被有力激发，大学在民族国家统一中的功能日益突出。1806年，费希特在《对德意志民族的演讲》中提出“教育优先”的理念，强调唯有教育，特别是新教育，才能救助国家。于是，德国政府提出“兴教兴国”战略，试图从教育转型上力挽政局。洪堡将知识作为大学与国家关系的纽带，形成了“知识理性为原则”的大学理念，从而推动了大学与国家转型。

理性哲学的萌芽使德国大学理念具有理性与文化相结合的特点。康德以理性批判为思考基础，提出“直观”（经验）和“概念”（理性）构成一切知识的要素，[②] 体现思想和行为的双重性。费希特则将康德哲学中的“自我意识”发展成“知识学”的主观唯心主义体系，反对思想自由被国家限制，主张学者应服从国家外在立法，但更应服从于学者自己的立法：追求真理、维护真理和捍卫真理。只有理念才是学者生活的目的，因而大学应是“理性进步和探索真理的机构”。[③] 到哲学大师黑格尔时期，德国形成了绝对精神的辩证运动的哲学体系，将思辨哲学与历史本身的理性联结起来。[④] 知识理性遂成为一种催化剂，促使新人文主义、理想主义大学理念的形成。

---

① 樊亢、宋则行：《主要资本主义国家经济简史》，人民出版社1975年版，第366页；［美］科佩尔·S. 平森：《德国近代史》（上册），商务印书馆1989年版，第97页。

② ［美］汉金斯：《科学与启蒙运动》，任定成等译，复旦大学出版社2000年版，第2页。

③ 陈洪捷：《德国古典大学及其对中国的影响》，北京大学出版社2006年版，第44页。

④ ［加拿大］比尔·雷丁斯：《废墟中的大学》，郭军等译，北京大学出版社2008年版，第59页。

“以知识理性为原则”是德国大学理念的核心和灵魂。知识理性在西方经历了由“逻各斯”到“逻辑”的演化过程。随着理性和信仰的分道扬镳，理性的力量在转型期冲破了神学而走向独立。德国将大学理念从“以政治为象征的封闭知识”向“以文化为象征的现代合法性知识”转变，标志着现代大学理念的形成。“以知识理性为原则”的内涵包括：

（一）知识传授与知识生产相统一：“由学术达至教养”

知识传播与知识生产相统一是知识理性化的内在要求。知识的发展总是与探究和创新相联系，知识探究的过程也是从经验知识上升到理性知识的过程。德国大学转型的关键在于认识到知识的“不确定性”与可创造性，明确地将“理智知识”与“科学知识”结盟，把“生产知识”作为继传统“传授知识”以来的大学基本职能之一，反映了科学与理智活动的互动，形成了研究与教学相结合的理念。

早期的德国大学停留在“传授知识”而非“发现新知识”上。教学只是从原则到原则的教条式辩论。施莱尔马赫于1808年发表的《德国特色之大学断想录》中特别倡导唤起科学的观念，大学不应孤立的、脱离与知识整体关联的探索。在此基础上，洪堡指出，大学兼有双重任务，一是对科学的探求，二是个性与道德的修养，并进一步提出“由科学而达至修养”的教育理念，主张“从事创造性学问”而非“传授知识”，培养全面发展的完人。特别强调“文化是一种自我修养而非科学与进步”的观念，突出了学术研究的育人功能，教学科研相结合的目的是为了追求真理，达至人性修养。① 此后，大学的身份不再仅仅是知识传播的场所，而是真正的科学研究和科学教育机构。

在办学中，柏林大学一是重视科学，将科学知识和科学探索作为育人的主要手段。强调大学不是简单的传授知识，而是组织学生在科研活动中促进教学。二是倡导知识生产的目的在于通过探索纯粹学问

---

① ［德］威廉·冯·洪堡：《论柏林高等学术机构的内部和外部组织》，陈学飞译，《高等教育论坛》1987年第1期。

培养道德。在洪堡看来，学术的范围远远超越以经验为基础的自然科学，学术是纯粹知识而非实用学问，这种纯知识是用于“精神和道德修养……天然合适的材料”，[①] 应重视科学自身的价值而非片面强调实用价值。在学院结构中，德国大学开始用哲学代替神学在大学中的主导地位，哲学跃居各科系之上，成为大学课程的核心和统合各学科的标准。三是以“习明纳”教学模式作为教学科研相结合的有效形式，各学科按年级划分组织，转变传统大学的师生“授受”关系，而在共同交流、研究过程中培养分析批判和学术创新能力，升华道德与情感从而获得最高形式的知识之目的。

（二）知识自由与国家发展相统一：“知识自治”的文化国家观

德国大学的知识理性原则即承认知识活动的自主性。但从国家角度看，对科学知识的兴趣则出自实际价值的考虑，并通过政治利益影响科学的发展，这与知识活动的自主性特征是相互矛盾的。于是，洪堡在《关于努力确定国家行为的看法》一文中，一方面将大学视为国家发展的最高手段；另一方面又反对国家对大学的控制，将大学的目标与利益国家相统一，建立起一种“文化国家观”[②]：认为大学作为科学、学术机构，本身就是国家事业的一部分，以发展理性为目的，而无须依据对社会的某项具体功能来证明它存在的意义。同样，国家的行为也应该服从于“理性原则”，承认科学活动的自主性。[③] “文化”作为大学与国家间的“黏合剂”使德国大学成为“受国家保护又享有完全自主地位的学术机构”。[④]

反映到大学办学实践中，柏林大学的改革很具代表性：一是强调

---

① Perkin, H., "The Historical Perspective", in B. R. Clark (ed.), *Perspectives on Higher Education: Eight Disciplinary and Comparative Views*, Berkeley: University of California Press, 1984: 17 – 55.

② ［德］威廉·冯·洪堡：《论国家的作用》，林荣远、冯兴元译，中国社会科学出版社 1998 年版，第 200 页。

③ 陈学飞：《美国、德国、法国、日本当代高等教育思想研究》，上海教育出版社 1998 年版，第 146 页。

④ ［德］彼得·贝格拉：《威廉·冯·洪堡传》，袁杰译，商务印书馆 1994 年版，第 79 页。

进行有利于社会的自由研究，提出教授的教与学生的学的自由（lernfreiheit），学生应按自主意愿学习课程，为国家服务。二是提倡大学实行广泛自治。由教学人员管理学校，成立教授会，负责大学各项事务。按照学科和专业设置讲座（institutes or seminars），每一个讲座由一名讲座教授全权负责。赋予讲座教授在教学领域的绝对权力。三是强调大学师生为科学而共处。根据知识活动的基本要求，大学的基本组织原则需要“寂寞”和“自由”。直到1900年，柏林大学的学术自由达到了顶峰。学术自由和国家主义维持了一个长期的平衡。

尽管洪堡的理念对大学理念从政治与宗教中解放出来有着深远的意义，但德国大学显然没有将其作为社会目标来试图实现，而只不过停留在文化层面，割裂了与社会的联系，最终未能在实践中产生效用。不过，文化与社会的适度分离仍能保护文化，使大学免受社会侵蚀，因而洪堡理念至今仍被视为现代大学的堡垒。

六　“知识应用于社会”：美国转型期的大学理念

美国在1790年至1890年间，启动了从“以乡村为中心”的农业国向“以城市为中心”的工业国的转型。[①] 转型期的美国既处于“社会进步运动时期”（Progressive Movement），也面临着空前的社会危机和文化失调。正是在这种充满矛盾的社会巨变过程中，产生了旨在改造美国社会的自由知识观，从本土实际和实用价值传统出发，多次通过法令修改和完善赠地法案，提出“服务社会”的大学理念，宣告美国大学基本完成了从宗教到世俗，从模仿到适应的嬗变，并最终迅速取代德国而成为世界高等教育中心。

美国大学理念变革的因素主要有三个：第一，社会达尔文主义的渗透，知识成为公共工具。进化论成为19世纪下半叶主导美国的知识观，表明道德已经从科学中被边缘化。受威伯斯特、爱默生及杜威等实用主义思潮的影响，18世纪以后殖民地学院逐渐走向了世俗化，

---

① ［美］亨利·S. 康马杰：《美国精神》，杨静予等译，光明日报出版社1988年版，第63页。

彰显出面向社会需求的趋向，① 为知识工具论提供了思想基础。第二，自由主义的契约观。美国大学转型主要由经济转型所引发，19 世纪后期经济环境使自由资本主义逐渐走向垄断，形成一种“自由放任的自由主义”，它强调人人生来就拥有神圣不可侵犯的“自然权利”，这使美国大学学术自由与社会责任之间获得了平衡。第三，“多元文化”的包容性。北美殖民学院创办之时，正值 17—18 世纪荷兰与英国资产阶级革命酝酿的关键阶段，美国借助于大量移民形成的多元社会文化，以英国的自由教育为基础，广泛汲取了欧洲大陆教育理念，在德国学习自由的理念基础上形成“选课制”，学术建制方面，习明纳、实验室和研究所制度在美国大学得到发展。

总的来看，转型期美国大学理念的发展主要受两股新理念的影响。一是洪堡的新人文主义理念。如常春藤大学及部分创校较早的加州大学伯克利校区、洛杉矶校区等州立大学，纷纷循着洪堡理念走向研究路线。二是赠地学院运动后，以农工学科为主的州立大学兴起，众多师范学院与专门学院也改制为综合大学，公立多科大学倡导知识的公共服务。

（一）知识探究与知识应用相结合：从学术保守主义到知识实用主义

16—19 世纪，自由知识主导的思维模式和科学价值体系在欧洲形成。随着工业革命的挺进，技术比古典知识更能满足美国社会转型的需要。继 1789 年费城学院的课程改革以来，一些独立的科学学院或技术学院开始建立并纳入美国高等教育，如西点军事学院、伦塞莱尔技术学院、联合学院等，迫使美国文理学院不得不在内部建立了科学或技术学院（系）。1847 年哈佛与耶鲁成立应用化学院后，联合学院、普林斯顿、宾夕法尼亚等纷纷创办土木工程、艺术、制造等应用科学系。直到 1850 年，美国有 120 个学院、47 所法学院和 42 所神学院，

① 贺国庆等：《外国高等教育史》，人民教育出版社 2006 年版，第 247—251 页。

但应用领域的高等教育机构在*1862*年时仅有*6*所,[①] 这最终导致1862年《莫奈尔法案》的出台，赠地学院的出现正体现了大学对知识“应用性”的追求，大学找到了控制和应用自然的能力。

以1868年康奈尔计划的推行为标志，美国社会转型期的大学理念开始从“学术保守主义”向“知识实用主义”转变。实用主义不仅同美国民族性一拍即合，而且它的推断和结论同最真实的美国思想和谐一致。[②] 康奈尔大学创办者怀特校长提出了五大办学理念：①基本理念（Foundation Ideas）：坚持自由教育与实用教育紧密结合，保持宗教中立，倡导对实际生活的作用；②构成理念（Formative Ideas），所有学科知识在大学中享同等地位，提供多样化的课程，尊重选课自由，注重学术研究；③治理理念（Governmental Ideas）：坚持定期更新董事会成员和选拔校友董事，通过半军事化组织形式促进学生自我管理；④全面或荣誉理念（Permeating or Crowning Ideas）：促进人的全面发展，向所有社会阶层开放，鼓励运用所学知识奉献于社会；⑤淘汰理念（Eliminated Ideas）：反对教师利用特权谋私利，提倡高尚的教学研究行为。[③] 可见，整个康奈尔大学理念的核心是把“知识探究与知识应用”相统一，体现了“自由、民主与实用”的思想，传统学科的实用价值得到全面开发，职业培训进入美国大学，尤其在课程设置上“与美国社会的开放性取得了惊人的平衡”。[④] 尽管这种实用教育理念曾一度遭到哈佛与耶鲁大学的强烈抵制，但很显然，明尼苏达大学、霍普金斯大学、克拉克大学、哥伦比亚特区的美国天主教大学、布林·马尔大学和芝加哥大学等无不从康奈尔模式中汲取了

---

① John S. Brubacher & Willis Rudy, *Higher Education in Transition: A History of American Colleges and Universities* (Fourth Edition), New Brunswich: Transaction Publisher, 1997: 62.

② ［美］亨利·S. 康马杰：《美国精神》，杨静予等译，光明日报出版社1988年版，第143页。

③ Morris Bishop, *A History of Cornell*, Ithaca, New York: Cornell University Press, 1962: 88–89.

④ Frederick Rudolph, *Curriculum: A History of the American Undergraduate Course of Study Since* 1636, Jossey-Bass Publishers, 1977: 119.

丰富营养,[1] 在美国社会转型期显示出了强大的生命力。

（二）知识发展与社会进步相联系：大学服务于民主社会

美国早期学院既是古典知识的贮藏地，又是社会精英的发源地，但主要为贵族机构服务而与社会公众相去甚远，一度成为“无用又无弊的隐士之家”,[2] 对国家并未产生突出影响。南北战争后，社会中的精英知识逐渐向大众知识过渡，科学进步观的形成使人们确信，知识与社会有着共同的发展目的，知识进步必将带来社会繁荣，社会的外部推动效应和知识分子内部的生发效应相结合，使服务社会在美国得到普遍认同和推行。

如果说实用教育理念仍停留于知识研究与应用的话，那么威斯康星理念显然已跳出知识内部的固有框架，而寻求与社会共同进步的路径。早在美国第七任总统杰克逊时期，公共教育就被视为改善社会的工具而不仅仅在于保存知识。直到威斯康星大学将“服务民主社会的所有需求”作为自己的核心理念后，美国大学才真正建立起公共责任意识，成功地实现了现代化转型。1848 年美国威斯康星大学创建时，校长范·海斯提出大学应有三个方面的任务：一是培养有知识、能工作的公民；二是发展知识；三是把知识传授给民众和为州服务。要求大学与社会主动结合，用所授知识成为社会生活的一部分和社会发展的推动力量。社会服务理念的提出突破了大学功能的边界，标志着现代大学角色的彻底转变。尽管一直备受学界质疑，但它同样拥有自己根植于历史阶段的逻辑和存在理由，在可观的备选方案中做出了“必要而非理性的选择”，并试图在与国家、社会的互动中证明自身的存在价值与合法性。如坚持“为国家服务”的普林斯顿大学和哥伦比亚大学；主张贡献本州的威斯康星大学、加州大学及康奈尔大学等，大多都因塑造了自身的“服务站”形象而得到了公众的普遍认可。

美国转型期大学理念有以下特点：①政府与大学的关系松散，自

① Paul Westermyer, *A History of American Education*, Springfield, Illinois: Charles C. Thomas publisher, 1985: 71.

② Frederick Rudolph, *The American College and University: A History*, Athens: The University of Georigia Press, 1990: 359.

主空间较大。无论是公私立大学，美国大学在院校管理结构上主要实行以校外人士组成的董事会管理下的自治。相对而言，美国公立大学主要受到州一级的管理体制约束，而私立大学有更灵活的自主权，知识的价值趋于实用主义。① 大学体现着教学、科研和服务相统一的思想，通过终身教授制度贯彻学术自由，通过普遍实行选课制和学分制来推动学生的学习自由。在办学中既重视英国传统自由教育，又大力倡导德国学术教育，重视自然科学、社会科学以及各种实用学问和技术等。②以法律保障为基础。颁布了《莫里尔法》后，联邦政府又于1890年通过《第二莫里尔法案》、1887年通过《哈奇法案》(HatCh Act)，1907年通过《纳尔逊修正案 》(NelSon Amendment)，1914年通过《史密斯—利弗法案》(Smith-LeverACt) 等法令，突破了大学仅培养牧师、绅士、教师、律师和医生的传统。② ③以契约形式保障学术独立性。正如1876年霍普金斯大学校长赫胥黎所言，美国大学提供的承诺只是在理性公民社会中传递知识。③ 与德国不同，美国的公民社会是以承诺或契约形式构成的，而并不把自己视为民族性的集聚地。自由主义的契约观和知识工具论的观点仍是推动美国大学理念变迁的有力因素，尽管法国也强调知识的功用，但仍承认大学是追求普遍知识的地方；德国虽强调文化取向，但最终仍走上了美国化道路。

总的看来，西方转型期知识的社会化标志着现代性自由知识的衰落。对理性的狭隘认识致使自由知识倒向"智力精英主义"，无论是博雅教育还是普通教育都带有国家主义甚至特权主义的倾向，一方面带有宗教性质，另一方面偏好政治权威，并认为大多数人只需要接受职业教育和技术教育。但纯粹理性的知识常常只是"无用"的知识，理性主义倡导的品格也往往是以牺牲创造性和自我指导为代价的。

---

① [英] 杰勒德·德兰迪：《知识社会中的大学》，黄建如译，北京大学出版社2010年版，第49页。

② 曲振涛：《大学社会职能的历史演进》，光明日报2000年版。

③ Huxley, T. H, "1876 Address on University Education", *Science and Education*, London: Macmillan, 1902: vol 3. Collected Papers.

第三节　现代社会：西方大学理念的合法性危机

随着第二次世界大战后以原子能、空间技术和电子高新技术及其产业群崛起为特征的第三次科技革命席卷全球，西方步入现代社会以来面临的一个崭新的发达工业时代。尽管每次社会变革都面临着类似的问题和特点，但西方现代社会面临的困惑更为强烈。人类社会正被动地经历“未来的震荡”，身处这样一个时代，一切知识都不再具有确定性，人们唯一能够确定的是：变化的时代需要新的思维方式。

一　复杂动态结构：西方现代大学理念面临的社会基础

西方现代社会具有以下典型特征：社会的自我调节能力使其能够实现稳定、渐进和持续发展，但制约人类文明发展的矛盾并未就此消失，而只是这些矛盾升华到一个高度有机的层次系统中，这些矛盾的主要特点是“蝴蝶效应”的产生，即系统放大性：诸如全球性不平等、数字鸿沟、新霸权主义和非传统安全等问题正使人类处于不可预知的“风险社会”中。正如有学者所展望的，现代社会具有的科技、网络等文明并不是人类文明的终结，人类还将继续向生态文明、诗性文明不断迈进。[①] 显然，现代社会系统结构具有多重性、自由独立性、自我生产性和功能分化等特征，存在鲁曼所言的“高度复杂性与多种变化的可能”。[②] 对大学理念而言，更需要智慧和创新，特别是人的自律与自觉。

（一）社会结构与知识的高度分化：大学结构分化与权力转移

西方现代社会是一个结构高度分化的社会。在政治结构上，从纵向等级的科层结构转变为横向交叉的网络结构，非政府组织等公民社

---

① 陶伯华：《大飞跃》，黑龙江人民出版社 2003 年版，第 576 页。

② 高宣扬：《鲁曼的社会系统理论与现代性》，中国人民大学出版社 2005 年版，第 19—20 页。

会和精神的兴起等反映了政治力量的转移。从生活领域上看，发达工业社会还同化了人的生活方式。作为信息生产中心的大学，信息技术革命不可避免地对大学理念产生强烈冲击。

西方社会相继转型以后，国家对大学的干预日益扩大，管理层不再仅仅只是执行教育立法所确定下来的法制职能，而且开始在保障教育权上起主导作用。国家政治权威开始吞噬了大学的知识权威。以系统论、控制论、信息论的提出为标志，随着西方国家公共部门的私营化和大学领域内的市场化，大学外部权力开始发生变迁，呈现向其他社会主体分化和转移的趋势。此外，全球化与信息化推动了知识网络化、政治国际化与大学国际化，国际化不只是物质生产一体化，更是知识与精神的融合。这种国际化使西方国家与大学逐渐超越单纯地域性的范围，而演变成为世界性、区域性、地方性的社会组织，大学向着多种超地域性的虚拟社会组织的综合体发展。

（二）社会物质生产以知识资本为中心：大学理念全面向社会渗透

20 世纪 30 年代西方国家出现的大萧条摧毁了人们对“自由竞争是进步和繁荣的主要来源”的信仰。知识取代物质生产资料在生产中的主导作用。从经济上看，物质生产具有了知识化、一体化和富裕性的特点等，正是物质生产的知识化，创造了日益富裕的物质产品，使人类从事物质劳动的时间不断减少，因而，不但通过接受教育提高了自身素质，而且使越来越多的人从事精神劳动成为可能。

科技发达时代的新兴产业既是资本密集型又是技术密集型，它所带来的强大驱动力，客观上要求大学适应新工业发展的需求。现代市场经济是一个市场与政府的混合经济，市场规则和市场化行为不容回避地涌入大学，大学开始从“公共性”向“准公共性”转化。大学教育既被看作是可以加以抑制的公共消费的重要因素，也被作为增进国际竞争力的关键因素。这对大学最为突出的影响有两个：一是大众化，二是公司化。

（三）文化内在基础的裂变：职业教育凌驾于自由教育

在转型时期，社会处于知识与文化领域不断分裂、专门化和理性化的时代，也是大学寻求文化统一原则和社会统一原则的时代。当时大学本身还是较小的机构，有能力利用传统对知识的需求来使大学理念合法化。但由于社会转型期科学技术的冲击，知识的内部产生了裂变，科学知识与人文知识的整体性被打破。随着大众高等教育的兴起和社会对科技需求的增长，大学人文主义理想开始被科学主义所替代。从文化领域上看，文化在各国家中逐渐同一起来。技术理性通过大众传播媒介把高层文化，诸如艺术、政治、宗教、哲学同市场结合起来，使高层文化成为一种商品。“文化中心变成了商业中心或市政中心、政府中心的适当场所”。反映到思想领域看，发达工业社会的意识形态已经是失去批判性和否定性的“单向度”的意识形态，整个社会的意识形态已被技术理性所遏制，处处被封闭了。

二 解构性知识：西方现代大学理念变革的知识基础

信息网络化突破了大学传统意义上的空间限制，科学技术知识的发展导致知识的解构，出现两个结果：一是大学学科不断分化和细化，二是学科交叉互动日益广泛。解构性知识的特点包括：第一，多样性。不存在绝对客观和普遍适用的纯粹知识。知识与认识者的兴趣、利益、认知程度、价值取向、生活环境等都有着密不可分的关系。第二，知识的增长并非在稳固的基础上不断分化、不断增长的过程，而是一个批判性检验的整体化、综合化过程。第三，知识存在形态更具多样性，存在方式更具情境化。知识建构于特定的情境，并且这个情境“……总是与其他情境互相联系，具有历史上的根源”。[①]

（一）由理性主义到相对主义：知识的不确定性与统一原则的消解

20世纪上半叶，自由的现代性知识开始走向衰败，而进入到20世纪六七十年代后，出现了历史主义、建构主义、相对主义等类别的知识观。知识原有的“客观性”“普遍性”和“中立性”遭到质疑，取而代之的是较为“主观性”的、“相对性”的知识。相对主义者认为，知识不是表象，真理也不是并合，知识是没有等级和中心的聚合体；思想的目标不是真理，而是开发歧见、维护竞争和对话。每一个人作为主体都会依据自己的认识系统去构建知识，知识的获得来源于

① 多尔：《后现代思想与后现代课程观》，《全球教育展望》2001年第2期。

主体对其意义的构建，即强调知识具有“不确定性”。

尽管至今人们仍未放弃寻求大学的统一理念与目的，但如今西方学者似乎开始放弃这种努力，取而代之的是彻底的“相对主义”理念。然而，相对主义会逐渐削弱人们的信仰、摧毁现有秩序的堡垒。由于没有一种可靠的观点，大学失去自身的信仰后，也失去了理性的本能，无力抵挡任何社会力量的冲击。

（二）解构性知识的两大内核：差异与多极

20 世纪六七十年代是知识解构的时代，被解构的主要是已形成的智慧、固有文化与传统价值观。大学理念包含着民主大众文化：知识和社会的关系已产生新的变化，知识不再为既定的环境做准备，不再属于特定职业群体，不再被普遍规则所限制。尽管如此，大学理念的政治化已既成事实，甚至在 20 世纪 80 年代的后革命时期，新自由主义和管理主义向大学理念开始渗透，大学注定要成为文化解构的重要场所。大学不仅仅是文化变革的推动者，更是社会价值体系的培育者。

在现代社会，差异性是大学内部和大学间的基本特征。知识的差异化变革意味着任何试图用同一标准解释大学都必定会掩盖一些重要的特征，这些差异突出体现在大学应对社会变化的挑战时可能采用的方式上。在早期的知识界中，大学理念因“信仰”的存在而始终拥有一个共同的“参照系”，自由的精神内核为大学知识分子提供了行动的标准和理念建构的原则，而且这种统一性并不会因大学理念呈现出国别特色而流失。随着社会转型的冲击，那种高度整合的知识界必然出现分化，大学一度成为思想论辩的主要场所。不同理念所持有的价值观分歧如此之大，以至于在这样一个社会语境中，似乎没有多少知识交流和建立共同理念的可能性。由于缺少共同的感知与信念，人们不太可能诉诸知识真理的同一性标准，既然对知识的理解和认知已趋向多元，那么必然会导致理念上的分歧和误解。同时，各大学理念的哲学派别坚持拥护自己的知识阵营和价值取向，而顽固地拒绝反对者的理念。

（三）知识、大学与社会：对称自反性关系

随着知识的解构与社会的分化，西方现代社会中的社会与知识关系大体呈现出一种动态的“对称自反性关系”结构：社会主体是包括政府、普通公民在内的自发多元化社会组织；社会权力以契约为基础，政府既是权力中心，又是公共服务中心，政府的机会主义行为被有效制约，社会分配以市场为基础。在这种结构下，分工能够持续地扩散，社会人际互动主要表现为合作。①

20世纪90年代以前，人们关注的主要是大学—产业、大学—政府之间的“共和式同盟关系”。为了防止“市场失灵”或“政府失误”，大学不得不重新排列市场—国家—知识三者间的关系：现代大学的地位与功能发生了根本性变化，市场的强势介入打破了单一的大学—政府（国家）的关系，形成“对称自反性关系”：各方既是创新的要素，又各为活动的主体，大学与产业、政府互动时，保持自己的独立身份与特征。从发展趋势来看：①社会和大学在旨趣和承担的义务上的重叠正变得日益扩大和彰显；②社会与知识的关系更为密切，甚至知识已逐渐被纳入了社会系统，表明知识的权力正在走向社会；③大学正在被要求呈现这些外在于高等教育系统的知识定义，而且满足这些要求是大学发展的必由之路。② 在西方现代社会中，大学究竟应捍卫象牙塔式的大学理念，还是积极服务于社会经济发展？至今仍是个争论不休的问题。尽管如芝加哥大学等仍在主张大学与社会应保持必要的距离，将目标集中在教学研究、以学术成果和人才培养作为提供社会服务的主要形式；但麻省理工学院、斯坦福大学已成功地向

---

① 西方学界概括了当代社会的十多种特征：工人社会、知识社会、风险社会、守旧社会、国际社会、功能多变社会、经历社会、公民社会、多样文化社会、文化转移社会、多种选择社会、分裂社会、闲暇社会、信息社会等。资料来源：［德］沃尔夫冈·格拉策尔：《德国的社会结构——解构与多极化》，《社会学研究》2001年第1期。

② Ronald Barnett, *The Limits of Competence-Knowledge, Higher Education and Society*, Open University Press, 1994: 22.

创业型大学转型,[①] 在大学、产业与社会之间形成了互利共赢关系。当然，这种对称自反性关系模式所造成的结果也是矛盾的：一方面，大学作为知识创新的主要阵地，逐渐步入社会中心；另一方面，知识向其他社会组织（如科研机构、企业部门等）的渗透，使社会知识生产不再仅依靠大学，大学也不再是提供知识和技艺的唯一场所。知识日益有脱离大学组织的倾向，并可能成为游离于大学的独立社会力量。

三 “知识资本主义”：西方现代大学理念

现代大学与转型期的大学有着本质的不同，内部充满了异质性。西方学者认为，大学理念的转向代表了知识从“模式1”向“模式2”的转型，模式1强调同质性，知识分层并保持稳定的形态，以等级化的强势学科为基础，知识通过师生关系传播；模式2是非等级、多元、跨学科、多变的，目的在于应用，对多样化需求具有社会敏感性。由于没有可识别的统一原则，大学理念不可能取得一致性，多元知识体系的建立宣告了大学共同目标的终结。然而，这种狂热的“多元话语主义”（multi-volalism）并未得到西方大学的普遍认同。公众和学者显然希望有明确的、指导性的大学理念出现。

（一）知识大众化：巨型大学的崛起

20世纪的大学处于“大众社会”，在西欧国家中，英国的大学理念变迁速度最为突出。英国大学自完成了由贵族教育向平民教育、从精英教育向大众教育的转型后，一方面接受财政拨款与私人捐赠，另一方面调整院系设置。英国2/3的大学建立于1960年后，仅1992年就有30所大学成立。尽管从精英向大众的转型相对较晚，但目前英国已有全日制学生100万名，是20世纪60年代的5倍。[②] 曾被视为保证学术与社会地位升迁标志的大学，如今仅意味着人生成长的一个

---

① 学者埃茨科维兹认为，创业型大学模式具有五个标准：知识资本化、相互依存性、相对独立性、混合形成性与自我反应性。参见［德］亨利·埃茨科维兹《三螺旋》，周春彦译，东方出版社2005年版，第6页。

② ［英］安东尼·史密斯等：《后现代大学来临》，侯定凯等译，北京大学出版社2010年版，第2页。

阶段。在大批被冠以大学之名的新兴院校背后，人们普遍意识到，规模急剧膨胀伴随着资源的严重短缺，学者的社会待遇与地位不断下降，大学组织管理日益凌乱，与此同时，人们开始质疑甚至责问教育质量与标准的下滑。英国“大学是寄宿场所”的观念与收费合理的大众化高等教育系统已格格不入。

在美国，克尔所提出的“巨型大学”引发了大学理念的一系列连锁反应。第一，表面无差别的高等教育系统，由于社会分层的加大，以往造就精英人才的现代教育理念不再具有优越性，取而代之的是功能主义与工具主义的大学理念。第二，大众教育系统的运行方式与精英教育截然有别，传统大学及其理念受到不同程度的挑战，学术理念和要素主义思想被认为背离历史潮流。第三，大学管理理念由层级化向松散化的转变。在转型社会，西方大学规模普遍较小，而现代社会中的大学已不可与之前相提并论，一些巨型大学需要进一步划分为小的机构与联盟，松散管理被认为更适于保护院校自治和学术自由。[①] 对巨型大学理念的认同预示着大学文化与管理的重大变革，学术共同体理想趋于衰弱，而大学管理与权力的竞争日益强烈，这成为巨型大学理念的体制性特征。以美国为代表的高等教育体制被划为不同层次，在欧洲大陆，二元结构的管理体制明确将大学教育与职业教育划分开来。

（二）知识市场化：走向学术资本主义

随着高等教育大众化的兴起和公民社会需求不断扩大，大学理念不再能利用知识传统的需求达到合法化的目的，作为理念合法性支撑的知识已由人文转向自然科学。国家开始承担社会整合的使命，随着第一次世界大战的结束，世界主义显然已就此终止，大学与资本主义国家的命运更为紧密，所导致的直接结果是“知识市场化”与“学术资本主义”。

在功利主义、消费主义、学术资本主义泛滥的现代社会，大学学

---

① 彼得·斯科特：《后现代大学?》，载［英］安东尼·史密斯、弗兰克·韦伯斯特《后现代大学来临?》，侯定凯等译，北京大学出版社2010年版，第67页。

术价值与商业价值之间的冲突使大学理想遭遇着时代的叩问。澳大利亚联邦政府自 1997 年以来，由于技术人才短缺和人口问题，将留学政策与技术移民政策相关联，以此应对知识经济对人才的竞争和国际社会流动增强的趋势。大学开始实行国际教育“产业化”，至 2007 年，相关政策吸引了全球 11% 的留学生，[①] 学生签证数每年以 13.9% 的比例递增。[②] 大量的留学资金为澳大利亚经济注入了活力，人才成为潜在知识生产力。据统计，澳大利亚大学国际教育产业在 2009 年为国民经济贡献了 1/4 之多，达到 17.7 亿美元。而分析显示，这种理念带来了一系列严重问题：留学生求学目的是为了永久签证，学生质量并不能达到良好公民的要求，也无法满足澳洲对职业技能水平的需求。2010 年 2 月，联邦政府果断切除了留学与移民之间的关联，采取“需求驱动”政策提高对高端人才的要求。[③] 这表明，西方国家开始意识到一味追求知识的商业价值、发展学术资本主义的结果是将大学变成功利化的公司，将学生视为消费者而非成长中的公民，大学也将失去对国家最重要的公共效用。

美国在过去 20 年中，产业市场对国家研究和发展的资助从不足一半增长到 2/3 的比例。同一时期大学里由公司资助的研究几乎成双倍增长。这种增长部分是由于明确的公共政策，旨在消除学术与工业研究的壁垒。另外，由于不断增长的知识产权商业化，在 1995—2000 年，工业部门支出的研究经费增长了近 3 倍，而大学支出的研究经费的增长仅有 1/3，这种商业化为自由与开放的科学共同体成员之间的交流提供了新机会和新挑战。于是，许多争议主要围绕着大学原则与社会功用而展开，从中产生新思想的所有权。这种所有权应属于社会还是个人呢？问题的解决部分有赖于新思想的私人所有制，取决于如知识产权等专利形式是否被定义为暂时的或准永恒的特权。最后，营利性企业内的学术起因于那些对全体教员和管理者的永恒探寻，他们

① Amarkus, J. Jupp and P. McDonald, *Australia's Immigration Revolution*, op. cit: 11.

② DIAC, *Annual Report 2008 - 2009*, Canberra, 2009: 63.

③ Elsa Koleth, Overseas Students: Immigration Policy Changes 1997-May 2010, www.aph.gov.au/library.

之间相互隔离，同事多来自不同大学，能够多层次地提出发展建议。

然而，西方大学理念在现代社会仍面临这样一些问题：第一，随着知识来源日益多样化，大学若要成为社会系统的中心，就必须保持对知识的独特垄断地位，而如果大学不能引领社会进步，这种地位则有被弱化的危险。第二，知识网络化已突破了传统大学在时空上的局限性，大学理念已不为某个大学或民族所倡导，而日益成为世界性课题。由于信息技术拓宽了人们获取知识的途径，新兴“虚拟大学”理念正冲击着大学的思想领域。第三，随着学术资本主义的蔓延，一些知识密集型组织如企业研发室、研究所、跨国实验室等机构不断兴起，大学不再是作为知识创新资源的唯一提供者。更明显的是，那些与市场相关性较小的人文社会科学领域，受到的青睐和资助越来越少，这种外部支持的失衡已严重干扰了大学理念的基本取向。只有在满足大学自治的基本需要前提下，大学才不至于专注于追求公司利益而助长虚假繁荣；只有保持大学对高深知识无止境的追求，大学才有能力、有条件发挥育人功能，通过培养有创造力、有新思想、有社会责任感的公民来服务社会、引领社会。

第四节　小结

西方大学理念的生成最初是一种“集体无意识”行为，以“形而上学知识”和“神学知识”为基本活动内容，在高度整合的社会结构框架中，大学在知识系统化过程中自发创造出一套可以充当信仰的理念体系，传达着“信仰”和“理智”为内核的经院知识。相应地，高深知识固有的“学术性”与“专门性”使大学具有普通教育与职业教育相结合的传统。依照早期基督教给大学建构的知识标准，只有宗教的、道德的、思想的活动，才构成本质意义上的人的活动，这意味着西方大学一切教育活动主要围绕着“人”而展开。在人文主义与科学主义的相互作用下，“理性”与“经验”构成了西方大学理念转型不可或缺的两大内核，二者的统一则是“自由”。

西方现代社会对“经验”因素的强化打破了大学理性存在的知识基础，学术资本主义的来临标志着西方大学理念的现代性解构。大学理念转向对知识工具性与实用性的关注，导致“知识”与“道德”相互割裂开来，追求“利益”或“权力”。尽管知识的有用性对促进人的发展有着积极作用，而一旦这种实用性被权力所控制和利用，科学知识的单向性和薄弱性则会加倍投射到大学理念之中。

总的来看，西方大学理念变迁主要以知识为基点，始终保持着与社会各要素间的互动，大体有以下特点：

（1）西方大学理念的变迁过程主要是靠弘扬传统中的知识理性因素并不断创新而实现的。随着大学迁移范围的扩大，高深知识交往的增多动摇了原有朴素的基督教信仰，对“科学知识”的弘扬一度抑制了宗教迷信妄说，在某种意义上给予宗教以致命打击，社会的独立探索精神显露出来，将大学带进理性思考的模式中。科学知识介入后，西方大学理念主要从依照“人的尺度”转向依赖“宇宙的尺度”，大学理念知识的价值呈现外在化倾向。而真正使西方大学理念得以转型的力量主要是“人文知识”，它的基本方法就是理智的引入和对知识理性的宣扬。新兴资产阶级以人文主义为思想武器反对神权、君权，捍卫人权；反对等级制度，争取人的平等权利；把人的本质的变化发展看成人类社会历史发展的动力，即以人的本质的变化发展、人的自我价值的实现状况的变化发展来解释历史。

（2）西方大学理念的变革与社会政治、经济转型的步调大体一致。西方大学正是抓住了社会结构整体转型的时代机遇，在文化转型与意识形态冲突过程中做出理性选择，形成与社会需求相契合的大学理念，进而推动了大学整体变革。事实上，大学从来没有真正成为与世隔绝的“象牙塔”，总是或多或少受其所处时代、社会的影响，创新教育理念需要开阔的视野，仅局限于学校的小天地是不够的。19世纪前的古典大学以人文知识为目的的保守主义教育观显得日益僵化与不合时宜，最终这类古典大学由只重学术转变到学术与服务并重，致力于适应知识界和社会各界发展的需要，才避免了古典大学走向没落的宿命，成为既具有传统底蕴又具有现代品格的世界一流大学。

（3）学术自由在西方社会转型前后虽有起伏抗争，却在任何时候都没有被放弃，只是逐步丰富和完善了其内涵。尽管争夺自由的历史可以追溯到苏格拉底对指控其蛊惑古雅典青年人的雄辩，但真正学术自由的兴起直到中世纪大学的产生才出现。[①] 学术自由是“知识统一于真理”的必然要求，学者行会通过自有管理方式建立了以学术自由为指导的一系列知识活动与制度安排。在西方社会转型期，学术自由被不同民族国家所延续，如英国将学术自由贯穿于“自由教育”理念；德国大学则强调坚持“研究的自由，教学的自由，学生学习的自由”三原则；美国社会服务理念的前提仍离不开学术自由。雅斯贝尔斯还明确地将学术自由列为“学术工作的中心的、普遍性的指导原则”。[②] 学术自由与西方社会主体精神、契约意识的培育是紧紧相扣的，并在历史演进中获得了合法性基础。

（4）西方各国大学理念具有民族性与普遍性相结合的特点。西方社会转型是由物质层面的转型和制度层面的转型引起的，在转型进程中，社会分化与社会流动性的强化客观上改变了知识与社会的关系，促使西欧转型期独立民族国家的形成不仅意味着政治的统一，同时意味着经济社会、心理和文化共同体的建立。同时，西方政府支持并孕育了市场经济，理念变革也大多由政府发起，并在此过程中依然保持了大学主体性要素。在中国，政权可能是社会转型和大学理念变革的阻碍力量，而西方政府的支持和扶植在推动市场经济和大学理念变迁中的作用一目了然。

（5）西方大学理念发展的“内生性”总是和“创生性”相互联系的，是一种自发的、自下而上的现代性因素在大学内部逐渐成熟的过程。19 世纪前的西方大学理念主要呈现“早发古典”模式。古典大学的理念是在历史中自然生发而成的，教育理念呈现出一种创新与保守的均势，以康德与纽曼的理性大学观为代表，人文主义教育

---

① Richard Hofstadter & Walter P. Metzger, *The Development of Academic Freedom in The United States*, Columbia Universitv Press, 1955: 3.

② ［德］卡尔·雅斯贝尔斯：《什么是教育》，邹进译，生活·读书·新知三联书店 1991 年版，第 13 页。

观居于主导地位，尽管牛津大学、剑桥大学等古典大学在迈向世界一流的过程中，曾迫于社会变革压力而具有渐进式、强制性变迁特点，但这类古典模式的大学一旦由被动转向主动，先前的自我积累将立刻焕发活力，这正是传统“内生性”与“创生性”相联系所散发的力量。

总之，西方大学理念在变革过程中没有发生过多的失调与错位，使得大学的转型相对平稳，人们的行为取向和价值观念的变革以渐进的方式得到实现，为世界大学理念的变革提供了框架性的历史元素和源头性的诠释，直接影响着世界大学的思维模式与行为模式，并为大学发展提供了历史与现实双重维度的保障。

第四章　中国大学理念的变迁

文明的建立不是靠机器，而是靠思想。

——托尔斯泰

美国教育学家卡扎米西斯在研究了教育的传统与变革后指出："所有社会在民族危机和重大事变时期之后都有过重大教育改组的尝试。"① 大学作为社会的一个子系统，它的产生与发展都同其他社会因素有着密切联系。伴随着中国社会的艰难转型，中国大学理念的现代化进程也呈现出较大的波动性和非连续性。

第一节　前现代社会：中国知识谱系与古代大学理念

尽管真正有现代意义的中国大学始于京师大学堂的建立，但中国最早的大学可追溯至中国先秦时代，古代大学理念博大精深，是中国大学理念的主根。由于中西方大学理念有着完全不同的知识源头、文化依据和社会动机，厘清不同社会情境下中国大学理念与知识的关系脉络，需要从传统知识谱系演化的考察中得到论证。

一　"家国同构"：中国前现代社会结构

中国数千年的文明是知识与社会变迁相互作用的产物。自先秦至

---

① ［美］卡扎米西斯、马西亚拉斯：《教育的传统与变革》，文化教育出版社 1981 年版，第 231 页。

清末的几千年，中国一直处于农业社会。按经济形态细分，先后经历了先秦族群社会（以“井”“邑”等村社会共同体为基础）、汉唐吏民社会（以编户齐民即小农经济为基础）、宋明租佃社会（工商业文明在农业社会母体内全面成长）、辽金元游牧社会（汉唐与宋明之间自成体系的社会）与清初后农业社会（以汉族为主体的内地农耕与周边部落的游牧文明相互结合为特征）等阶段。

中国前现代社会结构的特点是家国同构，国家与社会没有严格边界，属于政治全能主义结构。秦朝立郡县之后，中国古代社会的基本结构变成了国家系统（state）与社会（society）系统二元对立的模式，既不同于两周时期以家为基础的“家国合一”模式，也不同于秦国那种“以国家统摄社会”的模式。[①] 这种结构体现了人对自然的依赖关系，建立在人与人之间的支配关系的基础之上。其中家族是中国传统社会的基层元素，实行以家庭为生产单位、自给自足的自然经济，形成了以血缘关系为纽带的身份制社会，在这种社会准则中，人们主要按血统（出身）来选择精英。

从观念层面看，就国家政权结构秩序而言，形成了以君主高度集权和专制为特征的制度理念；就一般社会结构秩序来看，主要形成了以“礼治”为特征的观念体系。中国封建社会中占主导地位的价值观念是“权力本位”观念。政府的目标主要是维持小农经济形态下农业帝国的统一与稳定，这是一种追求稳定、向后看，依靠道德而不是技术的治国取向。

二　伦理知识传统：中国大学理念的原点

中国古代农业社会以农业为主导，以土地和人口为主要生产要素，以手工劳动为主要生产方式，较低的经济水平制约了人的认知能力和知识性质。同时，这一时期也是文化多元的社会，多民族的融合构成了中国知识的多元性和包容性的特点，其中“礼”和“法”是中国古代核心文化的两个原点，反映到知识形态上，则以“道”与

---

① 陈明：《从殷周之变到周秦之变——论中国古代社会基本结构的形成》，《社会学研究》1993年第2期。

"艺"为两大要素，并以"伦理性"为突出特点。

（一）"礼"与"法"：中国伦理性知识传统的两大源头

在传统社会，人们对自然知识的认识程度和能力较为有限，而对社会的存在状态等理性问题更为关心。从知识获取方式看，古代知识有三类基本来源：一是来自认识者的亲身经验；二是来自权威传授；三是来自推论的知识。按认识的不同对象把知识分为：名的知识、实的知识、相合的知识、行为的知识。①

中国古代的大学理念最初主要有两大知识来源：一是以北方黄河流域周文化为基础，以分封制、重礼治为特征的儒家知识；二是南方长江流域以楚文化为基础，以郡县制、重法治为特征的道家知识。春秋战国时期"私学"的兴起代表"知识"正式进入大学教育系统。随着秦汉的统一，董仲舒的"天人合一"说为早期知识提供了哲学基础，南北文化融合后形成新的汉文化，东汉之初印度佛教的传入形成宋代道学知识，书院的兴起则是道学知识合法化的产物。儒、道、法家的融合最终奠定了中国传统"伦理性知识"的地位。

中西方知识传统主要有以下区别：①中国传统意义上的"知识"并不是一个标志着主体意识状态的范畴，亦不是对纯粹客观世界的描述或反映，而是一种反映不同存在者之间交往关系的实践范畴。因而对中国大学理念的认识主要通过实践交互作用来获得。②西方以科学主义知识论为主旨，在追求知识的"主体性"原则的同时，往往又将知识的普遍有效性与人的存在割裂开来。而中国传统知识则坚持其"知识"对"人"的从属性，指向具有一套相对稳定的思想方式与行为方式的人。人与世界的交往活动不仅决定了"真知"的产生，而且决定了真知识的内容即人与世界的特定交往关系。③中国传统"知识"所反映的交往关系不仅限于人与万物之间，而是任何两个存在者之间，"知识"的对象主要是"知人"（见《论语·颜渊》），大学理念的建构对象主要在人才培养，并具有本体论意义。④中国知识传统以伦理性为特点。对"知识"的考察总是与个体"道德"相统一。

---

① 冯友兰：《中国哲学简史》，北京大学出版社2010年版，第102页。

这里的“德”既指实有诸己的德性，也包括表现于接物应事中的德行。“有德”即“有知”，强调“明人伦”。

古代有关大学理念的问题通常隐含在对有关宇宙世界及人类发展的本源性和本性问题之中，这反映了一种朴素的人文主义思想，具有“天地合德”的伦理型知识特征，在社会根源上主要与古代宗法体系的长期影响有关，也导致道德论与本体论、认识论与知识论相互畛域不清。[①] 那么，对大学理念的思考就需要接触认识对象，需要思维的参与。

（二）“道”与“艺”：中国传统知识的两大内核

在整个中国传统知识谱系中，讲求“天人之学”“变易之学”“会通之学”和“中庸之学”等，各知识体系之间是相辅而成、辩证合一的有机体，亦成为中国文化之精髓。总的看来，中国传统知识主要有两大内核：“道”（道德）与“艺”（学问）。其中“道”为大道，包括“道、德、仁”；而“艺”为小道。第一，儒家强调“礼的知识”，主张“重道轻艺”。“大人”学道，为“君子儒”；而“小人”学艺，为“小人儒”。孔子之“道”为“仁”，仁者“人”也，“仁”是人的最高精神境界，强调每个人都应作“知之主”。儒家追求的“知”当然是对人伦关系的“知”。第二，道家崇尚“道法自然”，强调“法的知识”，主张“道在于艺”。其中“经“是道和艺的载体，“通经”即为“通艺”，应专注于自身本真的生存，获得大道之智，得道即成德，知“道”就是获得一种存在方式。

在中国教育史中，“大学”有四义：终身教育、“大人”教育、大学问和大学校。[②] 我国古代大学以“天人合一”“知行合一”为哲学基础，以培养修己治人的“士人”与“治才”为主旨，以儒家核心价值观为主体的教育理念体系。大学主要倡导的是“大人教育”，正所谓“成人之道，则道艺同一”。中国传统知识以道德为中心，把“尊德性”与“道问学”并提，“道德”与“学术”实为二而一，一

---

① 张岱年、方克立：《中国文化概论》，北京师范大学出版社2004年版，第267页。

② 涂又光：《中国高等教育史论》，湖北教育出版社1997年版，第28页。

而二者。[①] 反映到大学理念上，则主张“道艺并重”，“道”与“艺”分别对应着近现代的“人文知识”与“科技知识”，[②] 而“道”与“艺”之间的基本矛盾贯穿了整个古代大学教育史。

由于古代伦理性知识是德知一体的，大学之道与为人处世之道相互纠缠，大学理念讲求如何做人，即如何成为知者（智者）、仁者或君子，包含着伦理智慧。《大学》中有言：“知所先后，则近道矣”，即伦理在先，知识在后，将教育的本质与人性、宇宙相联系。伦理性知识始终关涉人的价值判断，并将天、道、理、气以至心、性等问题人格化，[③] 而非仅仅揭示宇宙的自然生成，因而古代大学理念强调以伦理为本位，大学理念是一种关于大学如何培养人的理性智慧、价值智慧和实践智慧的认识统一体。

三　“大学之道”：中国古代大学核心理念

“大学之道”是中国古代大学核心理念，也是中国文化历史之瑰宝。这一理念比西方近代大学理念提出要早1000多年，在基本精神上却是高度相通的。自汉武帝采纳董仲舒的“罢黜百家、独尊儒术”后，尽管儒学教育思想在历史中经历多次变迁，但“大学之道”的核心理念在中国古代仍是一以贯之的。

（一）“大学之道，在明明德，在新民，在止于至善”[④]

先秦时期的儒家经典《礼记·大学》开宗明义地指出：“大学之道，在明明德，在新民，在止于至善”。这里的“三纲领”被视为中国古代最有代表性的大学核心理念。此处之“大学”主要指大学校、大学问，[⑤]“道”则指规律、道理、理念；“明明德”即养成人性中健全的道德人格，而人格的构成包括“知”“仁”“勇”，此恰好对应了

---

① 金耀基：《大学之理念》，生活·读书·新知三联书店2001年版，第182—183页。

② 如果按照涂又光先生的理解，中国高等教育历史发展可分为三个阶段，分别对应三种知识形态：自传说五帝至清末为“人文知识”阶段，近百年来为“科学知识”阶段，正在发展为“人文·科学知识阶段”。参见涂又光《中国高等教育史论》，湖北教育出版社1997年版，第1页。

③ 黄济：《教育哲学通论》，山西教育出版社1998年版，第16—17页。

④ 此处参见《大学》注，“亲民”即“新民”之意。

⑤ 涂又光：《中国高等教育史论》，湖北教育出版社1997年版，第23页。

西方的“智育”“德育”“体育”。正如《中庸》里提出“天命之谓性，率性之谓道，修道之谓教”，此为三纲领之核心；所谓“新民”即修己治人，化民成俗，观乎人文以化成天下，即为“明明德”之方法，这是大学与社会发展最佳关系的规律；“止于至善”即将至善的追求视为永无止境的过程，这是“明明德”的最终目标，使人达到“知止而后有定，定而后能静，静而后能安，安而后能虑，虑而后能得”的道德境界。

对于如何实现这一核心理念，体现在《大学》的“八条目”中：即格物、致知、诚意、正心、修身、齐家、治国、平天下。具体而言，第一，在整个“八条目”中，以“修身”为核心，大学曰：“自天子以至庶人，皆以修身为本”，其他则是为“修身”而提供的方式和途径，修身的最高境界即“明明德”。涂又光在《中国高等教育史论》中认为，之所以“修身”为中心环节，是因为“身”是高等教育活动的主体。第二，关于如何修身，《大学》里提出了“欲修其身者，先正其心。欲正其心者，先诚其意。欲诚其意者，先致其知。致知在格物。”修身重点是道德、伦理的修养。“仁者为人”，进而得以服务社会、治理国家。第三，从“八条目”的逻辑关系看，格物、致知是为了求道，即推究事物的原理，直至领悟事物发展的终极规律，用探究到的大道指导自己的行为。诚意正心则是不自欺欺人，纯正心态，诚心践行修身。一个人身正德高且有一定学识，自然就可以齐家、治国、平天下。“大学之道”将育人、求道、服务社会的关系表达得淋漓尽致。

中国古代大学之道与西方古典人文主义理念中“崇尚人文、注重理性”的“自由教育”有相通之处，道出了育人的根本目的。相比而言，西方知识传统重“求知、理性”，而我国大学之道关注“道德、向善”，更侧重于“伦理道德本位”思想，关注人格之养成。正如《学记》中指出的，“建国君民，教学为先”①，大学就是使一个蒙童通过修身成长为人格高大独立的“大人”，“大”与“小”不在于

① “教学”此处与“教育”同义。

年龄、知识、体力，贫富和贵贱，而在于品格的高下。大学之大，正在于“明明德”，让人不断地去除心灵上的污垢，使自己的道德不断提升。董仲舒也曾在《对贤良策》中向汉武帝建议：“古之王者明于此，莫不以教化为大务。”可见，“化人”实为古代大学教育之共同目的。

总的来看，伴随着社会的动荡变迁，中国古代大学理念大体经历了三次重大变革，但每次变革都是对“大学之道”这一核心理念内涵的积累和延续：第一次最早出现于西周的大学为官方工程，办学最初目的在于“选贤与能”（《礼记·礼运》），强调宗法等级与礼的知识（以《周礼》为要），大学理念的特点是以“礼制”为核心，要求“学大艺、履大节”，在“六艺”之中以礼乐为重，射御次之，倡导“官师合一”，培养“士人”，即“治国安邦之儒生”。第二次为春秋战国时期，正值奴隶制向封建制转型的大变革阶段，私有制的兴起推动了政治经济关系的变化，大学在当时的“礼坏乐崩”、诸侯争霸的社会格局下走向繁荣。倡导“人道、民本、尚贤”的思想，儒、墨、道、法知识“自由争鸣”，开创了中国文教发展的“轴心时代”。第三次为盛唐时期，大学继承了魏晋南北朝时的学术思潮和学校制度“多样化”理念，建立中央和地方分级管理的教育行政体制，意识形态上奉行“三教并行”，确立了“崇儒兴学”的思想，主张“道艺并重”，造就治国安邦之儒生；政治上实行“开明专制”，摒弃“文化偏至主义”，并广为吸收外域文化，使唐代高等教育的发展成为中国封建社会的高峰。可见，中国古代一度出现百家争鸣、学术强国的繁荣局面，表明中国大学拥有深厚的历史文化底蕴，这种文化是中国大学之根，以儒家文化为核心的古代“大学之道”则是对中国知识传统的高度凝练，是我国当代大学应始终保存和坚守的本土特色大学理念。

（二）中国古代大学核心理念的特点

中国古代大学理念具有以下几个主要特点：①以道德为中心，关注人格养成。古代大学理念主要源于儒家“人道”思想，其核心是“仁”，倡导修身与治国之道等“三纲八目”，由己及人，推及社会、国家、天下。大学则将人的伦理观念与教育理念相联系，以人文知识为侧重点，形成了“以伦理为本位”的知识体系。②多元整合主义。由于知识起源于“实践”，人类实践交往活动的多样性与丰富性决定了大学教育理念的复杂性与多元化，因而大学理念带有“多元融合”即多样化基础上的统一特征。春秋时期百家争鸣是社会分裂状态下的“多元”，表明教育理念中多元思想的存在，打破了主流儒家思想一统天下的封闭、僵化局面。不同学派在批判争论中自由探究真理，在众多私学中，仍以孔墨为最；盛唐时期则是社会繁荣统一中的“多元融合”，以海纳百川的精神将各种教育流派、办学模式和教育制度相结合，并最终以相互和谐的方式统一起来。③意会性与直观性。西方知识以“假设”的概念为出发点，而中国知识以“直觉”的概念为出发点。如道家知识始终是混沌的复合体，用“负方法”揭示事物的性质，佛学与道家相结合后形成了“禅宗”，冯友兰先生称之为“静默的哲学”[①]，即为“意会性知识”。这使中国大学古代理念具有明显的直观性、猜测性和非科学性，由于始终缺少清晰的核心理念，这种单纯性就是非常朴素的。但这种朴素性必须通过清晰的思想加以克服。④等级性。古代的知识仅为少数人所拥有，通过科举制将大学、知识与社会紧密地联结在一起，形成特殊的稳定结构，同时达到了对知识的控制，具有典型的“文化民族主义”特征，带有鲜明的等级性，要求一套保证维系伦理与权威的知识制度与理念。

第二节　无序型社会：转型期中国大学理念的近代化启动（1898—1949）

从严格意义上讲，现代意义上的中国大学始于1898年创办的京师大学堂。从1840年鸦片战争至今是中国社会转型的剧变期，在社会转型与知识传统变革的共同作用下，中国大学理念走过了一条艰难

① 冯友兰：《中国哲学简史》，北京大学出版社2010年版，第275页。

而特殊的探索路径。作为后发外生型国家，由于各种因素的影响，中国社会转型的整个历程既有时代断裂性，又有历史连续性，与西方发达国家的社会转型有着本质的不同，主要表现在：第一，转型路径不同，中国社会转型是“双转”交织的过程。经济体制转轨与社会结构转型同步并行，政府和市场双重启动。第二，转型因素不同。西方“早发内生型”国家在原有传统基础上自发实现了传统与现代的过渡，外在压力较少；而我国的社会转型是被动、追赶式的变革，一些现代性因素是“外源型”的。① 第三，转型向度不同，政治转型相对滞后于经济转型。第四，转型态势不同。城乡之间、各区域间、产业结构等发展呈非均衡状态，市民社会的力量仍非常弱小。这充分表明，中国的社会转型历程更为复杂和艰难。

基于中国社会体制与结构转型的特殊性，影响中国大学理念变革的主要力量来自政府与大学的关系。根据社会转型各系统力量博弈关系的强弱，美国学者乔·萨托利提出了三种不同类型的社会：失序型社会（disordered society）、集中型社会（totalitarian society）与管治型社会（governance society）。② 这三种类型非常适切地对应了自中国近代以来社会转型期的三段历程。

客观来讲，尽管在近代中国社会博弈结构在转型过程中被打破，但是却没有形成稳定动态的新结构，而处在混乱的调整之中，导致转型的失败。新的知识虽然被引入，也起到了一定的作用，但作为外来物仍表现出种种的不适应。大学教育及其理念在近代社会转型中曾被寄予希望，却不能为社会转型提供应有的支持。

一　社会无序结构：中国大学理念的现代性基础

以追求“船坚炮利”式的现代化洋务运动为标志，中国传统意识形态的崩溃带来社会新旧秩序转换的“历史真空”，这种真空带来知识与权力秩序的混乱，形成了典型的“无序型社会”。这种社会的特

---

① 袁方等：《中国社会结构转型》，中国社会出版社1998年版，第44—45页。

② ［美］乔·萨托利：《民主新论》，冯克利等译，东方出版社1998年版，第170—234页。

点是：一元强制社会博弈结构被打破，新的社会因素产生出来；原有博弈结构中的保守因素依然存在：原有旧的因素与新的因素结合起来产生一些畸形的因素。知识与权力之间高度分散又极度混乱，权力开始失去了对社会的控制能力，政府力量弱小，民间社会开始发育壮大，使得社会其他组织得以自发成长。[①]

（一）君权合法性的丧失与经学知识传统的崩溃：大学思想公共空间的形成

从政治层面看，专制型政权遭遇解体，而由地主阶级与大资产阶级替代统治地位，清末西方知识的输入强烈地冲击了中国固有的社会意识形态，为新知识的生长廓清了道路。日俄战争后，1906 年清政府开始预备立宪，宣告传统君主制意识形态被彻底推翻。同时，科举制度的废除为中国大学理念现代性生成迎来了转机。

中国大学理念的现代转向首先是由民族危机意识所引发，在维新派教育救国的主张下应运而生。当时社会局势积弱积贫，甲午一役的惨败让国人痛定思痛，维新派提倡“泰西之所以富强，不在炮械军兵，而在穷理劝学”，将“蕞尔小国”战胜“泱泱大国”的原因归结为教育。鸦片战争后，在西方强国的坚船利炮下，清政府重拾维新主张，不遗余力学习日本经验，颁布新学制，中国逐渐建立起了相对完整的具有现代意义的教育体系。随着民国政权的转换，社会意识形态不再提倡以革命为中心，而转向养成完全之人格，[②] 在此作用下，知识的形态开始发生变革，走向民主主义。

（二）民族资本主义的发育与科学知识的冲击：中国大学理念现代化变革的条件

从经济层面看，传统封建社会中的自给自足式自然经济遭到破坏，民族资本主义得到一定发展，形成“工商社会”，但保持着原有封建制度；城市化进程推动缓慢。从质的方面看，传统城市以政治军

---

① 朱新梅：《知识与权力》，载《高等教育政治学新论》，教育科学出版社 2007 年版，第 22 页。

② 蔡元培：《蔡元培选集》，浙江教育出版社 1993 年版，第 49 页。

事功能为主，而非经济功能。在近代中国，工业经济结构残缺、基础薄弱、设备落后、规模较小。同时，从功能性质方面看，传统城市以政治军事功能为主，而现代城市以经济功能为主，经济型城市、交通枢纽型城市、资源型城市开始产生；从量的方面看，城市人口比重从1843年的5.1%发展到1949年的10.6%，城市数量与人口规模低速增长。[①] 为了适应民间社会对科学知识的需求，洋务派着手兴办西学，这是传统封建思想的重要转变，曾国藩、张之洞等人兴办学习“西文”与“西艺”的专科学校，除教授传统学科外，还扩充了近代科学技术和外语，对传播西方科技知识、培养近代早期科学技术人才，并发展留学教育，开创了中国近代大学国际化的先例。

（三）新文化运动主导下的西学之建构：大学知识自由交往的契机

在学术思想上，清政府一直大力倡导程朱理学。早期启蒙思想家顾炎武、黄宗羲等提出“经世”主张，批判宋代理学并反对专制主义。清朝为了控制汉族知识分子曾提倡“汉学”，而汉学一度陷入烦琐主义后最终趋于没落，取而代之的是重视经世之学的“今文学派”，这一思潮为维新派所继承并推动了变法运动。[②] 新文化运动以后，以取法日本为特点的近代大学开始向美国模式转换，并不断被赋予更多的现代特征，美国大学的社会化、民主化办学理念和大学服务社会的职能观等对中国大学理念形成强烈冲击。

在五四运动的科学与民主的文化潮流下，体现了知识自由主义观的教育独立和思想自由大学理念应运而生。大学主张教育的“超政治性与超阶级性”，应脱离政党和教会而独立存在，提倡信教自由，在“非宗教运动”和“教育救国论”的影响下，积极倡导学术自由，认为各学派只要“持之有故、言之成理”就应有存在和发展的合理性。民国七年的《新教育与旧教育之歧点》认为，“教育者，与其守成法，毋宁尚自然，与其求划一，毋宁展个性”，突出人的自然个性得

① 胡福明：《中国现代化的历史进程》，安徽人民出版社1994年版，第285页。
② 毛礼锐：《中国古代教育史》，人民教育出版社1979年版，第460—461页。

到自由发展。

二 “器”与“道”：近代融会性知识的两大内核

作为“五四”文化的主流，主张学习西方的自由知识分子将欧美意识形态引入我国，传播科学和民主价值观。当时正是世界范围内进步教育运动方兴未艾之时，一些中国现代大学的先驱者对中国文化进行了“格式化”改造。尽管在教育过程和目标上都以西方为蓝本，但这种借鉴仍是以传统大学的改造和承袭为基础，创办与发展新式语言、技术、军事学堂，在移植中仍保留了中国知识传统的特点，形成了典型的“融会性知识”。

近代融会性知识有三个突出特点：一是改良主义与保守主义并存，这使得大学理念的变革较为缓和。这种知识首先假设传统政体具有合法性，新的大学理念变革就必然需要在这一体制内进行。洋务派主张“变器不变道”，要用学习外国利器的方法维持封建统治，但仍立足于封建秩序的纲常伦理；顽固派讲求“圣人之道”，鼓吹“明教正学”，认为西学知识就是“变而从夷”，主张回到闭关锁国的时代保持清朝政体；维新派则在批判中学和旧学的同时，强调要全面学习西学和新学。严复在《原强》中提出“民智者富强之原”。近代启蒙思想家主张变法革新，反对因循守旧，提倡大学理念以“经世致用”为原则。二是“新思潮派”与“古文派”的对峙，保留了“道德”在知识上的中心地位，大学人才培养理念的道德教育倾向仍十分显著。国家相继废除了清末的“忠君、尊孔、尚公、尚武、尚实”的宗旨，废止了一批有碍民国精神及非各学校应授之科目。① 由于“忠君”与社会的共和政体不符，且“尊孔”与自由主义信仰相违，② 因此，首任教育总长蔡元培在《对于新教育之意见》中提出了“五育并举”的理念，即“军国民教育、实利主义教育、公民道德教育、世界观教育、美感教育等”均不可偏废，③ 且对美育与世界观更为关注。

① 《教育部禁用前清各书通告各省电文》，《临时政府公报》第32号，1912年版。
② 《蔡元培教育文选》，人民教育出版社1980年版，第7页。
③ 熊明安：《中国高等教育史》，重庆出版社1988年版，第429—430页。

三是民主宪政知识得到认同。辛亥革命虽然失败，但它开创了近代意义上的资产阶级民主制度，将学习西方的制度文明推向了纵深，西方资产阶级平等、民主、共和等文化价值观念在中国得到进一步发展。新文化运动则在中国首次鲜明地举起了“民主”和“科学”两面大旗，倡导自由、平等、个性解放，把学习西方资产阶级文化运动推向了高潮。

三　知识与社会关系错位：权力分散与大学公共空间的形成

作为社会转型的起点，中国的现代化进程始于器物层面，以追求君主立宪式的现代化维新运动为标志而渗透到制度层，最后以追求科学民主的五四运动为标志深入到文化层。然而，由于晚清政府的衰落，近代社会处于极度动荡之时而无力控制知识，知识与社会的关系是相互错位、适度分离的。随着中央权力走向式微的同时，地方权力开始扩大，而恰恰是权力的分散为大学提供了一种思想自由和适度自主的空间，使得这一时期中国大学理念相对活跃，学术繁荣。不过，尽管大学在此阶段能获得相对独立的地位，但由于这种自发性缺少必要的保障机制，整个社会肌体仍是比较脆弱的，故而这一时期的大学最终未能成功转型。

总的来看，正是转型期对前现代社会稳定结构的打破，知识本身才获得了自由生成的基础；正是在晚清社会极度动荡之中，西学知识才有机会蜂拥而入，为中国大学理念带来新的转机。此后，凌驾于中国大学的传统儒学知识和科举制度遭到解体，大学从普通教育性质的官学转为中学后教育或直接与社会职业相适应的多科性高级专门人才的教育。然而，由于传统大学理念所承载的知识形态与近代社会结构之间存在着惊人的悖反，大学理念中的“体用之辩”依然强调以经学为主体，理念的变革仍在体制内进行，并受国家意志所控制，所转变的是将“无用于国的制艺之学”转向“使用知识”的工具主义教育理念。在知识与社会的“错位”关系之下，中国大学“为知识而知识”的独立精神有所张扬，但在长期传统体制框架之内，以“治学”为本位的价值观并未完全确立起来，大学理念的现代性就无力生成。

四　知识整合主义：文化驱动下的中国大学理念历史性转向

中国大学的第一次现代转向以1905年科举制度的废除为标志，以京师大学堂的成立为埠端，斩断了中国传统社会制度赖以维系和整合的基础，主要以欧美大学理念与模式为参照系进行的变革。这一时期的大学所要回答的基本问题有两个：一是如何对待传统思想；二是如何对待西方理念。摆在当时大学面前的核心任务就是重建一种可被认同的现代新文化，所要解决的突出矛盾是“中学”知识与“西学”知识的冲突与融合，或者说是“知识复古”与“知识民主”之间的冲突，融会性知识最终体现了二者的整合。

从这一阶段大学理念的建构过程看，知识分子的学术专门化传统，借助“分斋教学”，以“西学中源”为路径将西学置于书院教育之中，引致了清末大学的整体性转型，大学相继确立了学术自由、思想独立等西方文化理念。具体反映在：一是在大学内部管理上形成了校长负责制下的“三会制”和董事会制相结合的行政管理体制，从经费筹措到大学行政管理制度形成了“社会化”趋势；二是实行“学生自治”与“教授治校”制度，废除学监制，成立学术评议会；[①] 三是倡导“通才与专才相结合”，将道德教育与科学教育相结合，重点改革课程体系，实施主辅修选课制度和学分制等，致力于为国培养“桢干大材”与“政治精英”。在知识自由主义的影响下，大学学术主体地位的确立标志着中国大学理念从传统到现代的转型，在此阶段的大学理念才有了知识理性的内涵。

（一）“中西会通，政艺兼修”：京师大学堂的核心理念（1898—1912）

自19世纪60年代到20世纪初，中国大学产生了完全不同于旧式儒学的教育理念和新式分科大学。这些变化主要体现在书院向中等普通教育的转化上，而在清末仅有京师大学堂、山西大学堂和北洋大学堂三所大学，这类学堂以西方大学理念为参照，有着悠久的文化底蕴，学术气息浓厚。中国现代大学初创的标志是清光绪二十四年

---

① 孟中媛：《百年来中国大学的三次转型发展的历史回顾》，《黑龙江高教研究》2008年第5期。

（1898 年）京师大学堂的建立。1862 年的京师同文馆是京师大学堂的前身，其初建目的是清政府急于在统治阶层培养外交人员。京师大学堂是中国第一所具有转型过渡性质的高等学校，它的教育理念体现了中国大学教育现代化的尝试。

京师大学堂的教育理念主要是在两大思想流派的对峙中形成的。新旧知识的论争体现在桐城“古文派”与以“太炎弟子”为代表的“新思潮派”之间[①]，以吴汝纶为代表的桐城古文派坚持晚清正统思想价值观念，与清政府意识形态相吻合，而以胡仁源为代表的反传统的、具有资产阶级观念的新派思想一度遭到抵制。因而 1902—1912 年间，京师大学堂的教育理念一直由精通文学传统的人物所把持，倡导“为国养士、政艺兼修”，但大学理念的现代化变革仍处于准备阶段，直到蔡元培掌校以后才启动了中国大学理念的转型。

“为国养士”是京师大学堂承续太学传统的显在趋向，而从太学传统中衍生出的伦理性知识倡导“以天下为己任”的思想。同时，维新派将中国衰弱的根本因素归结于教育，提出改良教育，废科举、举学校，主张兴办“西学”，学习西方资产阶级社会政治学说和自然科学，“以政学为主义，以艺学为附庸”[②]，因此，京师大学堂在办学之初就承认西方科学知识为“学”而非“长技”，要求“政艺兼学”。具体体现在：①以实现“教民”与“开智”为目标。在 1895 年康有为等人在公车上书和《请开学校折》中，提出为增强国力、培养人才，必须使京师大学堂成为兼具中学学理与西学知识的高等学府，这些思想最终得到清政府的认可和支持。1904 年，清政府在“癸卯学制”基础上制定《奏定大学堂章程》，提出大学堂由高等学堂或大学预科毕业者升入，以“谨遵谕旨、端正趋向，造就通才”为宗旨。[③]②大学组织机构随社会结构的分层而走向分化。时任管学大臣张百熙在京师大学堂设预科和速修科，其中预科包括艺科和政科两类，艺科

① 萧超然：《北京大学校史 1898—1949》，北京大学出版社 1988 年版，第 48 页。
② 梁启超：《学校总论：饮冰室合集》（第一册），中华书局 1941 年版。
③ 曲士培：《中国大学教育发展史》，山西教育出版社 1993 年版，第 349 页。

包括算学、光学、电学、化学、农学、工学、医学、音响学等，政科包括经史、政治、法律、通商理财等。而速修科下设仕学馆和师范馆，分别培养“官僚”和“教师”。直到1909年分科大学设立后，预科被改为高等学堂，京师大学堂下设七个分科大学，在各分科大学下设立若干门学科（见图4-1）。③倡导“中学为体、西学为用”，大学理念以体现融会性知识为突出特点。清末新式学堂多以外语学堂和军事学堂为主，1862年京师同文馆开办期间，微积分、航海测算等课程成了重要内容。甲午战争失败，又使中国认识到不仅要学西文、西艺，更要学西政、西学，即“政艺兼修”。1898年管学大臣孙家鼐在《议复开办京师大学堂折》中要求“应以中学为主、西学为辅，以中学包罗西学，不能以西学凌驾中学，此是立学宗旨。”① 1898年起草的京师大学堂章程“略取日本学规，参以本国情形”，课程设置上分普通学科（必修）与专门学科（选修）两类。从各分科大学的教学内容看（见图4-1），尽管经学知识等传统科目仍有一席之位，

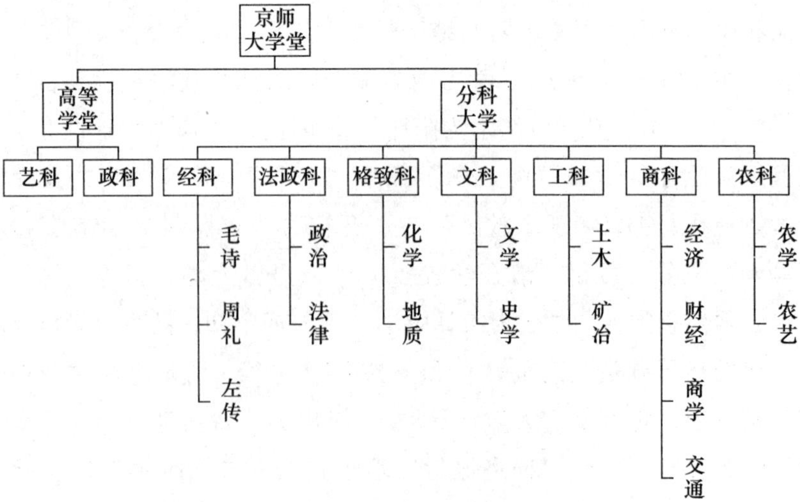

图4-1　1909—1912年京师大学堂的组织机构②

① 中国教育大系编纂出版委员会：《历代教育制度考》（下），湖北教育出版社1994年版，第1836页。

② 曲士培：《中国大学教育史》，山西教育出版社1993年版，第341页。

但大量近代西方科学知识已渗透到大学课程中，是典型的西洋知识内容与中国传统知识的融合。此外，学堂还聘请许多外籍教员授课，开启了近代大学国际化之先河。④采取双轨制管理模式，新式教育与传统教育并行不悖，但带有较强的集权化特征。大学堂设管学大臣一员，统率全学；设总教习总管教学工作，规定各省学者皆归京师大学堂管辖。可见，京师大学堂不仅是中国最高学府，还是最高教育行政机关。体制外的声音对京师大学堂教育理念的建立起到重要推动力，而理念本身仍是体制化的产物，国家意志不可避免地渗透在大学理念与精神之中。

在“中体西用论”的辩护下，中国传统知识权威开始受到动摇，大学理念带有典型的欧化主义特征，这一变化从某种程度来说，是对儒家知识的全面否定。戊戌变法后，维新派的改革几乎全面溃败，仅有京师大学堂因发轫较早而得到保留。

（二）“思想自由、兼容并包”：北京大学的核心理念（1912—1936）

五四运动之前的中国大学，处在新旧理念转折的历史交叉点上。1915 年以“民主”和“科学”为核心的新文化运动可视为对大学理念现代化的救赎。在此前后的几年正处于第一次世界大战期间，中国民族资本主义得到较快发展。大学理念在民主主义知识观下发生了极大变化，最为突出的是蔡元培所倡导的大学改制与思想自由的教育理念。

1912 年，京师大学堂更名为北京大学，北京大学的教育理念是对其前身的现代化改造。蔡元培作为首任教育部长后，于 10 月公布了《大学令》和《专门学校令》，其中《大学令》规定大学“以教授高深学术、养成硕学闳才、应国家需要”为宗旨。改革北大的第一步是明确大学核心理念，主要有两大建构依据：一是根据受教育“本体”的人来建构，这不同于君主时代皇权至上的思想；二是根据社会对人的要求，即人对社会应负的责任。北大正是将这两者相统一形成了自己独特的核心理念。

在 1918 年 11 月 10 日《〈北京大学月刊〉发刊词》中，蔡元培提出“大学者，‘囊括大典，网罗众家’之学府也”。次年3月，在与林纾论战中，他强调“对于学说，仿世界各大学通例，循‘思想自由’原则，取兼容并包主义”。[①]“思想自由、兼容并包”主要有三层含义：一是大学是包容各种学问的机关，当博采众长，吸收古今中外一切学术思想和文化成果，择其善而从之。体现了对中西方知识的态度上，认为大学之所以为“大”，在于能够研究各种知识，旁稽博采，知识的自由是通往思想自由的通则。二是学习优秀文化的“底蕴”，即精华所在。蔡元培认为西方文化的“底蕴”是学术，“学为学理，术为应用”，学习西方文化的整个理论体系。三是旨在通过容纳不同学术派别，对高深学问的追求营造学风，由此带来学术自由的氛围。这一理念不仅在改造旧北大中起了确定方向的作用，对中国百年大学教育的发展也产生了深远影响。

北大“思想自由、兼容并包”的核心理念主要体现在以下方面：①在人才培养上提出“学术分途”，着手扩充文理两科。1917年增设史学门，1924年成立教育系和东方文学系；理科增设地质门，1926年成立生物系和心理学系。②重视知识整合。将文、理、法、商、工多科并立的分科大学改成以文理科为主的现代综合性大学。这一举措奠定了我国综合性大学的系科结构基础。此后，北大各系课程开始沿着两个方向发展：一是纯学术的理论方向；二是高深研究的专门化方向。③唯才是用，不拘一格揽聚人才。蔡元培提出大学“为纯粹研究学问之机关，不可视为养成资格之所，亦不可视为贩买知识之所，学者当有研究学问之兴趣，尤当养成学问家之人格”。[②] 学校不论何种学派、何种政见，凡有深厚学术造诣和真才实学者，均不被聘用条件所限。正如蔡元培所说：“各行其是，并不相妨”，在他的积极引进下，学校既有骨干的革新派，也有营垒派的保守学者，尽管他们政见不同，但在学术上各抒己见，使得北大成为国内学术界群英荟萃之地和

---

① 《〈北京大学月刊〉发刊词》，载《蔡元培全集》（第三卷），浙江教育出版社1997年版，第451页。

② 《蔡元培全集》（第三卷），中华书局1984年版，第191页。

百家争鸣之所。④倡导学术自由和学习自由。以开放原则设置课程，学生拥有选择教师，选择科目的自由。1919 年北大取消了“锐进者不可见长”的学程制，实行选科制和学分制，规定 2/3 为必修，其余选修，实行分系选修制。同时，蔡元培认为“无论为何种学派，苟其言之成理，持之有故，尚不达自然淘汰之命运者，虽彼此相反，而悉听其自由发展”[①]，强调开展不同学派、不同学术观点的自由讨论，从不同派别的比较研究中引出新的见解，一时间北大学术空前繁荣。

五　学术性与实用性：近代大学理念的两重性

基于对外部政局的积极回应和开放的社会文化，此阶段的大学理念主要体现了两大变化：由“忠孝为本”向“学术本位”转变；由“经学为基”向“有裨实用”转变。这些转变集中反映了近代大学理念的两重性：“学术性”与“实用性”的结合。中国大学在 20 世纪二三十年代，特别是在抗战期间，理念变革已由被动接纳转向主动寻求变革，由非西即中、二元对立的“文化选择观”转为在本土化基础上整合中西文化的“文化会通观”，这一特点在西南联大追求“民主进步、关注社会”等理念中体现得尤为显著。

总的来看，这次大学理念变革与倡导知识民主主义的“融会性知识”性质相适应，客观上符合了近代失序型社会中民族资本主义工业发展对人才的需求。在理念转变过程中，受过西式影响的蔡元培、梅贻琦、竺可桢等知识精英的思想为现代大学提供了源泉。有关现代大学的理念与模式的思考是围绕着西化与本土化的争论展开的，事实上，中国近代大学理念从来就没有与文化传统完全割裂开来，比如“教授治校”虽有西方民主知识的影响，其主根则是太学博士治校传统。[②] 汉魏以后，太学隶属于太常，太学管理就开始实行博士治校，师生自我管理。因此，我们不能一概而论地认为，中国近代大学理念是西方全盘移植的产物。当然，这一时期人们对大学现代性的认识仍

---

① 咮鑫圭、童富勇：《教育思想——中国近代教育史资料汇编》，上海教育出版社 1997 年版。

② 涂又光：《中国高等教育史论》，湖北教育出版社 1997 年版，第 119 页。

是模糊的，缺乏现代大学所必需的系统建构要素，加上根深蒂固的传统学术文化影响，因而大学转型的力度较为温和，不够彻底。但在当时特定的社会历史条件下，这些理念对近代大学基调的确定有着积极而深远的意义。总的来说，这是一次由大学内部力量推动，由文化转型所主导，进而导致国家教育政策与制度变革的、自下而上的大学理念转型。

第三节　集中型社会：转型期中国大学理念的革命化重构（1949—1976）

1949 年新中国的成立标志着社会结构的重大变革与重组，进入集中型社会。随着社会主义国家性质的确立，政治意识形态加强了对知识的控制和对大学的干预，以“苏联模式”建立了以马列主义为指导的教育理念体系，强调教育服务政治与培养“专才”，形成具有统一性质的“强纲性知识”，大学理念发生了革命性的转向。

一　权力高度集聚：集中型社会中的大学理念

集中型社会是典型的集中式一元化社会，政治、经济、意识形态三个权力中心高度重叠，整个社会存在一个至高无上的政治利益，价值取向呈一元化状态，权力的高度集中和意识形态的不断强化是其突出特点。集中型社会的形成主要由资源的占有状态决定。整个社会的资源——包括土地、全部有形财富、收入等物质性资源，权力、声望等关系性资源，教育、信息等文化性资源全部由政府垄断，民间没有任何独立的资源。[①] 整个社会没有中介组织，形成了“国家—民众”的线性结构。社会经济来源也都与政府的分配系统有关，农民生活在人民公社体制下，主要靠工分生活，城市居民则仰赖于政府人事与劳动两大部门确立的级别工资生活。这种大一统的社会结构下，没有办法形成任何有独立利益诉求的社会团体。

---

① 胡苏云：《流动人口就业政策与利益协调》，人口与可持续发展战略国际研讨会，2004 年。

（一）社会主义新政权对原有知识体系的重建：国家主义大学理念的确立

从国际背景看，这一时期，国际资本主义与社会主义两大阵营已经形成并尖锐对立。而在国内，新旧政权交替初定，意识形态的斗争激烈，加上长期革命中形成的阶级斗争思维模式，在高等教育领域大力推行学习苏联的方针政策。新政权的建立带来教育的政治环境发生重大变革，国家开始有计划、有步骤地恢复和发展国民经济，确立了以重工业为中心，优先发展工业的建设方针，高等教育也以此为指导，优先发展工科。在此阶段大学面临的突出任务不再是理念的近代化延伸与再生，而是社会主义性质大学理念的探索。

在集中型社会中，国家控制着知识，并作为大学理念的建构主体安排高等教育活动。这一时期大学理念的主旨在于适应社会主义新型大学及国家政治体制的转变，并以国家主义和工具价值为基本取向。新政权的建立为中国大学带来了两大社会使命：一是发展计划经济，以迅速实现工业化为目标培养专门人才；二是稳定政局，以马克思主义思想统领全局，解决“公平—效率”矛盾。在政治集中化的要求下，中国大学教育的主流是重建和恢复秩序，奠定以工程技术和专业教育为主的“重理轻文”格局，大学的基本理念是“服务无产阶级政治，培养各类专业技术人才”。

（二）公有制经济制度下工业化建设对知识专门化的诉求：专业教育理念的全面推行

中国集中型社会的基本经济制度是社会主义公有制，在理论上，这一制度强调全体社会成员共同占有社会资源，以按劳分配为原则，实行全民所有制和集体所有制。但在占有共同社会资源时，对利益边界却没有明确的规定性，只能通过行政权力完成，使得个人利益脱离了劳动者本身，而由国家实现所有权的控制和垄断，以监督的方式获得了对知识和大学的控制。

传统的阶层结构一般划分为工人、农民、干部三大阶层，这种传统的社会结构反映在财产分层地位的下降和身份分层特征的凸显。随着工业化快速增长，1952—1979 年社会总产值年增长率达 11%，我国已建成较完备的工业体系；工业门类较为齐全，新型机械、电机制造、汽车船舶、石油化工、航工业、核工业等新兴专业开始建立；工业技术水平明显提高，国内生产总值从1952年的679亿元提高至1978年的3634.1亿元。① 城市化速度有所提高。1948年城镇人口数已达1.725亿，占总人口的17.92%，② 有工业项目的城市得到发展，但整体而言并不均衡。在制度层面上，权力高度集中的计划经济体制曾在新中国成立初期发挥了重要的整合调动资源的作用，但由于一定程度上割裂了社会生产与社会需求间的内在联系，成为制约社会发展的瓶颈。

（三）意识形态对知识的集中控制：中国大学理念的政治论基础

整体而言，新中国成立后中国社会主义建设完全以马克思主义为核心信仰，整套价值观念体系是建立在“以阶级斗争为纲”的指导思想和计划经济体制基础之上的。表现为：强烈的阶级和阶级斗争意识、强烈的政治和政权意识。③ 这些直接造成高等教育价值体系的重心高度政治化、道德化，意识形态领域一系列“非此即彼”的二元对立和价值主体的单一化和价值运行机制的单向化。

表4-1　1947—1959年专业教育理念对中国大学科类结构与学生结构的影响

单位：%

年份	工科	农科	林科	医药	师范	文科	理科	财经	政法	体育	艺术
1947	17.8	6.6	—	7.7	13.5	10.2	6.4	11.4	24.4	0.4	1.6
1951	31.6	6.2	1.6	13.9	11.9	7.8	5.1	16.5	2.8	0.1	2.5
1952	34.8	6.9	1.1	13	16.5	7.1	5	11.5	2	0.2	1.9
1955	38.1	6	1.4	12.7	21.1	6.6	6.9	3.9	1.7	0.8	0.8
1959	40.1	8.3	1.5	11.5	23.7	3.9	7.1	1.5	0.7	1	0.7

资源来源：《中国教育成就（1949—1983）》，人民教育出版社1985年版，第62页。

① 国家统计局：《中国统计年鉴》（2000），中国统计出版社2000年版，第53页。

② 同上书，第95页。

③ 郑佳明：《中国社会转型与价值变迁》，《清华大学学报》（哲学社科版）2010年第1期。

造成中国社会转型障碍的主要问题在于意识形态层面。错误地将阶级斗争作为社会矛盾的主要方面，因而在实践层面我国盲目按照苏联模式，向着“以专业为中心、实行统一计划”的专门化教育转变，大幅削减综合性大学，发展专门学院，按产业部门需求设立窄口径学科与专业。这种专门教育理念使一批工科大学及单科学院得到长足发展，缓解了工业人才缺乏局面。但同时也对大学带来了不可估量的负面影响：①以削弱文科为代价过度推崇专门化教育。经过1952年以来的两次院系调整，文科学生已由1947年的10.2%急剧降至1959年的3.9%（见表4-1），这比世界高等教育文科生权重最低的国家还低10%，[①] 是教育史上绝无仅有的。②高校在实用工具化目标下被逐一分解，被视为现代大学教育之轴心机构的综合性大学在全国高校的比重也由1949年的23.9%降至1952年的10.9%，以至于到1986年只有4.3%。[②] 包括清华大学、浙江大学等在内的大批优秀综合性大学被调整得面目全非，改为工科院校。③专业设置的高度细化导致人才知识与人格结构片面偏狭，人文学科遭到无情打压，文理分家后，大学教育完整性受到严重损害，其流弊仍为当今大学改革之痛。

尽管在集中型社会也不乏产生过一些有积极进步意义的理念，重建了一套“民族的、科学的、大众的”新民主主义文化观，提出“百花齐放、百家争鸣”“教劳结合、全面发展”等理念，对中国特色社会主义大学理念进行了有益的探索，然而在“以阶级斗争为纲”的错误思想指导下，对孔子儒学“以伦理道德为本位”的知识观和西方知识均采取了不适当的否定态度，一些好的理念被无情地扭曲和封存了，造成中国大学理念两次历史性断层。

二　“以政治为纲”：强纲性知识的生成与权力变革

从融会性知识到强纲性知识转变源于现代政治文化与科学知识的摄入，以政治为核心，信仰马克思主义的“革命派”与倡导知识自由

① 杨东平：《走向公共生活的教育理论——教育的文化传统与社会使命》，北京师范大学出版社2009年版，第26页。

② 中国教育年鉴编辑部：《中国教育年鉴》（1949—1981），中国大百科全书出版社1982年版。

主义的“学院派”展开斗争。新中国成立前期，由于新文化运动代表与知识分子之间分歧不断加大，社会政治意识形态随着革命组织的崛起而出现分化，马克思主义信仰者走上了革命之途，三民主义者则走出大学成为自由文化人。随着集权政治的建立，强纲性知识开始压倒一切。

（一）强纲性知识的建立与中国大学传统的二次断层

中国的强纲性知识的特点是：以马克思主义唯物论为哲学基础，提倡“一边倒”的思想，认为不存在“第三条道路”①，认为要发挥科学技术知识的威力，给予科学知识以广阔的发展前途，批判科学领域内资产阶级的唯心论、机械论的观点。强纲性知识由掌握话语权的统治阶层来决定群体利益和权力，并继承其政治合法性，这使社会结构出现了巨大变革。

正是由于强纲性知识的确立，中国才以政治运动的方式奠定了大学理念的政治论哲学基础。在这样一个拨乱反正、探索前进取得经验的时期，在社会知识的选择上强调“服务政治”“独尊苏式”，强调大学为社会主义无产阶级政治服务，为建立“民族的科学的大众的”新文化服务。1949 年 12 月底，教育部长马叙伦在第一次全国教育工作会议与全国高等教育会议中，依据《共同纲领》诠释教育政策，强调“教育必须是革命的教育”。② 这表明新中国的高等教育将采取国家机器控制，以意识形态挂帅，持续革命特质的教育发展路线。在高等教育领域，无论是从新中国成立初期对旧高等学校的接收和改造，随后全面借鉴苏联模式进行的大规模院系调整，还是在 1958—1960 年间的高等教育大跃进，以至演变到最后“文化大革命”期间高等教育发展的大倒退，革命似的运动主导着历次的高等教育改革，其目的无非是使大学配合无产阶级专政以及巩固社会主义政权的需要，大学一度沦为社会政治的附庸。

---

① 《毛泽东选集》（第四卷），人民出版社 1991 年版，第 1472—1473 页。

② 中央教育科学研究所：《中华人民共和国教育大事记 1949—1982》，教育科学出版社 1984 年版，第 24 页。

造成这一问题的根本原因是在阶级斗争问题的探索上存在严重的偏差。首先，把认识来源于实践的命题片面化，抹杀了“人”在认识形成过程中的价值，存在认识论上的错误；对知识分子阶级属性的判定上，把知识简单地等同于物质财富，片面夸大知识私有化对社会的影响。对知识的价值判断是从政治价值和革命价值的角度进行，而非从科学文化价值的角度为基础。知识在革命中常起着桥梁和先锋作用，但又将掌握知识的人归入资产阶级，这直接导致了知识分子与政府在师法苏联的教育改革问题上的分歧，为了彻底清除欧美文化影响，顺利进行院系调整成为这场思想改造运动的直接动因。

(二)“规训”与“教化”：强纲性知识的两大内核

新中国成立后，我国建立了适应计划经济体制的中央集权教育管理体制，大学主要由教育部和国务院各部委直接管理，强调对全国高等学校实行统一与集中的领导。如果知识既是权力的来源，又是权力的工具，那么这种与特权相联系的精英知识或被特许的知识就成了大学追求的对象。这种知识具有两大内核：

一是“规训”。尽管这一时期国家政策曾一度将教育的领导权、管理权下放给地方基层，但由于意识形态上过于强调集中统一的管理体制，也不可避免地带来了统得过死、管得过多、卡得过严的弊端，压抑了地方与学校的自主性、积极性和创造性。在国家对高等教育管理权力的分配问题上，在此期间经历了由“放”到“收”的几次反复，却始终没有找到理想的管理模式。囿于当时特殊的历史阶段，意识形态问题严重影响了中国大学理念的发展，经过“文化大革命”的破坏，蔡元培时期的“大学自治”“学术自由”理念几乎荡然无存，以至于中国知识分子传统上所持有的知识自由的傲骨也遭遇了“粉碎性骨折”，大学的独立性受到了削弱，学术权利受到压制，缺少了兼容并包的大度与灵性。直到 1977 年以后高等教育才由“乱”到“治”，在改革开放道路上开始新的征程。

二是“教化”。当世界各国纷纷意识到通才教育的重要性时，我国高等教育仍然无法摆脱专业区分过于狭窄的桎梏，可以说就是这一时期大学改革的后遗症。客观而言，新中国成立初学习苏联模式，减少综合大学，增加单科的专门学院，一定程度上增强了工科院校的培养能力，改善了国家培养配套工程技术人才的落后状况。但在专业设置上一味追求专而细，使得高等学校毕业生知识面过于狭窄，文理工分家，影响学生发展后劲，学生的社会适应、迁移能力较差，违背了现代科学的发展规律，影响了人才的全面发展。同时，这种突出技术教育的极端做法加剧了人文教育的衰落。对此，许美德无不深切地感叹“这使得许多大学失去了由历史积淀而来的体现于课程设置中的精神气质”。① 特别是新中国成立后，由于社会的复苏与经济的建设，乃至国防等领域的特殊要求，理工科压倒人文学科，占据了大学教育的重要领域，导致中国人文教育与人文精神的严重缺失。而且由于意识形态问题，各种人文学科一直无法得到合理的发展，中国高等教育就此成为一个跛子。当今中国教育界高呼素质教育，其实质就是呼唤人文精神和人文教育的回归。

（三）知识与社会的关系：权力决定知识

在集中型社会，社会高度控制着知识，二者呈一体化关系。依托国家政权，通过各种途径和形式来确立意识形态的主导地位，力图革除旧意识形态对人们思想的影响。这一过程正如意大利学者加塔诺·莫斯卡指出的：“统治阶级不是仅仅通过已经拥有权力这一事实来使其权力正当化，而是试图为之寻找一个道德与法律基础，把它表现为人们通常认可和接受的原则与信仰的逻辑的和必然的结果。”②

知识权力高度集中于政治力量带来的后果是：大学的一切运行均要基于政治的考量，遵从抽去了文化要素的教育理念。这种关系对大学理念的影响表现在三方面：①由国家层面发起，从理念到制度、政策的建立都是通过国家强制力量，在极短时间内迅速完成的，这在世界大学现代化进程中是一特例。②大学在此阶段经历了数次体制转换和“运动式”波动，其理念变迁并非渐近的、融合的，而是大起大

① ［加拿大］许美德：《中国大学 1895—1995：一个文化冲突的世纪》，许洁英译，教育科学出版社 2000 年版，第 109 页。

② ［意］加塔诺·莫斯卡：《统治阶级》，贾鹤鹏译，译林出版社 2000 年版，第 118 页。

落、意识形态混乱、激进的过程。③大学理念的哲学基础单一且僵化、断裂而破碎，因而处于主导地位的政治哲学处于自我封闭和唯我独尊状态，以工具理性压制学术理性。

大学理念并非仅仅是对知识传统的改造，还包括要把传统的文化和价值改造成一种将有助于实现社会平等的新文化和新价值体系。[①]从社会学角度看，新中国大学理念的变革是执政党进行意识形态整合的需要，即将社会中不同思想文化因素的矛盾、冲突、纠葛调整和协调到一个统一体系，以适应社会政治经济变迁的要求。[②] 而这同时也隐含着权力决定知识的论题，在这种理论框架下，大学的各种科学理论、推论和实验，就不再是以求真为目的，而是仅仅满足政治权力要求。

三　“知识政治化”：强纲性知识对大学理念的格式化改造

在集中型社会，中国大学面临的主要问题有两个：一是如何继承前者的传统经验；二是如何吸收改造后者的半殖民地半封建性质。大学理念发生了两次重大整体转向：第一次转向以1950年中国人民大学的成立和哈尔滨工业大学的改革为标志，中国大学摒弃欧美大学理念与模式，改造旧大学和教会大学；第二次重大转向则始于1966年，“文化大革命”10年中大规模的政治运动将大学带入封闭停滞期，社会的动荡带来教育理念的激进变革。总体而言，这一时期的大学理念与当时的社会主义改造运动和工业化建设是相适应的，突出表现为政治意识与教育的嫁接，在“知识集中化”的推动下，由此开辟了一个以政治家的策略和理想为主导的时代。

（一）“军事教育与技术教育相结合”：哈军工的大学核心理念（1953—1966）

创建于1952年的“哈军工”是一所以战争为直接诱因，以国防现代化为目标，以“军事教育与技术教育相结合”为核心理念，侧重

---

① 弗朗西斯·苏：《毛泽东的中国社会观》，载萧延中主编《从奠基者到红太阳》，中国工人出版社1997年版，第51页。

② 王先俊：《建国初期的社会变迁与党对思想文化的整合》，《当代中国史研究》2003年第3期。

于培养“军事工程师”的中国第一所“各军兵种综合性的军事工程技术院校”。新中国成立初期的哈军工面临两大历史境遇：一方面，以朝鲜战争的爆发为直接动因，迫切需要军事技术人才；另一方面，中国经济处于全面恢复期，而现代化的国防离不开技术装备。

“哈军工”的教育理念是社会政治极权化和工业现代化的产物，而工业革命和政治集权往往是以军事力量的强大为核心保障的，政治意识形态下的强纲性知识要求大学高度统一思想，大学理念完全由马克思列宁主义及毛泽东思想武装起来，在辩证唯物论的指导下形成。1953 年毛泽东在对哈工大的训词中提出：“建设现代化的国防，要有大批掌握和驾驭技术的人……并不断改善和进步。”[①] 根据这一指示，1954 年 1 月，首席顾问奥列霍夫提出院长的基本任务是使学院成为“培养军事工程干部的教学中心和军事科学技术思想的研究中心”。“军事教育与技术教育相结合”的理念回答了如何培养人、培养什么样的人的教育基本问题。①在课程结构中，以工程技术知识、政治知识、军事知识和体育等为主体。可以说，哈军工首先是军事学院，而后是工程大学。通过制定军事课程与训练计划使学员掌握必要的军事知识，提供综合化专业工程教育，集“军事性与技术性为一体”正是其不同于其他工科大学的突出特点。②在管理上，实行学术管理与行政（军事）管理相辅相成的“二元模式”。[②] 陈赓提出“两老”（即老干部、老教师）办学，实际是将学校的管理和运行交给两类人员：一是政治精英，具有军事管理经验的部队正军职以上骨干；二是知识精英，著名的专业技术与科研专家。他们分别行使各自的行政权力与学术权力，但在集中型社会结构下，知识仍在强势控制的范围内活动，学术权力的地位主要在服务政治中得到体现。③明确提出“善之本在教，教之本在师”的战略思想[③]，这一思想回答了教育是干什么、

---

① 中华人民共和国大典编委会：《中华人民共和国大典》，中国经济出版社 1994 年版。

② 张新科：《世界近代史上高等工程教育与军事教育的完美结合——“哈军工”的创建动因、办学与内部管理模式的分析研究》，《南京理工大学学报》2003 年第 8 期。

③ 任学文：《永远的“哈军工”》，国防科技大学出版社 2003 年版，第 37 页。

谁是办教育的关键等问题。[1] 一方面，坚持“以教学为中心，一切为教学服务”。1953 年 4 月，学院制定第一个教学计划，提出“培养军事技术装备工程师”的目标。[2] 另一方面，倡导尊重知识、尊重人才。在 1953 年 9 月颁布的《教学过程组织基本条例》中，建立了教授会制度，由教学指导委员会负责教学工作的指导与监督。④“尖端集中，常规分散”。60 年代初，陈赓根据国家的发展适时将部分常规专业从军工分出去交给各军兵种独立办学，军事工程学院的分建、改建对中国高等军事工程教育体系的形成起到了奠基性的作用。随着 1960 年中苏关系的破裂，苏联专家突然撤走，蓬勃发展的哈军工因为支援分校建设，师资力量已经分散，但教学与运动的斗争一直持续到哈军工时代的最后一刻。

哈军工的大学核心理念一直与政治运动紧密相连，但可贵的是在此过程中最大限度地争取了大学自身的独立性。从 1953 年 9 月 1 日至 1966 年 6 月 1 日，“哈军工”共招收 13 期 18233 名学员，为共和国培养了 1 万多名毕业生，其中包括 200 多名将军、部长、省长和国家领导人，29 位两院院士和一大批科技精英，研制出许多国内外先进水平的重大科技成果，在国内的影响与北大、清华齐名，被称为中国乃至世界高等教育史上的一个奇迹。

（二）“知识原罪论”：政治运动中大学理念的历史性断层（1966—1976）

改造大学理念是知识集中化的题中应有之义。“文化大革命”10 年是相对独特的历史时期。中国大学的伦理知识传统与西方自由知识基础上的教育理念很大程度上被“政治规训”所替代。“知识原罪论”是对马克思教育学说的一种误读，简单地将教育视为上层建筑，并由经济基础来决定，这一理论成为国家控制大学的依据。

始于 1966 年的“文化大革命”实行知识专制主义和文化虚无主义，通过政治运动实行教育革命。1968 年 7 月 21 日，毛泽东在《人

---

① 刘献君：《“哈军工”办学战略思想探析》，《高等教育研究》2007 年第 2 期。

② 《哈尔滨工程大学 50 年通鉴（1953—2002）》。

民日报》关于《从上海机床厂看培养工程技术人员的道路（调查报告)》的编者按清样中加写了这样一段话：“大学还是要办的，我这里主要说的是理工科大学还要办，但学制要缩短。教育要革命，要无产阶级政治挂帅。”[①] 此后，中国开始了长达10年之久的城市知识青年“上山下乡”运动。1970年6月27日，中共中央批转《北京大学、清华大学关于招生（试点）的请示报告》，文件确定当时的大学理念是“上大学、管大学、用毛泽东思想改造大学”。大学充斥着“两个估计”和“反修”“防修”思想。突出表现在：

（1）废除高考导致人才结构性断层。1966年7月24日，中共中央国务院发布了《关于改革高等学校招生工作的通知》，将高等学校招生下放到省市自治区办理，取消考试，采取推荐与考试相结合的办法，只能接受获得推荐的工农兵学员，这意味着1952年建立起来的新中国高考制度就此废止。为了贯彻“七二一指示”，同年9月，上海机床厂创办了“七二一工人大学”，规定学制为两年，学生毕业后仍回厂工作。据统计，1970—1976年全国总共招收工农兵大学生约82万人。从招生对象上讲，大部分学生出身工人、贫下中农、革命干部和其他劳动人民家庭，大学实行“群众推荐、领导批准、学校复审相结合”的办法招收工农兵学员，但这也带来了生源基础较差的问题。此外，用短期速成的方法使学生升入大学，并不能达到预期的教育目的。

（2）奠定了学校教育革命的方向。根据“七二一”指示，大学被要求从工人中培养技术人员，选拔有实践经验的工农兵学员，为生产实践服务。教育知识的内容包括以毛泽东著作为基本教材的政治课，实行教学、科研、生产三结合的业务课，以备战为内容的军事体育课等，大学教育由无产阶级政治挂帅。

（3）知识传授关系不复存在。“上、管、改”的理念表明，传统的大学师生关系发生了逆转，取而代之的是学生编教材、批教师，但

① 毛泽东：《从上海机床厂看培养工程技术人员的道路》，《人民日报》1968年7月21日。

这种现象并非“以学生为本”，而是出于两种原因：一是中国大学传统中一直缺少学生权力的活动空间，这种权力“反转”是种深层因素的爆发；二是这些学生权力是政治意识推动的结果，一切为大学组织权力的泛政治化、军事化服务，因而学生权力的行使背后仍是行政力量主导，学生并没有真正成为大学的主体。

（4）将知识分子置于社会革命的对立面。这实际上斩断了大学的知识基础，“知识原罪论”和“知识无用论”很大程度上要求大学教育服务于政治而非知识的目的。由于知识群体是社会极权化的矛盾中心，因此，这一时期中国大学理念的改革首先是伴随着知识分子思想改造运动进行的。知识的专制主义是实现政治意识形态高度集中的必要手段，或者说，是政治阶层与知识分子互动博弈的结果。

如果说新中国成立初30年中国依靠政治的集中力量，迅速恢复社会秩序并建立政治权威，能够在一定程度整合社会资源的话，那么，“文化大革命”10年间，中国大学基本处于思想模糊状态，这十年的断层放缓了中国社会转型的速度。这期间大学理念断层的动因主要在于国家需要清除封建主义、帝国主义文化思想的影响，根除中国知识传统中的几种制约因素：“一是大学过分推崇西方知识；二是躲在‘象牙塔’里，看不到革命的紧迫性；三是自甘颓废或无病呻吟。”① 作为有组织、有计划的思想改造运动，大学理念带有政治高压的特点，以达到对“知识的控制”和清除西方自由主义价值观的目的，知识的独立性被消解，以政治干预改变了大学的生存方式。

四　政治性与工具性：集中型社会中国大学理念的变迁特征

大学理念在集中型社会中所要解决的主要问题包括三点：一是大学与政治的关系这一“根本问题”；二是高等教育与生产劳动相结合的问题；三是大学办学多样化的问题，即如何将“全党办学”“全民

① ［美］史景迁：《天安门·知识分子与中国革命》，中央编译出版社1998年版，第333—334页。

办学”体现到大学理念当中。在此阶段，大学理念一方面受到意识形态的影响而具有政治性与工具性，另一方面同世界教育现代化发展潮流相隔绝而带有过渡性与保守性。

大学理念是特定时代的历史产物。在艰难的社会主义大学探索中，这些理念对配合当时国家战略需要，迅速改变旧教育的无政府状态、恢复教学秩序，满足服务国家工业化目标等方面均起到重要作用，在实践论的指导下培养了一批杰出人才。但其负面影响也是深远的：第一，过强的教育社会功能和过多的政治干预，导致高校缺乏生机与活力，创新人才仍显不足。第二，将学术问题纳入政治思想范畴，知识分子受到压制，忽视了对教育主体“人”的关注。第三，轻率抛弃中国经验，割断传统文化，对现代大学原型的否定和改造阻碍了大学的现代化进程。

总的来看，这一时期大学理念的转变主要围绕三大冲突进行，即“知识化、正规化、制度化”与“革命化、大众化、劳动化”的冲突。一是在理念发展路径上，表现出对苏联模式的照搬与抵制、突破并存；二是在如何处理政治与教育的关系、党与知识分子的关系的不同主张上的冲突，这些大冲突在“文化大革命”中得到总爆发。从这次转型的动力来看，政府的决策起了决定性的推动作用。因而这是一次自上而下的、由政治转型主导下的大学理念转型，大学存在的一切目的都在于支撑政治权力的合法性，并在主流意识形态框架内活动，大学知识自由的品性与权力的转移之间形成冲突，社会局势的突变决定了大学理念带有暴发式、外扰动强、颠覆性等特点，大学的内发性、自主性表现并不明显。

第四节　管治型社会：转型期中国大学理念的开放性变革（1977 年至今）

1978 年的改革开放推动中国进入管治型社会，此后的大学理念实现了第三次历史性转向——从“政治挂帅”过渡到“为经济建设服务”，致力于高等教育现代化。改革开放由经济体制转型发起，由教育改革为突破口。国家先后提出了“教育优先发展”“科教兴国”与“人才强国”战略，在“三个面向”和科学发展观的指导下，大学广泛借鉴世界先进教育理念，不断突破教育发展的思想藩篱和体制性障碍，建立起与现代化相适应的人文化、社会化、国际化和多元化的教育理念体系，积极推进大学民主化、大众化、法制化改革。

一　由乱到治：管治型社会大学理念变迁的社会基础

改革开放以后，中国社会进入了现代化转型的加速期。从总体上看，社会结构传统性的因素开始逐步减少，而现代性因素不断增加。随着社会分工的不断加强，社会结构的优化促进了社会运行机制快速发展，形成典型的管治型社会（Governance society）。“管治型社会”主要是政府主导下，政府、企业及社会组织形成协商、合作、互动的关系，通过多种利益集团的对话、协调、合作以达到公共性资源的合理开发利用，以补充市场交换和政府自上而下调控之不足，从而提高管理效率的社会形态。管治型社会有力地推动了社会组织的发展，政府不完全直接面对分散化的社会公众，社会资源的流动性大大增强。

管治型社会是一种由“管理”向“治理”转变的结构形态，从支配型、控制型为基础向“调和型”为基础的社会关系转变，是一种结合市场竞争与政府主导方式而形成的综合化社会过程。在这种社会形态下，中国大学的突出任务是围绕现代化，构建与市场经济相适应的教育理念与体制，所要解决的核心问题主要有两个：一是大学找到自身在社会大系统中的定位，与市场经济转型相适应，最大限度地发挥社会功能；二是大学如何在政治、市场与学术理想中获得平衡，保持大学的相对独立性。

（一）国家与社会适度分离与知识权力结构的扩散：体制外力量的干预

国家与社会的相对分离是指国家真正成为社会交易规则的制定者和维护者，而非直接成为社会交易的一方，不再是社会资源的唯一占有者与分配者。①集中地表现在由高度集中的传统政治体制向宪政民主政治体制转型。随着社会主义市场经济体制的建立和完善，既为高度集中的政治体制向民主政治体制的转型奠定了经济基础，又对这种转型提出了越来越强烈的客观要求。②市场经济是实现国家与社会相对分离的经济基础，市场成为社会资源配置的主体。资源配置方式的转变使体制外力量增强，政府的资源控制权力开始下移，影响大学发展的体制外力量迅速分散。③社会结构弹性增强，大学开始受到市场与政府双重支持的同时，也受到双重力量的干预。

（二）市场经济机制的建立与知识竞争：大学理念社会化的动因

管治型社会建立之初，原有计划经济在资源配置上的问题开始暴露，经济体制改革势在必行。市场经济社会即意味着整个社会经济以市场为基础，并渗透到社会生活的一切领域，社会知识作为一种公众消费品在文化教育领域开始自我实现。对大学理念的影响在于：①市场竞争思想的嫁接。在集中型社会，大学受高度统一的思想标准制约而拥有共同的形态。市场机制的引入不仅促使大学具有多样化特质，而且从招生、就业到管理、办学，市场经营方式和管理手段开始向大学渗透。②改革开放的实质是通过利益调整逐渐改变社会资源的占有状态。但改变资源的占有状态的方式走的是以权力市场化为起点的道路，最显著的特征就是国家资源分配及占有的不平等，这种起点不平等也导致了教育公平问题日益尖锐。③工业化、城市化发展加快，产业结构从劳动密集型为主转向智力密集型为主，客观上推动了大学与社会的依存关系。国内生产总值从 1978 年的 3624.1 亿元增长到 2010 年的 397983 亿元，同时，第一产业比重直线下降，第二产业曲折上升，而第三产业经过 20 多年的直线上升后维持在 32% 左右。城市人口从 1978 年的 17.92%①升至 41.76%②，社会对大学的需求更为强烈。④从经济运行方式的变革上看，经济增长方式从粗放型向追求效率和质量的集约型转化，社会发展模式由单一向综合、由短期行为向可持续性发展、物质文明与精神文明协调前进的模式转化。

（三）知识开放化与价值观的多元整合：大学理念的综合化趋势

在集中型社会，以爱国主义、集体主义为核心的一元化思想占主

---

① 国家统计局：《中国统计年鉴》（2000），中国统计出版社 2000 年版，第 95 页。

② 国家统计局：《中国统计年鉴》（2005），中国统计出版社 2005 年版，第 93 页。

流地位。而在管治型社会，价值取向更加务实开放，科学、民主、文明、生态、公平等新的理念成为社会主流思想和价值尺度。1992 年，邓小平南方谈话廓清了“姓资姓社”的迷雾，指明了中国特色社会主义道路的方向。中央提出的以人为本、科学发展观理念，世界现代文明中各种先进元素不断被中国人民所接纳。人们的思想观念实现了从束缚、封闭到解放、进步、务实，再到开放、科学、创新的历史性跨越，更多知识分子期待着在社会思想道德领域，建立和完善与市场趋利性相制衡的社会主义核心价值体系。

二　知识市场化：实用性知识对中国大学理念的转换

知识无论其何种形态，都不可替代地作为大学与社会的媒介而存在。知识专制主义的历史局限性在新中国成立初三十年中已暴露无遗。改革开放以后，中国大学一方面积极借鉴吸收西方先进文化成果，对传统文化的积极因子进行现代转换；另一方面，积极应用知识并引入市场活力，从而在知识领域实现了由“强纲性”知识向“实用性”知识性质的转变。

（一）实用性知识的特征

第一，实用性知识的核心是市场活动培育的一种经济意识，人的活动以客观理性的经济规律为原则而表现出物化的意识。市场经济并非孤立的经济活动方式，而是人的活动在特定领域形成的知识表征。或者说，市场经济就其实质而言具有知识意义，本身就包含着市场导向的价值观。这就使得“大学的功用”被建立在大学与社会、市场之间的交换价值基础之上，通过等价交换而实现大学教育的知识价值。

第二，从知识的秩序条件看，市场规则是实用性知识的前提，但这种以自由、竞争、效率为特征的市场规则并非仅由市场自发产生，而实质源于“参与者”的共同意志。这是由于，任何社会行为都不是孤立进行的，需要以特定的传统文化为支撑。实用性知识本身包含着对人类交往可能性的认同，这种关系秩序以“信任”为基础，否则将失去其正当性和自律性。

第三，知识市场化具有“去道德化”的风险。中国的实用性知识追求“功能”与“效率”，作为一种特定转型阶段的知识形态，需要大学发挥知识的生产、转化与创新功能，实现知识资本对社会的价值，但它同时要求排斥非理性因素，知识与道德的内在统一体被拆分和替换，作为大学理念主体的人让位于经济与政治，大学理念由服务政治向服务经济建设转变，在“道德的遮蔽”下以功利价值取代人文价值，导致大学权力秩序的混乱，大学理念与人的“合目的性”追求相去甚远。

（二）“功用”与“效率”：实用性知识的两大内核

从知识生产目的来说，实用性知识通过为大众提供适合他们需要的文化产品来实现资本的增值。中国的实用性知识具有两大内核：效率与功用。一方面，在改革开放初期，强调效率优先，兼顾公平，强调低成本与高收益成为社会法则。集中型社会中的大学作为国家的公益事业没有效益观念，由国家管理并提供办学经费，实施精英教育。随着实用性知识的生成和高等教育大众化的实施，国家不再能够负担起庞大规模的高等教育系统营运，加强高校的自主管理，效益的观念在高等教育领域愈加受到关注。另一方面，与经济改革相伴而行的是空前的功利主义。大学倾向于自我实现与经济利益并重，市场的趋利性和人性的自私性在思想道德领域日渐扩张，这不仅促进个体自主选择能力，但同时也加剧了社会结构的失衡，导致社会整合程度不高，传统道德受到较大冲击。

在此阶段，大学理念变革受经济转型驱动，并被赋予消费文化的特征。管治型社会以来，国家发展的重心从政治逐步转到经济建设上来，从计划向市场过渡。大学社会功能也有所扩展，全面承担着培养人才、发展科学，直接为区域经济、社会发展需要服务和引导社会前进的历史重任。大学逐步由“两个中心”向“官产学研”相结合、从“资源依赖”向“需求依赖”、由“管理大学”向“经营大学”“治理大学”等理念转变。大学与经济建设的联系日趋密切，对社会经济的干预和影响越来越大，并逐步由社会的边缘走向中心，成为经济增长的强劲推进器。大量财经类高等学校一跃而起，大批实用性、应用性以及和经济建设直接相关的课程开始兴起，高校大力推进知识创新和技术创新，在知识应用和科技成果转化上作出突出贡献。然而，大学卷入市场的代价是功利主义、消费主义的泛滥。

（三）知识与社会的关系：有限分散的权力格局

中国前现代社会是典型的身份制结构，社会结构弹性较低，随着资源配置方式的市场化变革，政府职能发生变化，权力的下移使社会形成“小政府、大社会”的格局；同时，经济上的竞争与合作拓展了人们的交往空间，大学事务与活动的规则和环境也更为复杂，市场、国家与大学之间构成了新的权力关系，且市场力量对大学的作用表现出逐渐强化的趋势。

经历了集中型社会的剧变后，教育部被撤销，各级政府基本陷于瘫痪，全国高等学校的管理处于一种无政府状态中。在管治型社会，中国大学改革的出发点是对政治论大学理念的反思与调整，从政策上厘清思想的混乱无序。在1985年中共中央《关于教育体制改革的决定》中明确指出“要在加强国家对教育的宏观管理原则下，扩大高等学校的办学自主权，”① 并相继出台了一系列法律与政策。但受惯性思维与传统文化的制约，大学理念一时尚难以实现中西融合，政策层面依然有所保留和抵制，政治论哲学仍支配着大学发展。在这种情形下，学术自由和办学自主只是形式化的口号，大学面向政府办学，行政主导学术的问题一仍其旧，改革学术体制，真正实现学术自由，已经成为中国大学发展的核心问题。

就教育的内在性而言，大学的知识创新能力和引领价值更新的活力都寄于学术自由的传统之上，学术自由是大学发展之魂。事实上，知识与权力的关系已经背离了社会发展的基础，教育体制的根本问题得不到解决，发展就是个大问题。这表明，改革开放30多年中国大学理念转变仍不够彻底。

三　从适应到超越：知识实用主义与中国大学理念的回应

社会转型的发起和突破首先是在教育领域实现的。1977年高考制度的恢复是教育理念的一次重大转折点，是高等教育领域拨乱反正的

① 王英杰、刘保存：《中国教育改革30年》（高等教育卷），北京师范大学出版社2009年版，第66页。

重要标志，对大学全面复苏产生了积极而深远的影响。

（一）“经营大学”：大学对实用性知识的适应

“经营大学”的理念不是以盈利为目的的一般意义上的经营，而是指大学必须要精心地运作和治理，主要是指向企业学习，借用企业管理的理念和运行机制，按照市场经济的运作方式，注重社会需求的导向作用，依靠教育资源的合理使用来提高教育质量和效益，并以此促进大学的可持续发展。[①] 这一理念有两层含义：一是就高等教育服务或大学作为准社会公共产品生产者而言，学校提供两种产品，即提供“课程”供学生消费和提供毕业生供社会消费；二是对学校内部管理来讲，大学已不再是“全额拨款”的事业单位，开设课程和大学内部运行是需要成本的，有成本就有核算，核算是为了效益，因此如何发挥大学的人力、物力、资源的最大效益，并且使其能够再生、增值，自然也就进入了“经营管理”范畴。

临沂师范学院地处沂蒙老区，1999 年才升格为本科院校，在 10 多年中学校立足于经济欠发达地区办学的实际，坚持体制创新，实施经营管理，突破资源约束，创造性地提出了“经营大学”的核心理念，创造了“优化资源、市场运作、政府主持、学校管理”不举债建设新校区的发展模式，贯彻“为沂蒙服务”的办学宗旨，使学校由一所名不见经传的地方专科院校成长为办学规模位居省属高校第一位的综合性普通本科院校，成绩卓著，个性鲜明。著名教育家顾明远评价学校“为我国不同层次、不同类型的区域大学提供了可资借鉴的办学实践经验”；英国剑桥大学史蒂芬·霍金认为“临沂师范学院像英国的华威大学一样具有自己鲜明的办学特色”。

20 世纪 90 年代末，临沂师范学院立足于经济欠发达地区办学的实际，率先提出了“经营大学”的理念，坚持体制创新，实施经营管理，突破资源约束，创造了“优化资源、市场运作、政府主持、学校管理”不举债建设新校区的全新模式，使学校不因新校区建设影响正

---

① 徐同文：《经营大学：借用企业管理理论提高管理效益》，《教育研究》2005 年第 6 期。

常教学投入，能够集中精力和财力加强学生直接学习资源建设。表现在：①改革大学办学体制，积极实施多体制办学。一方面，积极探索以政府投资为主体，国有企业、民营企业、外资、社会捐资为补充的“一校多制”的办学模式。另一方面，优化整合社会办学资源。依托临沂师范学院建设职业技术学院，挂靠举办三二连读专科。同时，开展校企合作项目。建立了数量众多的校企、校校、校地合作关系和教学、科研实验实习基地，拓展了学校社会服务的范围并提升了办学水平。②借用企业经营理念，实施管理体制创新。在管理层面上，一是实施扁平化管理。把办学过程中可能涉及的主要事项的职责权限在校、系（院）两个层面作了较为细致、详尽的分割。二是资产财务管理体制创新。加强组织收入，利用多体制办学试点，抓住高校扩招的机遇，努力扩大办学规模，追求规模效益；强化经营管理，努力提高经费使用效益，并实行学生教育成本预算，降低消耗性支出。③降低人力资本，实施岗位、项目管理，变学校直接管理的行政模式为市场方式配置后勤资源，变直接拨款为提供服务收费。借鉴企业管理理念，从管理大学到经营、治理大学，是新时期大学理念的突破和创新，有效促进了教育资源的整合和管理理念的转变。

然而，对这一理念的理解必须避免陷入消费主义的误区：将文化性质的大学作为经营性质的公司来理解，从文化资本的角度来分析大学，以市场的逻辑而非学术的逻辑指导大学，进而产生大学的认同危机。在全球化和市场经济的推动下，大学正从一个国家意识形态的肢体角色转化为一个官僚组织式的、相对自主的、以消费为导向的“跨国公司”,[①] 一旦现代大学的文化理念在企业化中消解，大学也将失去其赖以存在的根基。

（二）“科学知识与人文知识相融合”：大学对实用性知识的超越

高等教育首先是一种人文精神的教育，科学知识与人文知识应是

① ［加拿大］比尔·雷丁斯：《废墟中的大学》，郭军等译，北京大学出版社 2008 年版，第 11 页。

相通的，科学中必然渗透着人文精神。[①] 但是，1952 年以后，我国在片面崇尚科学的实用主义理念支配下，科学教育与人文教育之间出现了难以逾越的鸿沟。特别是高中阶段实行文理分科后，大学新生缺乏完整的科学与人文知识结构，人文知识因无“实用价值”而成为虚文华饰和花哨摆设，被置于课程的最底层，教育的人文精神被明显抑制。

科学教育与人文教育冲突的实质是两种不同知识性质及其价值取向之间的冲突。科学教育侧重于传授自然科学知识，培养自然科学素养，重视智力开发，以征服和改造自然、促进物质财富增长为根本目的，以培养科学精神为最高价值标准；人文教育则注重人性的养成与人格的塑造，以培养受教育者的人生态度、基本品质、处世能力为根本目的，以培养人文精神为最高价值标准。大学应使科学和人文知识相互融合，形成完整的教育。

20 世纪 80 年代，针对高等教育“过弱的人文熏陶，过窄的专业基础，过强的个性制约，过重的功利导向”之时弊，原华中理工大学审时度势，主动反思教育，基于对教育真谛的深刻领悟和对人类社会发展趋势的把握，形成了“科学教育与人文教育相融合”的理念。具体做法包括：第一，以文化素质教育作为实施全面素质教育的切入点、突破口。人文知识是形成综合素质中其他素质不可或缺的条件，人文知识决定着一个民族的生死存亡，可以帮我们做人、做事。在形成大学生素质过程中，内化是关键。第二，提出大学的文化氛围决定所培养的学生素质，文化素质是形成综合素质的基础。[②] 第三，结合专业教学进行人文教育，确立文化素质教育在课程体系中的基础性地位。时任校党委副书记刘献君提出并总结了八种结合方式：起于知识、启迪精神、渗透美育、行为互动、营造氛围、以悟导悟、以人为本、止于境界。这些理念与经验不仅对转变教育观念，推进全国大学素质教育和高等教育改革起到率先示范和指导作用，而且极大地促进了本校办学质量与水平、知名度和影响力的提升。“文化素质教育”

---

① 刘献君：《专业教学中的人文教育》，华中科技大学出版社 2003 年版，第 2 页。

② 刘献君：《大学之思与大学之治》，华中理工大学出版社 2000 年版，第 74 页。

理念的提出是改革开放以来我国高等教育理念转变的一次重大突破，对转变教育观念、培养创新人才有着积极的指导意义。

四　管治型社会中国大学理念流变特征

总体而言，改革开放30多年的大学理念是一次全方位的变迁，大学在不断适应我国急剧变革的多样化的社会政治、经济、文化的过程中，在诸多方面都有了重大突破。从转型的趋势与向度看，大学理念开始走出整齐划一、封闭守旧的思维模式，大学理念呈现出多元、开放、包容等特点，总体上是一个渐进变革的过程。①从这次转型的动力来看，立足于适应中国社会主义现代化发展的实际需求，是中国大学发展的核心动力；政治上的思想解放和社会经济的发展对大学转型的迫切要求是理念变迁的直接因素。尽管大学对新思想的接纳程度正在提高，主体意识不断增强，但大学从属于政府，又在资源上依附于市场，学术自由仍然受政府所确立的意识形态限制，仅在有限的、可控的范围内活动，缺少实质性的保障。②此次大学转型的力度较温和、平稳，带有“渗透式”“局部性”和“非连续性”等特征，而由于缺乏社会变革的强烈冲击，理念变迁仍相对迟缓，随社会的“钟摆”而摇摆不定，真正意义上的中国大学转型仍难以在短期内实现。③在此次转型过程中，中国学者与校长群体对高等教育理论与实践的主动探索起到了积极的推动作用，进一步深化了对大学本质的认识。④由于社会结构由政府主导的二元结构向市场主导的二元结构转变，大学与社会、市场的利益关系发生了微妙而深刻的转变，而不断开放的社会制度也为大学转变提供了政策的温床，总的来说，这是由社会经济体制转变与大学内部适应性变迁共同推动的一次理念转型。

第五节　小结

推动中国大学理念现代化变革的关键一步是无序型社会中西方科学知识的导入，科学知识以其高度的“排他性”迅速瓦解了中国古典伦理性知识传统，知识形态向“融会性知识”变迁，在“器”与

“道”两大内核作用下形成特有的“中西会通”观，带有“实用性”与“学术性”双重特征，二者的内在矛盾运动为新理念的生成廓清了道路。由于缺少必需的大学系统建构要素，中国大学理念的现代性仍无力生成。在集中型社会中，知识因政权交替而被意识形态所覆盖，强纲性知识以其一元性、专门性和模式化等力量对大学理念进行了彻底的“格式化”改造，导致知识专制主义和大学理念的历史性断层。由于中国经济体制转型早于政治转型，管治型社会中的知识带有鲜明的消费主义特征，大学理念在以“效率”和“功用”为内核的实用性知识中不断寻求适应与超越的路径，这提高了大学自主选择能力，但同时也加剧了社会结构的失衡，导致社会整合程度不高。

总的来看，中国社会转型期的大学理念具有以下特征：

（1）文化转型的滞后牵制了中国大学理念的变革。一方面，政治层面的现代化滞后于文化与经济层面，政治转型要求建立民主政治为目的，建立大学与政治的新关系要求形成与之相应的文化；另一方面，在社会变迁中，文化结构的转型较之于经济结构和政治结构的转型，乃是更为深沉、更为艰难的部分，但同时又是最具决定性的部分。这是由于，当社会转型进行到一定程度，诸多社会问题就会直接或间接地表现为深层的文化问题。

（2）中国大学理念强调人的社会意义而非对个体的尊重。一方面，中国大学自近代政治转型以来就一直作为行政附属机构而存在，大学的独特性被政治目的所掩蔽，行政管理取代学术活动成为大学的核心，知识自由的宗旨备受压抑和控制；另一方面，随着经济体制的市场化转换，在强势的社会干预和利益驱动下，大学不断追求办学的短期行为与经济价值，在“强纲性知识”和“营利性知识”的驱动下，市场的趋利性和道德的沦丧逐渐在大学领域扩张，大学陷入了“人的困境”。从价值角度看，实用性知识需要与人文知识相整合，兼顾社会功用与人的价值相统一；从功能角度看，营利性知识需要科技知识与人文知识的共同参与；从主体性角度看，营利性知识要落实到人的整体发展上来。知识则是人实现自身价值追求的手段和方式，而人是实现知识功能的唯一主体，人的自由全面发展是判断大学理念合理性的唯一标准。

（3）中国大学理念主要是强制推进而非自发生成的，导致教育为社会政治、经济服务。早期中国大学的价值就集中体现在以“上智下愚”为核心的公众舆论支配体系，它支撑了从皇帝“授命于天”起构造的一套等级森严的金字塔式的专制制度。为封建王朝的血统论提供法理依据，即为皇权延续的天命观提供注释。这种在长期历史中形成的巨大结构性惯性不仅导致权力关系的僵化，更根植于人的心理结构、思维结构和行为模式中，忘却了大学育人的基本使命和追求真理的永恒理想，大学理念离开了人的主题而失去了存在的意义。直到管治型社会，市场经济环境下大学自发形成一种消费导向，改变了知识的价值哲学，在促使价值观念多元化的同时，也把知识的功利价值再一次推向高峰。

（4）以政治社会化为基础。中国大学理念主要是政治社会化的产物，国家权力控制不可避免地渗透在大学理念中。大学理念受意识形态主导而推动政治权力正当化。正如意大利学者加塔诺·莫斯卡指出的：“统治阶级不是仅仅通过已经拥有权力这一事实来使其权力正当化，而是试图为之寻找一个道德与法律基础，把它表现为人们通常认可和接受的原则与信仰的逻辑的和必然的结果。”① 加拿大的许美德教授通过对中西学术的比较指出：“中国的传统观念中，一方面强调知识的社会实践性和政治实践性，另一方面重视文人权威和文人参政，这两者的结合，就排除了对学术自由的追求，排除了保持理论知识的中立性和远离政治和社会活动这一西方学术自由的理念。”② 总的来讲，由于中国的现代化转型具有“赶超”的性质，因此在“原发”国家现代化中的历时性矛盾在我国则表现为共时性矛盾，因而要保障大学与社会整体的良性运行，必须理性面对各种复杂关系，形成知识与权力相匹配的中国大学理念。

---

① ［意］加塔诺·莫斯卡：《统治阶级》，贾鹤鹏译，译林出版社 2000 年版，第 118 页。

② ［加拿大］许美德：《中国大学 1895—1995：一个文化冲突的世纪》，许洁英译，教育科学出版社 1999 年版，第 9 页。

第五章　大学理念的建构逻辑

除了知识和学问以外，世上没有任何其他力量能在人的精神和心灵中，在人的思想、想象、见解和信仰中建立起统治和权威。

——培根

大学是一个独特的既分裂又分权的社会的偶然的产物。一切文明社会都需要有研究高深学问的机构来满足它们探求知识奥秘的需要，同时它们也为知识的拥有者和探索者提供各种所需条件。[①] 大学理念是大学对社会和高深知识变化的敏感参数，整个大学理念体系最细微的变迁都能反映到知识的内涵上，同时折射出当前社会性的整体向度。当大学被社会性地建构起来后，知识应成为反思和透视大学理念变化的永恒之镜。

第一节　高深知识：大学理念建构的逻辑起点

检验事物的逻辑是否成立需要符合三个理论条件：第一，必须是研究对象最基本、最普遍的现象；第二，必须与历史起点相一致；第三，必须蕴含着整个体系发展过程中一切矛盾的“胚芽”。[②] 大学理

① ［美］伯顿·R. 克拉克：《高等教育系统——学术组织的跨国研究》，王承绪等译，杭州大学出版社1994年版，第27页。

② 薛天祥、谢安邦、唐玉光：《建立高等教育学理论体系的思考》，《上海高教研究》1993年第1期。

念是知识演化与社会转型互动建构的产物，但从知识逻辑与社会逻辑的关系看，“知识”作为大学活动中最基本的要素，构成了一切矛盾的胚芽，高深知识贯穿了大学理念的运行逻辑。

一　知识演化是刺激大学理念变革的内在动因

知识作为大学理念的逻辑起点是由大学与知识的普遍联系决定的。在历史上，大学的知识功能经历了由传授知识、探究知识到应用知识的演变，相应地，大学组织从单纯性的育人机构向着发展学术、服务社会的机构转型。知识演化的同时伴随着一系列社会矛盾运动，在历史变迁中走出了一条“合—分—合”的路径：高度统一的基础上分化，又在分化的基础上达到了新的综合，出现了知识科学化和知识人文化双向运动的趋势。这种双向运动趋势的影响是深远的，它深刻变革了人们对大学教育的认识图景，使得理念创新成为了一种迫切的时代要求。

客观上讲，知识演化间接地促进了社会分层、流动和转型。大学最初就受到探索真理的基本冲动与实际职业训练需求间张力的支配。尽管非其所愿，大学仍形成了新的学术等级，改变了整个社会结构，使社会更为充实和复杂。① 如果仅从社会需要的角度考虑，当时的统治阶级应该对技术等实用型知识更感兴趣。而最终是高深知识的存在显示了对社会的价值，这种价值在不同阶层中也有不同体现。中世纪大学有四种典型学院：文学院、医学院、神学院和法学院。这些学科所代表的知识之所以先行迈入大学领域，是由于在贵族阶层，获得这类知识是成为社会精英的显著标志，这客观上促进了教育机会下移和大学文化功能、社会分层功能的实现，从而为西欧社会的现代化转型提供了思想条件。种种事实表明，高深知识通过大学教育反过来促进了社会转型与阶层分化，高深知识的力量赋予了大学相对独立性。

知识的演化既是内部矛盾运动的结果，又与社会转型、阶层分化

① P. Classen, *Studium and Gesellschaft in Mittelalter*, （ed.） J. Fried, Stuttgart, 1983: 25. 参见［瑞士］吕埃格、［比］里德—西蒙斯《欧洲大学史》（第一卷），载《中世纪大学》，张斌贤等译，河北大学出版社 2008 年版，第 12 页。

紧密相关，二者共同促成了大学理念与思维方式的变革。在前现代社会，知识统一于真理，大学倾向于用统一的可行性理念解决整体性问题，以整体思维为主。在转型社会，社会分工与知识分化导致大学理念的分野，以分析性思维为主；在现代社会，有差异的知识和理念成为大学发展的新动力，在分析思维基础上重建整体思维，以整体性和过程性思维引导分析性思维。① 社会学家鲁曼曾指出，传统社会的分化主要体现在纵向的社会阶层的分化，而现代社会的分化则突出表现为横向的功能上的高度分化、专业化和自律化。② 知识分化与权力的转移意味着大学自治与政治力量的传统均衡被打破，社会经济发展需要更多专业知识，这必然导致学科的专门化。知识专业化得到彻底的发展，任何“权威知识”都会受到争议，知识的不确定性大大增加。既便是同一学科内也可能存在知识交流的障碍，更不必说大学与公众和社会的交流。如此，必然会降低学术在大众心目中的地位，弱化知识生产的实际影响力。正如克拉克指出的那样，“知识的分化与分裂使大学越来越难以找到共同的思想和统一的理念”。③ 大学仅执着于在专业王国中潜心研究，而对于大学理念这种一般性问题，则无心论及。即便有大学能提出一种明确的理念或目标，其言论也可能不为人们所理解和认同，未来的大学必须重新调整参与公共政策的方式，变革则是唯一的选择。

二　知识活动与思想自由是大学理念生成的必要条件

从发生学的角度来说，人类思想的产生有三个基本前提：人类的生产活动、社会关系和社会意识。其中生产活动本身是人类实践活动的重要组成部分，社会关系作为价值观生成的直接基础，它们是在实践中所形成的，是人们实践活动的产物，而意识作为“被转换成为思

① 孙冰红：《大学教育与社会发展论》，中国社会科学出版社 2009 年版，第 76 页。

② 高宣扬：《鲁曼的社会系统理论与现代性》，中国人民大学出版社 2005 年版，第 13—14 页。

③ Clark B., *The Higher Education System: Acdemic Organization in Cross-National Perspective*, Berkeley: University of California Press, 1983: 18.

想形式的物质世界……一开始就是社会的产物”。①

如果没有理性主导的探索知识的精神冲动，就不会有大学，但是理念本身并不能创造大学。作为一种理性认识，大学理念只有在某些特殊的条件下才可能出现：第一，人们对知识兴趣的产生。刺激大学及其理念成长的根本原因在于人们强烈地探索知识、了解世界的需求和欲望。在中世纪大学产生之前，西欧的知识传授活动主要集中在修道院和各种教堂，学习内容仅限于一些初级的教义问答。11 世纪，自治城市的兴起促使市民立足于自身的利益需要去探索自然运作的内在规律，对知识的认识兴趣逐渐产生。12 世纪，拉丁国家向西欧社会的挺进使新的知识开始大量传入欧洲，通过大规模翻译运动，亚里士多德等古典哲学思想得到传播，文化不再被封闭在寺院，教师和越来越多的学生成为知识的拥有者，大学才成为时代的知识中心。第二，有思想的闲暇。只有在全部生活必需品都已具备的时候，那些既不提供快乐，也不满足必需为目的的科学才能被发现。如数学之所以被认为首先在埃及形成，原因在于那里的僧侣等级被允许有闲暇。哲学本是闲暇之学，理念更是闲暇之思。当 11 世纪欧洲大陆逐渐安定下来之后，生活本身超出了维持生存的当务之急，人们自然就“转向内在生活，转向思想，转向反思”②，越来越多的人们在理性上有了对大学理念的思考。第三，主体是自由的人。自由人为了知而追求知识，并不以某种实用为目的，只有这样，大学理念才是为了大学自身而存在，学术才有自由的可能性。知识产生智慧并转变人的思维方式，为大学提供了赖以实现其价值的自由意识，大学理念才有被主体认识的需要。

三　大学理念建构过程是寻求知识与社会逻辑相统一的过程

大学理念应在保持知识逻辑的前提下与社会需求相契合。社会逻辑体现着社会转型及其运行的现实轨迹，社会对理念的制约作用并不

---

① 《马克思恩格斯选集》(第一卷)，人民出版社 1972 年版，第 35 页。

② ［法］爱弥尔·涂尔干：《教育思想的演进》，李康译，上海人民出版社 2006 年版，第 76—77 页。

是单一的机械的决定，而是通过一系列中间环节的辩证互动的，社会的宗教、伦理道德、文化理念等意识形态与经济发展需要在相互适应中实现两者共同进步。其中知识价值的显现具有主导作用，表明大学理念与其社会基础并非单向的因果决定论关系，而更大程度上是双向互构关系。

第一，知识逻辑的生命力来源于社会需求，否则即是无本之木、无源之水。因为知识必须来源于实践而又回归于实践，大学不能为探究高深知识而罔顾社会现实与社会责任，培养有社会责任感的人是大学最重要的历史使命。知识逻辑对大学理念的主导性是相对的，一旦脱离社会需求，学术可能成为“玄学”。而其推演出来的法律法规又要强加于社会，则易走向“教条主义”，妨碍大学社会功能的发挥。大学理念应当立足现实，深入实践，需要的是平等、深入地审视与认识国外经验与理论，需要的是真正的理性与良知。

第二，学术逻辑是大学理念的建构起点，应当高于社会需求，并形成一种导向，引领社会思想。知识逻辑不能只是对社会逻辑的认同与附和，大学知识的价值就在于以理性指导实践。从柏拉图的“理念论”之后，知识就是人类纯粹理性的产物，来源于不可感知的、独立于时空之外的必然世界。11 世纪，阿伯拉尔在神学中引入质疑方法，将大学带进理性思考的模式中。大学在漫长的时间中完成了理念建构的初始过程，它的基本方法就是寻求知识的逻辑。在德国社会转型期，由于自由性知识和国家利益成为“硬币的两面”，德国大学坚持以知识的逻辑构建大学理念：通过文化的自我保存建立德意志民族精神，将国家利益与大学目标相结合，既重视理性又反对理性至上主义，大学理念既强调学术自由和排除国家干涉，又标榜大学自主的目标与国家相一致。

第三，大学知识逻辑与社会逻辑关系的实质是凸显“人”的价值。人既是政治、经济的主宰者，又是大学的主宰者，人通过大学强有力地影响经济，[①] 大学理念作为人类精神生产活动需要基本的物质

① 张楚廷：《高等教育学导论》，人民出版社 2010 年版，第 45 页。

条件，但社会物质条件本身更依赖于精神文化活动的程度。人类自身改变了经济生活，而知识是人自我实现的工具，人的思想为大学理念提供了现代化的动力，这显现了大学非功利性的本质。总之，大学理念应在坚持知识逻辑的基础上，保持与社会逻辑的主体性、目的性的契合。

第二节　社会转型：大学理念建构的外部动因

社会转型对大学理念具有显著的冲击效应与扰动效应，但社会转型是大学理念形成的外部因素而非必然的、本体性因素。尽管大学理念生成于社会变革的环境，但仅有环境因素无论如何也不会形成大学理念。社会与大学相互作用都是有条件、有限度的，一定的社会结构和生产力水平只是大学理念形成的必要条件，而不是充分条件。这是由于，社会分工对人的职业训练或普通教育的需要，甚至来自政府、教会及社会经济要求和动机都不是本质的、根本性的和决定性的因素，也不是构成大学作为学术共同体、教习的场所等理念的本质基础。大学理念作为高深知识的发源地，是依靠主体"人"的思想体系中最具活跃性的、能动性与独特性的因素而创生的。

一　政治转型通过意识形态的变革嫁接于大学理念

马克思在《德意志意识形态》中曾精辟地指出："统治阶级的思想在每一时代都是占统治地位的思想。"① 政治意识形态支配着物质生产资料的权力阶层，同时也支配着大学的精神生产。意识形态既是社会控制大学的主要手段，也是教育主权的集中体现，掌握意识形态的权力制约、引导或要求大学作出相应的知识价值选择。

作为一种复杂的观念系统，意识形态在社会转型进程中将社会行动、事实与关系加以合法化，为大学理念与行动提供了变革动机。马克斯·韦伯在《新教伦理与资本主义精神》一书中提出促进资本主义兴

① 《马克思恩格斯全集》（第三卷），人民出版社1972年版，第52页。

起及其发展的重要例证就是政治意识形态，这种意识形态与技术进步及经济结构一样，也是导致社会变迁的决定性因素，在新的意识形态挑战了原有大学理念与制度安排，引发了大规模的教育改革。尤其在统治型社会结构中，大学理念的合法性通常取决于政局的态度。如罗马帝国直到1346年，第一所大学才出现于布拉格，虽然该城市地处神圣罗马帝国的东部边境，且那里有许多经济力量雄厚的德国城市。大学迟迟出现的原因也许在于，“德国社会中占统治地位的阶层对此没有给予充分的支持或反应冷淡”。

大学实际上一直是充满政治争论的机构。不可否认，政治意识形态或多或少地已成为大学理念的一部分，体现着大学的社会责任。大学在获得国家与社会支持的同时，影响政治意识形态的因素也不可避免地成为大学理念的干扰性因素。然而，政治逻辑与大学逻辑有着本质上不同，非权力因素在大学中占重要地位，而政治逻辑倾向于权力因素。作为被组织起来的大学，无法保持思维方式的弹性，一旦用政治思维来改造大学，大学理念就有可能失去自身的理解力和独立性。

政治意识形态对中国大学的影响更是深刻而持久的。尤其是新中国成立后在意识形态的重建过程中，彻底颠覆了“为教育而教育”“劳心与劳力相分离”和“教育只能由专家领导”的思想，大范围掀起了专业知识教育浪潮。无可否认，意识形态的渗透有一定合理性，但必须清楚地意识到，意识形态本身不能取代教育理念，大学教育应当具备一定的思想独立性。

二　经济转型是大学理念现代化建构的客观条件

大学理念有它产生的思想根源，同样也有它变革的物质根源，即伴随着人们生活的经济条件以及人们的社会关系和政治关系的改变。但是，不能简单地将大学理念与经济转型的关系作线性思维和形式化的理解，二者的关系因经济运行机制不同、结合方式不同，与大学理念的关系也不同。

（一）经济转型与大学理念在同时态上是依存交换关系，在历时态上则是一个运动的过程

经济对大学理念的影响并非决定性的，而是有限的、有条件的，需

要在特定社会结构下认识。恩格斯曾在《共产党宣言》的序言中指出："每一历史时代的经济生产以及必然由此产生的社会结构，是该时代政治的和精神的历史基础。"① 一定的经济条件为大学提供办学资源与条件，使大学有闲暇思考认识问题，但简单地将经济置于大学理念的决定性地位，将经济视为大学理念本质属性的话，则是本末倒置的，会走向唯物质主义。知识与经济都是人的产物，经济生产力的状况取决于人，人的需求决定了知识与经济的发展向度，人的精神活动独立于经济的发展，大学理念并非经济的附属品。

第一，在以土地为核心的前现代社会，经济交换活动的产生刺激了社会分工的形成，大学奠定了培养高级专门人才的基本性质。大学理念产生于经济相对落后的西方中世纪时代，而当时正值中国经济发展强盛的唐宋时期，可见，古代经济的世界性地位并没有实现中国大学理念的现代化转变。这里有三个重要因素：一是当时物质生产中知识与精神的含量较低，人们对大学的认识水平不高；二是传统中国社会一直采用以中央集权管治为主、乡村自治为辅的政府管治模式，知识的发展主要缘于经济利益的考虑；三是中世纪大学理念形成的重要经济背景是城市化，城市化在促进经济增长的同时为大学思想的自由活动提供了闲暇与条件。但中国城市化发展严重滞后于经济水平，如果不消除城乡之间的各种壁垒和促进教育公平，大学与经济发展的促进功能必然十分有限。

第二，在以资本为核心的转型社会，经济对大学理念的影响主要依赖于自由市场内在价值观的渗透。1820 年，中国国内生产总值占世界总量的 28.7%，同年的美国仅占 1.8%；当时中国尚未出现现代意义上的大学，而美国已有了哈佛（1636 年）、耶鲁（1701 年）、普林斯顿（1746 年）、密歇根（1810 年）等一批世界一流大学，已产生了"威斯康星理念"，直至 1861 年，美国社会转型期已建立了 800 多所学院。这表明经济发展本身并非影响大学理念的本源性因素，而真正作用于大学理念的是西方经济制度背后的自由、理性的文化价值观。随着市场理性的建立，知识的交换价值日益显现，知识成为核心资本而被商品化，大

① 马克思、恩格斯：《共产党宣言》，中央编译出版社 2005 年版，第 6—7 页。

学出现学术资本主义。

第三，在以知识为资本的现代社会，大学理念和经济的关系开始更大程度上与人类需求相联系。这是由于，随着科学知识的渗入，知识成为直接生产力，“高等教育成为人类资源的生产性投资”① 对个体有更高的收益率。生产力的增长水平作为教育发展的基础与前提在现代社会中越来越明显，但经济结构的变化并非理念变革的决定性因素，而是通过改变知识生产活动目的与知识内在结构作用于大学理念。社会对物质生产的依赖转向对知识生产的依附，这不仅意味着知识资本和人力资本在社会经济中的核心价值，还意味着未来的大学理念必须体现人的知识生产能动性。

（二）计划经济不可避免地使大学理念成为计划体制的一部分

新中国成立后，计划经济成为主要经济运行制度，政府按计划进行资源配置。计划经济对中国大学理念带来了三大重要影响：①由于社会人才需求计划依社会经济发展计划而决定，政府按照社会分工要求而设置相应的管理部门，分属各部门的大学被要求根据特定行业进行设置，从而造成大学教育系统的条块分割、重复设置、效益低下等一系列问题，反映到大学理念上则导致“专业教育”的泛滥。由于专业设置过窄，所培养出来的学生知识面不够宽，全面素质不够高，面对千变万化的社会发展需求，缺乏足够的灵活性和适应性。②大学及其理念不可避免地成为整个计划体制的一部分，这就规定了政府在大学理念运行中的基础性作用，大学缺少自主办学的权利和理念自由生成的空间。计划经济运行机制本质上是一种自上而下的“行政掌控模式”，大学必须严格地按指令性计划办事，高校的专业设置与发展要求等都由国家计划所限定，极大地抑制了大学理念主体的主动性、积极性和创造性的发挥，甚至造就了大学依附型人格和官本位意识。③如果仍然用计划经济的管理逻辑、思维与办法来进行改革，恐怕还会加强“计划经济的堡垒”的力量。中国大学的学术、教学工作的组织、领导方式，仍是计划经济时

---

① ［美］伯顿·R. 克拉克：《高等教育新论——多学科的研究》，王承绪等译，浙江教育出版社 2001 年版，第 12 页。

期搞计划指标、群众运动的方式。如规定在某个时间内“实现创建世界一流大学的目标”，这本身就是一个“计划指标”，其结果只能是把这样的“赶超计划”变成“形象工程”“政绩工程”，这是用对发展工农业生产的方式来规范学校教育，是根本违背教育、学术发展规律的。

（三）市场经济对大学理念建构的影响具有两面性

市场经济不仅仅是资源优化配置的经济运行体系，也并非简单的利益交换，这意味着打破了社会关系对大学的束缚，赋予大学以更大的主动性和能动性。市场经济使大学理念从专注知识本身转向知识的实用价值。市场通过资本的积累，促进知识的交流，进而对人的观念体系产生作用，影响大学理念的性质与方向。同时，大学需要公共部门的支持，尤其是经济资助，而大学则通过提高个人的知识技能和多方面的素质，从而增加就业机会，提高其劳动生产率和经济收入；通过知识创新、知识传播和人才培养，提高整个社会的劳动生产率，促进社会经济发展。市场经济对大学理念的影响是辩证的、双向的，体现在：

一方面，市场理性为大学注入开放自由的活力。利用市场力量促进大学与国民经济的关系是转型期大学理念的重要特征。市场经济把对人身的依赖转变为对物的依赖，个体成为资本的所有者，成为独立的知识活动主体，使大学真正建立起具有普遍性的广泛社会联系。一定的经济体制制约着主体对象化活动的深度和广度，从而规定了主体意识的时代水平，一定的经济体制确定了理念主体同经济的联系方式，从而规定了理念主体社会交往的程度，并从根本上提倡平等自由的观念，更有利于高扬大学的主体意识与独立品格。法国作为典型的集权制国家，控制着高等教育政策、法规、计划、财政等各个方面。即便如此，法国非常好地利用了市场力量，也是国家高等教育运行机制中国家与市场力量最强的一个国家。例如，法国既可根据国民计划指导大学招生，并统一规定招生政策和要求，但至于大学每年招生数量、招生办法等由大学自己决定，大学仍拥有一定自主权。而其他市场经济国家中的大学，大多根据市场上高等教育消费者数量与大学自身的承受能力来确定招生量，导致国家计划预测与实际招生数通常有较大出入，从中可见市场的调节力量。

另一方面，在市场经济条件下，大学理念总是或多或少地受到经济理性的影响，高等教育作为一种投资回报性的预期收益改变了大学教育的目的与理念，但也使“营利性大学”理念不可避免地存在于大学思想体系中。大学正在告别纯科学的学术场所，成为“学术资本主义”（Academic capitalism）的企业化机构。中国社会转型是以经济体制的转型为启动点的，这表明经济变革对中国大学理念的冲击力远远超乎其他西方国家。中西方传统社会都经历了自然经济阶段，但西方自然经济的解体伴随着经院知识对主体性张扬，并在理性主义的关照下有效化解了工业社会科学知识的冲击。而中国社会在几千年自然经济作用下，形成了自然主义与经验主义的思维方式和存在方式，造成了自觉理性的丧失，大学与经济主体之间的交往封闭局限，强化了政治权威的作用，使社会的经济秩序维系在依附关系和等级关系之中，大学的独立人格始终无法生成。

三　文化转型是大学理念现代化变革的先导

从教育与经济、政治、文化的关系看，一种社会制度特别是经济制度带有相对稳定性；政治变化则往往急剧而强烈，常陷于无序之中，政治、经济大多通过思想意识与政策导向等方式影响大学，因而是间接关系；而教育是文化化人的活动，与文化直接相关。就这个意义来讲，大学理念正是需要以文化为依托，发展主流文化，同时允许社会非主流文化的存在，促进学术思潮的繁荣争鸣，保持大学自身的知识理性。

1. 文化是大学理念建构的历史根基

中国近代大学之所以成就辉煌，与五四运动掀起的新文化风潮息息相关。蔡元培等正是借“文化”转型之东风，破旧立新，在传统与现代、中学与西学的价值冲突中坚持科学与民主的文化选择，在中国大学肌体中迅速注入现代文化元素，对各种学术思潮“兼收并蓄”。即使在民族危机的时代，社会仍在有识之士的坚持下，有选择地借鉴了符合教育规律的西方理性文化。梅贻琦在《大学一解》中说：“今日之大学教育，骤视之，若与明明德、新民之义不甚相干，然若加深察，则可知今日大学教育之种种措施，始未能超越此二义之范围。”[①] 然而，近代以来的中国却面临着国家政治经济的全面重组和更为复杂的艰难转型，尤其是战争与政治运动带来不可弥补的文化断层，中国知识传统的优越性并未得到大学的广泛赏识，而作为西方大学传统之根基的学术自由又被视为颇受争议的问题。中国大学教育理念与社会转型所表现出的集中、剧烈而复杂的特殊性有着密切关联。

历史证明，当大学理念封闭僵化，对外来文化持全面否定态度，完全依赖于政策指令时，其理念发展趋于向心性萎缩，从而失去弹性；当整个教育理念完全是外域转换而来的，对民族文化持全盘否定态度时，大学发展将失去根基，抵御不住外来文化的任何冲击；当教育抱着既植根于民族文化土壤，又全面开放的态度时，理念才可能获得较高弹性，最终促进大学健康发展。从变革起点看，文化与思想上的启蒙运动总是先于社会行为，大学理念的转型总是先于社会转型。文化作为知识的基础，是整合大学与社会关系的先导。

2. 文化转型是大学理念与社会转型的原动力

从发展社会学来看，大多数非西方不发达国家实现现代化的道路之所以充满了曲折，一个基本的原因就是这些国家开始现代化转型时只实行了经济现代化或政治现代化，也就是说把现代化只做了经济或政治方面的理解，而没有从整体上特别是从文化上全面认识现代化，以至于遮蔽了社会发展的原动力。经济层面几乎全球趋同，政治层面也在逐步走向世界性。但文化形态的差异是保持各个社会形态不同的根本原因和基本标志。帕森斯在分析不发达国家未能实现现代化时，也指出了文化系统的制约是重要原因。在他看来，文化属于社会的最高层次，它对社会的经济和政治结构起着整合和统率作用，没有文化这一深层结构的转变，大学转型是不可能顺利实现的。

规律表明，处于社会转型期的大学理念更为丰富、集中，思想的分歧性也更为突出。由于转型带来阶层分化和利益重组，传统权威不断流失，新的社会权力开始转移，传统社会的因素和痕迹在不断地减少和淡

① 梅贻琦：《大学一解》，载杨东平《大学精神》，辽海出版社2000年版，第69页。

化，而现代社会的结构和机制尚未充分形成和有效运转，整个社会价值观和利益结构上发生着深刻变化，原有的思维认知模式不断被打破，知识的不确定性和分散性促使大学理念的创造性在转型期集中爆发。从社会政治、经济、文化转型对大学理念的作用方式看：①当社会结构中的政治转型占主导地位时，大学理念受政治干预而向国家主义转变，过于直接地承担着巩固政治地位和提升国家实力的历史责任，压制了大学独立发展的空间；②当社会结构中的经济转型占主导时，大学理念保持了一定程度的开放和活力，而又不可避免地承担过多的经济职能，工具理性的泛化使大学失去了知识创新的阵地；③只有当社会结构中的“文化转型”占主导时，大学理念才可能形成以文化为内核的价值体系，回归到以文化为使命的理性选择视域之中。

第三节　社会与知识的博弈：大学理念建构的权力基础

在不同社会形态、不同知识传统中，大学与社会、知识的结合方式不同，权力关系不同，所培养的人才目标不同，大学理念的建构基础也不同。一定的社会制度与权力形式会产生相应的知识形态和文化样式，权力以宏观和微观兼备的方式渗透到社会公共领域，这意味如果要理解知识与社会的关系，就无法避开权力这一核心。知识与权力的联系程度对不同社会结构中的大学理念作用方式不同。这是由于，知识是因人的使用才变成权力，社会转型的动力来自人，人的行动力源自精神世界，只有在人的理性的作用下，大学理念才能成为引导社会转型的重要力量。笔者认为，根据知识与社会的关系，历史上大学理念的建构大体可分为四种模式：知识权力一体化关系模式、协作联盟式关系模式、有限分散型关系模式与对称自反性关系模式（如图 5－1 所示）。

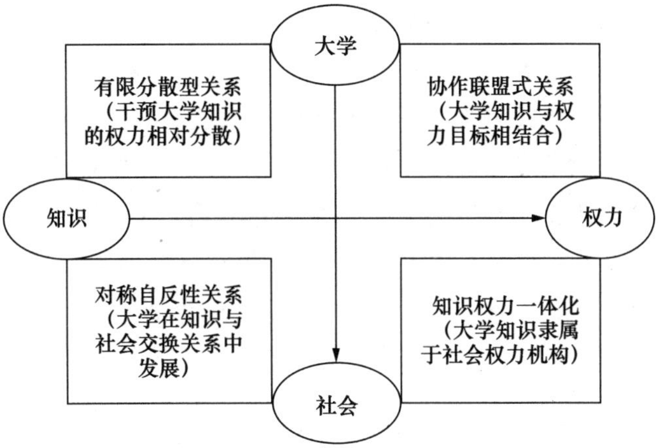

图5－1　大学理念的四种关系模式

一　在前现代社会，知识与社会呈“权力一体化关系”，大学理念因社会系统化要求而成为意识形态的阐释者

前现代社会主要呈一元统治结构，社会成员在情感、意愿、信仰上有高度的同质性，形成了超稳定的单极形态。在这种结构下，知识与社会具有典型的权力一体化关系：社会权力不仅具有改变知识与信念的功能，甚至能够改变整个生活世界，知识的传播主要在特定范围内进行，由于抑制社会流动范围而延缓了社会转型。在这种关系模式下，权制高于一切，大学知识论与政治意识形态之间保有紧密的联系；官僚结构通过规划与行政手段促成大学理念的变化，大学充当政治意识形态甚至社会行动的中心，是等级最明显的关系；大学理念的运行方式主要是自上而下，结果通常会削弱政治当局对教育实践问题变化的敏感性。

在前现代社会，知识与社会联系的纽带表现为建立在群体相似性基础上的“集体意识”，即社会成员具有的信仰和情感的统一。西欧中世纪时，教会势力完全控制着大学。大学的教学内容、教学方法、教学形式等都受教会的影响。教会注重知识的解释和阐发，以人文学科知识（神学、逻辑学等）和实践知识（法律和医学）为主，而不探寻新的知识。知识分子垄断了对教育和世界的解释，当他们成为一个完全组织起来的集体性的解释者，就会给大学模式加上一种教条的约束力量，并以此鼓励这种理念中隐含的本体论和认识论，造成大学自我封闭、学术研究不受重视、大学内部管理混乱等问题。中世纪后期学术自由与大学自治遭遇来自统治者的挑战，如原本赋予巴黎大学的免税权、司法权和师生罢课权分别在1437年、1445年和1449年被迫免去。一元社会结构中的权力集中如此显著，以至于成功地加强了理智和信仰的统一性。这种垄断式大学理念通常是学术性的，它们的产生缘于大学自身对系统化的需要，这种系统化需要把大学的前提归于既定的传统和理智的自由。

中国前现代社会与集中型社会阶段大体属于结构单极的社会，权力均单向联系并最终受制于政治权威。这种纵向为主的结构强调主体间的等级和从属关系，具有以下特征：①意识形态通过知识维护政治权威。如古代以科举制将知识、社会与教育相联系，以皇权为核心的传统意识形态在中国根深蒂固。中国大学的出现缘于社会阶级的分化与脑体分离，中国传统知识分子长期依附于官僚体制，而使理念缺少认识论传统。②高度集权管理，中央政府拥有最高管理决策权，统一配置教育资源，各地政府对所辖大学实行高度统一管理。行政机构以垂直的方式将统一的知识标准运用于大学，并以行政命令方式加以推行。③由政治掌握教育理念的话语权。大学作为政府机构的附属部分，自治权威较弱。尤其在集权型社会，要求将它对世界的解释作为一种特权，达到政治社会化的目的。在曼海姆看来，这种知识与政治相融的结果是，“每一种类型的政治逐渐地至少在它们提议接受的形式上被赋予某种科学味道，而每种类型的科学态度也依次带有某种政治色彩。”[①] 这种高度一体化的关系模式在特定的历史条件下确实起过积极作用，但同时因其所固有的功能性缺陷也导致中国大学理念落后于社会变迁。

---

① ［德］卡尔·曼海姆：《意识形态与乌托邦》，黎鸣、李书崇译，商务印书馆2000年版，第38页。

二　在西方转型期，知识与社会主要呈“协作联盟”关系，大学理念在理性与经验之间获得统一

在西方转型社会，财产关系替代血缘关系而成为核心准则，社会结构突破原有人身依附限制，工商业阶层的崛起打破了传统单一社会结构，孕育出十分有活力的内生因素——城市，形成了典型的城乡二元结构。一方面，当时各个主要政党在福利国家、混合性经济结构方面已达成一定共识，意识形态的分歧及其革命式动员方式在此宣告终结，取而代之的是目标的一致性；另一方面，由于社会分工带来社会的高度分化，人与人之间的功能依赖关系越来越强。相应地，知识与社会的关系转向“协作联盟”关系：社会通过获得知识而强化权力，知识通过权力在社会中得到传播，二者相互依存、相互促进，随着社会分工的加大而形成了一种支持联盟，具有迪尔凯姆的“有机团结”社会特征，是具有相互依赖、风险共担、利益共享性质的关系模式。

西方知识与社会的同盟关系具有国别差异性，这取决于不同国家对知识的态度。①法国大学与社会需求结盟。职业教育最早出现在法国，这是由于法国大革命以后，新兴的资产阶级对高级职业人才的需求迫切，而以往的古典大学不能满足这种需要，促使法国大学提出“知识为职业做准备”的核心理念，强调大学的中心任务在于使学生获得良好的职业技能。在这种背景下，从 18 世纪中叶开始陆续出现了新型高等专业学院——“大学校”，主要从事职业教育。此后，职业教育理念开始流入欧美诸国。1804 年拿破仑下令建立一种行政机关式的“帝国大学”，提出大学“忠于皇帝、忠于帝国政策和遵守天主教教条”的三原则，强化了大学与社会需求的结盟。②德国大学将知识与文化国家结盟。政府将教授群体视为国家主要同盟，[1] 在国家危机时刻利用大学理念的力量进行社会建设，承担起以国家主义为目标的科学研究职能，“教学与科研相结合”的学术教育理念在德意志民

---

① ［英］杰勒德·德兰迪：《知识社会中的大学》，黄建如译，北京大学出版社 2010 年版，第 62 页。

族意识形态上也扮演着重要角色。[①] 相对于法国的知识与社会责任结盟而言，德国模式更大程度地获取了政治的信任与资源。③英国大学将知识与宗教信仰联盟，政府部门传统上很少享有权力，大学一直被特许为自我控制的自治机构，知识权力主要掌控在“学术寡头”手中。在牛津大学、剑桥大学转型的趋动下，一直倡导自由教育的英国大学不得不与地区产业合作，形成了“联合大学”“市民大学”“地方大学”“科技大学”“多科技术学院”“开放大学”等。[②] 正是知识与权力的结盟才保障了学术自由更小程度地受到国家干涉。④美国大学将知识与民主生活结盟。美国大学除了取法欧陆大学理念外，与联邦政府的关系日益密切。从服务社会到产学研合作，大学在承担政府委托的大型科研项目上所表现出的功用，催化了美国政府与私人基金对研究型大学的捐赠与合作。

由“协作联盟”关系所衍生出的学术组织类似于支持联盟性质，而非单一体制，大学理念的知识传授、生产与应用都是相互联结的。大学与市场、国家关系结盟的两个前提性条件是：第一，各要素单位不同的目标至上，相互之间主要是准正式的协作。大学及其内部学科拥有自己的信念体系、活动方式和学术传统，保持大学组织“松散联合的平坦结构”,[③] 而不受过多外界干预。第二，达成思想共识，建立合作契约。西方社会的转型也是从身份社会到契约社会的过渡，契约社会是一个平等、反特权、反专制的社会。契约是法律赋予大学争取实现权利义务平等的最主要的手段，从根本上保障了大学与社会的同盟关系。

---

① J. Ben-David and A. Zloczower, “University and Academic Systems in Modern Societies”, *European Journal of Sociology* 3, 1962 (1): 45-84.

② 这一时期的英国最突出的市民大学包括曼彻斯特（Manchester, 1880）、伯明翰（Birmingham, 1903）、利物浦（Liverpool, 1903）、利兹（Leeds, 1904）、设菲尔德（Sheffield, 1905）及布里斯托尔（Bristol, 1909）等；地方大学如雷丁（Reading, 1926）、诺丁汉（Nottingham, 1948）等；科技大学如约克（York, 1964）、肯特（Kent, 1965）、兰卡斯特（Lancaster, 1964）等。见郭为藩《传变中的大学》，北京大学出版社 2006 年版，第 23 页。

③ ［美］伯顿·R. 克拉克：《高等教育系统——学术组织的跨国研究》，王承绪译，杭州大学出版社 1994 年版，第 17 页。

总之，在西方转型期二元结构中，社会分工强化了对自由、民主、平等价值观的追求，知识被赋予一种权力色彩，社会对知识价值的关注使知识成为权力的一部分，大学理念也成为权力纷争的产物。可见，处于转型期价值冲突加剧的时代，大学理念的理想特征就是实现知识与社会关系的结盟，尤其是思想的结盟，这种协作共享的关系所产生的理念契合了社会结构松散分化的特征，并实现了与国家、市场之间的利益共存。

三　在中国社会转型期，知识与社会呈“有限分散”型关系，大学理念是政治与市场双向制衡的产物

中国社会转型启动以来，传统中的一元强制社会结构被打破，新的社会因素不断萌发，而由于原有知识结构中的保守因素依然存在，新旧知识的融合与中国特殊的社会转型背景相联系，且中国的城市兼具了政治中心和军事中心的功能，由政府牢牢掌控。中国社会的“双转二元结构”形成了不同于西方的“有限分散型”模式：原有单一社会结构被打破，但尚未形成稳定动态的新结构，知识与社会的关系一直处于博弈状态，造成社会认知结构的分离，同时导致客观事实与价值观的分离、理性与信念的分离、知识分子与专家的分离、传统与现代性的分离。在结构适度分散的同时，权力仍相对集中，由于知识的积累成为增加权力的筹码，对知识资源的掌握成为社会控制的主要手段，因而这种关系模式在控制上主要仍是一元的，只是被割裂成了若干不同单位，各单位原有着不同的目标，而又为共同的目标保持一种正式的联系。

中国无序型社会与管治型社会的大学理念都具有“有限分散型”特征。在这种关系模式下，大学理念对知识的选择并不完全是客观、中立的，总要受制于权力因素，社会权力机构要求大学提供特定的知识，因而大学理念总要考虑权力阶层的利益。

（1）在中国无序型社会，社会处于知识与文化领域不断分裂、专门化和理性化的时代，政治权力不断削弱与分化，以致形成多中心的多元无序社会。权力的分化使知识在政府力量与社会其他组织之间寻求依托，中央权力走向式微的同时，地方权力开始扩大，尽管其他社会子系统能相对独立，但由于这种自发性缺少必要的保障机制，因此社会肌体是比较脆弱的。早期的中国大学本身也还是较小的机构，有能力利用传统对知识的需求来使大学理念合法化。但随着大众高等教育的兴起和社会需求的增长，这种能力就显得较为牵强。

（2）中国管治型社会大体经历了“行政主导型二元结构”和“市场主导型二元结构”[①] 两种类型。管治型社会本质上应属于法治型社会，要注重调节政府、市场、社会、民众各方面的利益与诉求。社会分工虽然能够动态扩展，但是政府机会主义造成分工的扩展被打断、停滞甚至倒退，形成的是动态不稳定的“有限分散型”关系：知识既根植于传统，又高度分散，任何个人或集团都不可能完全掌握所有的确定性知识，要求创造出满足复杂社会需求的思想和理念。20世纪90年代，管治型社会中的大学所置身的社会环境已发生了根本性变化，大学由于体制与制度的先天性安排，难以自在地与社会、市场进行有机的融合，大学理念的转型已经是内外矛盾发展与演化的必然结果。[②] 从外部看，随着社会的分化，公共权力逐渐向其他领域转移，但由于惯习的作用，理性化与科层化作为社会分权进程中的一部分，阻碍了行政权力向学术权力的让渡。从内部看，大学知识分化与学科的专业化使教学与科研的关系日渐疏离，学术权力的选择开始取决于科研，而洪堡理念中关于知识本质上与道德一体的关系遭遇解体，大学理念也失去了更高层面的精神启示意义。

管治型社会中的大学理念，应首先考虑学校教育内部的因素平衡，如行政权力与学术权力、科研与教学的关系等。中国无序型社会是短暂的，权力一体化或一元化是长期的，“管治”或“法治”是正在探索的建构方向。作为一个后发现代化国家，为了动员一切社会经济和政治资源，政府力求将权力渗入到社会的各个角落，与其说大学赋予了知识精英以教育权威，不如说是更有效地追求公共目标的工

① 孙立平：《转型与断裂：改革以来中国社会结构》，清华大学出版社2004年版，第114—118页。

② 席升阳：《批判与期盼：社会转型中的中国大学》，《自然辩证法研究》2007年第5期。

具。在管治型社会，民间社团与市场力量不断介入，国家权力开始重新赋予社会一定的自主性。大学、知识与社会三者之间由原来的高度一体化向着各自相对自主的分散结构转变，但结果是导致社会整合程度不高，难以凝聚核心信念。在这种结构中，如何用中国特有的方式处理好市场、社会、政府与高等学校的关系是大学理念建构的关键。

四　在现代社会，知识与社会呈“权力交换”关系，大学理念的变迁依赖于人的理性选择

随着市民社会的发育，西方现代社会逐渐向着“市民、国家、市场”三元结构转变，重组后的社会权力既分散又对称，呈现出典型的“交换自反性”关系的特征：权力和知识开始相互渗透、互为合法性，知识越来越拥有权力，权力越来越依靠知识。[①] 从性质上看，这一关系模式属于“社会选择”结构：大学没有包括一切的目标，利益各方追求各自的目的，在选择时相互竞争而又有共同的意图，大学理念是各院校间自愿选择、竞争与模仿的结果。

现代知识与社会的交换自反性关系形成因素在于：这种模式包含较多社会选择或市场的相互作用。西方学者林德布洛姆曾从社会角度提出，市场体制中的“交换”不仅是改变事物所有权的方法，还是控制行为和组织人与人合作的方法。[②] 大学既依赖“权力”，又依赖于市场“交换”法则：大学系统越松散，对交换法则的依赖性就越强。这种关系模式下国家体制范围逐渐缩小，而市场作用正在加强，形成了一种非控制型关系。

西方各国从“同盟”关系向“交换”关系过渡的程度不一。英国自1965年以来，知识开始从与市场联盟走向与国家结构紧密联合的关系。日本院校之间相互竞争激烈，知识具有典型的市场特征，但在国家权力影响方面，西方国家分权趋势非常明显。美国大学理念的自主选择并非主要基于市场，而是基于政府管理的分权，赋予大学较

---

① ［美］伊曼纽·华勒斯坦：《学科·知识·权力》，生活·读书·新知三联书店1999年版，第52—54页。

② Charles E. Lindblom, *Politics and Markets*: *The World's Political Economic Systems*, Newyork: Basic Book, 1977: 33 - 34.

大的自主权，尽管由于高等教育大众化带来的资源、管理等复杂性问题，政府也逐渐加强了秩序的协调，但权力分化仍是其保持大学活力的主要手段。自20世纪60年代到70年代开始，西方大学权力已呈现出从松散安排向着一种更为严密、范围更广的关系转移的倾向。而在高度集权的国家，大学理念的变革通常被视为脱离严密控制的运动，关于市场带来的“社会选择”，通常被视为对行政权力的威胁而不被接纳。事实上，大学可以从国家、社会与知识活动的相互选择中得到不同程度的补偿，以避免任何一方的失误带给大学的影响。美国学者斯梅尔塞通过对美国加利福尼亚州公立高等教育的研究，得出了以下结论：“在小而简单的高等教育系统中，国家有能力对知识进行控制，而当一个系统发展并更为复杂、庞大时，尽管最终权力仍属于国家，但必须将操作权力下放各层。”① 在现代社会结构中，大学面临的使命更加深奥复杂，目标模糊不清，没有哪一个集团或个人能足够了解各地不同的任务和问题，只能通过非官方手段，将协调工作委托给较为宽松的联系，交给“社会选择”机制来进行。

在知识与社会“对称自反性”关系下，西方大学与国家之间的关系开始失去稳定性，而转向与资本主义靠拢。高等教育大众化潮流正在全世界普及，大学资助方式、知识的获取与分析渠道日益多元，人们的认知方式与知识分子的身份也发生了巨大变化。以精英教育、寄宿制和“离群索居”为特征的盎格鲁—撒克逊模式正在被更为开放、与社会联系更密切的北美与欧洲模式所取代。② 在现代社会里，社会的旨趣已不仅仅是对学术的追问，随着市场化的取向，人们日益把在劳动力市场中具有可操作的、可计算性质的、具有使用价值的知识类型置于优先考虑的地位。③ 大学因其包含更多促进文化与社会变革的动力，迫切需要为国家承担社会整合的任务。

① Neil Smelser, Gabriel Almond, *Public Higher Education in California*, Berkerly: University of California Press, 1974: 129.

② ［美］安东尼·史密斯、弗兰克·韦伯斯特：《后现代大学来临?》，侯定凯等译，北京大学出版社2010年版，第2页。

③ 毛亚庆：《高等教育发展的知识解读》，《教育研究》2006年第7期。

第四节 知识存在价值：大学理念建构的核心要素

现代价值哲学之父洛采认为，“只有价值领域才是一切的目的”[①]。价值观是知识观形成的基础，知识观是价值观作用于大学理念的中介。大学不仅是知识的加工厂，还是一个以传统经久不衰的价值观为基础的复杂机构；不仅是知识的守望者，也是价值观、传统和社会文化的守护神。[②] 在大学领域，只有参照与价值结构相关的具体环境，才能理解某种大学理念的存在。

一 知识理性与社会理性：大学理念矛盾变化的实质

大学理念的建构过程也是价值冲突与选择的过程。知识本身就蕴含着大学内部矛盾运动的“胚芽”，同时，社会转型面临着新旧价值标准的转换和理念的认同危机。正如学者孙正聿所言：“在社会转型的过程中，必然伴生着价值范式的重建，由此便引起普遍性的价值观念的震荡与困惑”，[③] 人们对未来不确定性因素增加，需要将价值反思的过程作为一种内在参照，推动价值观的重构。整个大学理念史基本上是围绕着大学存在的合理性、存在的价值及发展道路而展开的，可概括为认识论与政治论的高等教育哲学的论争，体现了理性主义与功利主义的冲突、消长与融合。究其根本，无非是围绕着知识理性与社会理性两大核心要素展开的：

一是以政治论哲学为基础的社会理性。其特点是：①强调大学的社会属性，寻求“经验”的知识，认为人类所有的知识都来源于社会，真正的知识就是对外部世界的忠实反映，科学的观察和实验是获得这些知识的最可靠的途径，主张经验主义价值观。②认为大学知识

---

① 袁贵仁：《价值学引论》，北京师范大学出版社 1991 年版，第 6—9 页。

② ［美］杜德斯达：《21 世纪的大学》，刘彤译，北京大学出版社 2005 年版，第 35 页。

③ 孙正聿：《哲学通论》，辽宁人民出版社 2000 年版，第 268 页。

的存在价值在于服务社会，强调大学的外在价值取向，承认大学与外部社会环境的相互依存关系，突出大学教育的“职业性”与“社会性”。③坚持大学教育的目的是发展人的职业技能，要求把大学的培养目标与社会发展的需求相结合。如法国倡导“知识为职业做准备”的现实主义价值观、美国“知识应用于社会”的实用主义价值观等，认为大学不能脱离社会而独立存在，走向社会是大学理念的合法性条件，提出大学必须服务于社会发展，成为世俗社会的驱动力。

二是以认识论哲学为基础的知识理性。其特点是：①强调大学的知识属性，寻求“理智”的知识，关注知识形成中的逻辑成分，认为知识的存在价值在于知识本身，只有通过理性认识获得的知识才是真正的知识，主张理性主义价值观。②强调大学的内在价值取向，将大学与教育的本质相联系，坚持大学理念只能从知识本身的逻辑去寻找，突出大学教育的“学术性”与“自治性”。③认为大学的基本目的是培养人性，发展人的理性，要求在大学与经济及社会环境之间保持一定距离。转型期英国“知识本身即为目的”的人文主义价值观坚持大学“是一个传授普遍知识的地方”，坚持纯粹性的高深知识是大学理念的逻辑起点，反对狭隘的专业教育，职业训练；德国则倡导一种“以知识理性为原则”的理性主义，追求“自由”和“理智”的知识观，立足于大学的原初性目的批判现代大学的社会化转型，从而在维护国家利益的同时维护大学固有的知识传统。

“知识理性”与“社会理性”的博弈贯穿了整个大学理念的内在矛盾运动。社会理性（工具理性）则是知识理性（价值理性）实现的手段，是为知识理性服务的；大学的知识理性在很大程度上通过满足社会理性而呈现出来，社会理性必须遵循知识理性的精神，否则将导致对知识理性的偏离或背叛。知识理性的根本意义在于，协调社会责任与教育理想的冲突，在秉承教育基本逻辑的基础上，使社会放弃一些非合理性要求，逐渐认同并接受新的理念。然而，中国大学一直缺少必要的知识理性，蔡元培移植德国理念时，曾希望通过重建国家文化的思路挽救晚清以来的社会危机，但由于无法发挥文化凝聚力，大学始终难以通过知识垄断来获得合法地位。清末与“文化大革命”

时期两次大学理念的断层破坏了学术肌体的自然秩序，“为学术而学术”的传统文化备受遗弃，在知识功利主义侵蚀下，大学逐渐远离了价值目的。

二　科学知识与人文知识的对垒：大学理念价值冲突的表现形式

知识固有的内在矛盾机制触发了知识分化运动，推动大学理念的价值冲突。人文知识造就了理想主义，强调“闲逸好奇”和人文精神的价值，推崇学术的非功利性及学术活动的相对独立性；科学知识造就了功利主义，强调科学精神与学术的实际功用，认为知识只有投射到外部的政治、经济中才能获得自身的价值，其理由是，探讨深奥的知识不仅出于闲逸的好奇，还因为它对国家有深远的影响。大学理念正是在价值辩护中实现了变革与创新。

第一，西方大学理念的分歧主要表现为自由教育与专业教育的对峙，以“通识教育”为和解方式。

大学的知识最初源于两种传统：一是以信仰为核心的神学传统，二是以理智为核心的形而上学传统。西方知识传统中“信仰”与“理智”的矛盾、“科学知识”与“人文知识”之间的内在矛盾在古希腊大学“七艺”课程中有所体现：前“三艺”（文法、修辞、逻辑）侧重于语言与思维学科，即人文知识；后“四艺”（算术、几何、天文、音乐）侧重于自然学科，即科学知识。① 可见，科学知识与人文知识较早就孕育着冲突，尽管古希腊教育试图将二者和谐地结合，实际上仍有“重三艺而不重四艺”的问题。② 随着社会的变迁，知识内部矛盾斗争也逐步展开，推动了知识与大学理念的分化。中世纪末对神学信仰的动摇最终爆发了“唯理论”与“唯实论”的争论，对理智的推崇和达尔文主义的渗透促使知识内部的矛盾转向“理性”与“经验”之间，形成了转型期的自由性知识，科技发展对“经验”价值的推崇导致工具主义与功利主义，大学理念在“自由与责任、多

---

① 王道俊、郭文安：《教育学》，人民教育出版社 2009 年版，第 135 页。

② 瞿保奎主编，陆亚松等选编：《课程与教材》（上册），人民教育出版社 1998 年版，第 46 页。

极与整合、功利与学术”等诸多矛盾之间徘徊，在人才培养上主要表现为自由教育与专业教育之争。

自由教育源自古希腊的传统，强调教育的理性内容，认为教育的内容就是发展人的理智。早期的自由教育是少数“自由人”的特权，“七艺”中前“三艺”（文法、修辞、逻辑）是一种永恒学问，因为它们“本质上是自由的。”[①] 正如纽曼所言，“自由教育本身仅仅是发展理智，它的目标就是获得杰出的理智”[②]。自由教育在20世纪被建基于柏拉图提出的永恒人性的假设基础上，即人性本质上是理性的。因此，自由教育就是要抽绎出无时无地不相同的共同人性，强调为知识而知识，坚持“求知是一种具有自身合理性的活动，因此，知识本身就是一种报答”，[③] 认为大学知识价值在其自身，排斥带有强烈功利目的的教育。然而，随着社会对科学知识与专业需求的不断加强，自由教育显然已不合时宜，这一点在转型期英格兰与苏格兰的大学理念分歧中可见一斑。

专业教育包括综合性的学术教育、单科性的专业教育和职业教育。专业教育中的“专业”包括专门的学业和专门的职业两层意思，前者缘于知识的分化，体现着知识的逻辑；后者缘于社会的分工，体现着社会需求逻辑。中世纪大学由文学、医学、神学、法学等专业学部构成，在某种程度上主要为专业教育。18世纪中叶，法国开始兴办“大学校”，从事高等职业技术教育，强调“知识为职业做准备”，大学的中心任务在于使学生获得良好的职业技能。1794年11月28日，法国成立巴黎综合理工学院（École Polytechnique），建立第一所为公共工程服务的大学。此后，职业教育理念开始流入欧美诸国。专业教育既可以是职业性的，也可以是学术性的。因应社会需求的变化，在专业教育理念的基础上，产生了职业教育理念和学术教育理念。在专业教育理念盛行的同时，古典大学培养理智的自由教育日渐式微。专

① ［美］约翰·S. 布鲁贝克：《高等教育哲学》，王承绪等译，浙江教育出版社2002年版，第78页。

② 同上书，第76页。

③ 同上书，第79页。

业教育对大学的影响在于：第一，导致大学知识庞杂与课程混乱；第二，知识仅局限于那些与经验、传统或国家有关的部分，学科与课程的经验比重上升，但无助于大学知识的积累和创新；第三，导致人才片面发展，剥夺了大学存在的合理性依据。永恒主义者赫钦斯对此痛斥不已："职业主义通过功利或结果的压力剥夺了大学为自由追求真理提供场所的借口。"①

为缓和矛盾，西方大学主要以通识教育作为自由教育与职业教育的和解物。通识教育为大学各知识、专业、学科提供交流的基础，把大学联结成一个有机整体，有助于智力美德的养成。② 美国学者博耶提出，"学科之间的桥梁必须建立起来，而通识教育的核心计划最终应被看作为是课程与生活的密切联系。"③ 可见，通识教育强调知识的融会贯通，旨在克服大学学术上的分裂和专业化。在西方大学，加强通识教育主要以设置综合核心课程为可行性方案，以语言、艺术、渊源、制度、自然、工作、认同七个领域为学术框架，包括最基本的知识、各个学科之间的联系，以及这些知识的应用，④ 使理智与人类共同经验联系起来。

第二，中国大学理念的分歧主要表现为科学教育与人文教育的对峙，以文化素质教育为和解方式。

中国的知识传统具有伦理性特征，大学理念最早体现了"道"与"艺"的冲突，"学"与"术"的冲突，二者的冲突都缘于科学知识与人文知识的分裂。由于知识传统的不同，中西方大学理念对价值冲突有不同的呈现方式与和解方式。

儒家思想中的"道"指的是伦理道德与宇宙自然规律，"艺"指的是才能、技艺。⑤ 在"道"与"艺"的关系上，孔子曰："志于道，

---

① 单中惠、杨汉麟：《西方教育学名著提要》，江西人民出版社 2000 年版，第 432—433 页。

② 同上书，第 435 页。

③④ ［美］欧内斯特·博耶：《美国大学教育——现状·经验·问题》，复旦大学出版社 1988 年版，第 106 页。

⑤ 儒家的"道"与道家之"道"有着原则的不同，但主指人文知识。

据于德，依于仁，游于艺”,[①] 重道轻艺的思想非常明显。陆九渊则指出“艺即是道，道即是艺，岂惟二物，于此可见矣”[②]，一语道出科学知识与人文知识原为一体的认识，但中国古代对“道”偏重某种程度上制约了科学精神与科技的发展。自近代西方科学知识引入中国后,“道”与“艺”的关系演变为“通才”与“专才”的冲突，实质表现为人文教育与科学教育的矛盾。科学教育思想于18世纪上半叶传入中国，在新中国成立初“以俄为师”的运动中，美国通识教育与苏联专业教育相结合，在政治高压下形成“对口式”、极端性质的专业教育，即按产业部门设置学科专业，让专业与职业直接挂钩，强调功利性的实用技术；主张以“知识教育”为中心，强调分科教学，教师主导教育过程，以经验授受为主要内容。人文教育关注人的心灵和精神的培育，而中国大学专业教育是以一种人为地压抑社会对文科人才的需求为代价来满足社会对工科专业人才需求的行为，不利于学生创新思维，很大程度上束缚了学生的主观能动性，人格发展与道德品质的形成也会失去自觉性基础，导致人才素质的偏狭。

针对大学实际问题，中国大学提出“文化素质教育”作为科学教育与人文教育的和解物。“文化素质教育”是汲取欧洲自由教育、美国通识教育基础上的中国本土化创新，具有自己独特的内涵和品质。文化素质教育与通识教育既有区别，又有联系。从性质上讲，二者都是面向大学生的非职业和非专业性教育，目的都是为了培养全面发展的人。从构成要素看，文化素质教育强调教育过程中的知识、思维、方法、原则和精神的统一，注重知识的提升和内化；通识教育强调的是学科知识的整合方法和价值,[③] 注重知识获得和吸取。从实施形式来讲，通识教育主要是一种教育类别和模式，与专业教育相对应和补充；文化素质教育主要是一种教育理念、观念，更具有本土特色与思想价值，是针对中国大学存在的“重理工、轻人文”的弊端提出的，

---

① 见《论语·述而》。

② 见《象山全集·语录》。

③ 杨叔子、余东升:《文化素质教育与通识教育之比较》,《高等教育研究》2007年第6期，第1—7页。

更符合中国大学发展需求。

第五节　人的主体发展：大学理念建构的根本主旨

赫钦斯曾说过，大学教育的目的在于培养人的优秀性，在于使人成人。大学教育“视生命为终极目的，并非工具。因此这种教育是自由人的教育，其他种类的教育或训练都把人作为实现其他目的的工具，如赚钱谋生等，并不以人为终极目的。[①]

一　人是大学理念建构的永恒主体

从大学理念的形成主体看，主要生成力量有两个：一是政治精英，国家权力掌握者通过控制大学教育巩固政党的统治地位；二是知识精英，他们是代表国家权力意志的少数知识分子，以哲学家与思想家为主。在他们看来，只有思考才能达成真理。大学在历史上之所以能在知识与社会关系变革中始终享有特殊的自由和权力，无不是知识精英与世俗抗争的结果，反过来，这种抗争很大程度上又改变了知识与社会的关系。

在任何社会中，大学中的人——知识精英都是极为重要的群体，绝大部分大学理念都由他们所提出，这正是高深知识赋予的力量。受过高等教育的知识分子有望成为国家经济精英和政治精英，拥有较高的社会威望，能够发挥个体教育理念的影响力。作为世界大学之源头的中世纪大学没有任何显而易见的物质存在的属性，而正如帕拉奎所言是“由人建成的”。[②] 历史表明，大学理念能够通过知识分子来影响政治观点。大学知识分子表面上并不直接参与政治争端，而政治家通常由知识分子来担任。早在中世纪，巴黎大学的教授为当时的核心

---

① ［美］罗伯特·M. 赫钦斯：《美国高等教育》，汪利兵译，浙江教育出版社 2001 年版，第 70 页。

② 转引自［美］查尔斯·霍默·哈斯金斯《大学的兴起》，梅义征译，上海三联书店 2007 年版，第 2 页。

政治问题“阿维尼翁”与罗马教皇职位分割问题提供了专家的意见，直接影响了欧洲政治与教会分裂的冲突，① 来自大学的经院思想在宗教改革时期就深刻影响了教会活动。19 世纪的德国不仅通过科研促进国家建设，还通过在政府问题中提出建议和思想引导国家政治发展。相应地，国家则在社会中极力倡导知识分子的专业地位，高度重视理念转型、教育改革在国家政治结构中的首要地位。

正如恩格斯所言：“坚持从世界本身来说明世界。”② 生活在高深知识群体中的人，没有人比教育学界精英更懂大学教育。无论是政界还是商界，对大学的认识通常是片面而功利的，政府对大学的认识未必能与社会发展趋势相一致，而大学内部知识精英则最有可能对大学理念作出较系统的认识。这是由于：一方面，知识精英的社会生产活动具有鲜明的精神生产特征，本质上不以追求实用的目的，正是精神生产的特殊性决定了知识精英的独特社会地位。另一方面，大学知识精英的教育理念具有实践性和内生性优势影响社会观念的更新。大学首先是一个培育有思考力和想象力知识精英的社团，是相对独立、具有学术自由并且以知识生产和知识创新为基础的非营利社会组织，生活在大学里的知识精英更要担当起特殊的社会责任，这种责任包括创造一种终极关怀和道德伦理在内的社会价值系统。

二　关注人的主体性是大学理念的内在要求和普遍经验

从普遍的人性出发来确立理念的形成基础，在世界及人类发展的大视野中去思考教育问题，是中外大学理念发展的重要经验。以人为本的思想在西方独立于政治经济，并渗透在大学价值体系之中，强调对人的尊重与关爱，致力于对人的普遍关怀，尊重人的需求、潜能与发展的局限性，在终极价值追求上与大学理想相契合。

早在古罗马西塞罗，促使人的主体性得到最大限度发展的教育理念就开始萌芽。③ 知识围绕着人的本质、使命、地位、价值和个性发

① Charles Haskins, *The Rise of Universities* , Ithaca, N. Y. : Cornell University Press, 1965: 27 – 58.

② 《马克思恩格斯选集》（第 4 卷），人民出版社 1995 年版，第 266 页。

③ 辞海编辑委员会：《辞海》，上海辞书出版社 1989 年版，第 806 页。

展而成为教育的基本目的。①强调知识的使命是为了个人的自由全面发展。在14—15世纪的文艺复兴时期，人文主义在以反对中世纪神权统治与神学思想禁锢中发展起来，它以人为中心，重视人的尊严、人的价值，强调人的现世生活与幸福；它推崇理性，提倡思想解放，强调人的力量和作用，要求人把眼光投向大自然，探讨自然的奥秘。亚里士多德在其《政治学》中曾提出，知识和教育是专门为人的自由而设立的，它不应当具有实用性或职业性，而纯粹以“使用闲暇从事理智活动”为目的，如探寻知识不是为了知识的实用，操练乐器不是为了成为乐师，而主要是为了个人的自由。②强调大学教育具有合乎人性的目的。将全面、自由、和谐发展的理念渗透到人才培养中。古希腊时期，智者派代表人物普罗泰戈拉（Protagoras）说过：“人是万物的尺度。”[①] 这一命题在苏格拉底、柏拉图及亚里士多德等的思想中不断得到丰富与完善。康德则提出，“人只有通过教育才能成为人”，“人的天性将通过教育而越来越好地得到发展，而且人们可以使教育具有一种合乎人性的形式”。[②] ③大学理念变革紧紧围绕如何发展人、如何协调综合素质而展开。尽管西方理念史上，工具主义价值观和人文主义价值观此消彼长、交替发展，但总的趋势是后者将取代前者，人文主义始终是先进大学理念的基本价值取向。

从社会与人的关系看，任何社会需求归根结底都源自人的需求。以人类发展需求为最高目的来建构大学理念，既是大学自主性的逻辑要求，又是实现人的主体目的性要求。人的需求从权利角度看包括：生存需求、劳动需求、参与需求与发展需求等，与之相对应的基础则是“自由、平等、博爱与民主”，这些正是以人为本的价值关照。在以伦理性知识为基础的中国古代社会，思想家荀况较早就提出人性天

---

① ［英］罗素：《西方哲学史》（上卷），何兆武、李约瑟译，商务印书馆2003年版，第111页。

② ［德］康德：《道德形而上学原理》，苗力田译，上海译文出版社1986年版，第81页。

然之论，“凡以知，人之性也，可以知，物之理也。”[①] 把人从纯粹的自然生物性和狭隘的个人偏私性中解放出来，成长为一个既具有充分的社会性又具有丰满个性的真正的人的存在。

三　以人为本：实现大学理念的价值整合与共赢

历史进程中存在一种固有特点，某种理念和思想的狭隘性、局限性总会在对立的理念碰撞中得到修正。正如伯顿·克拉克指出的，“一旦某些价值观念通过职位与权力得到了具体体现，而另一些准则和目的却受到了压抑或否定，整个（高等教育）系统就会因为缺少正常的妥协而陷入一团糟的境地”[②]。任何理念本身必然包含着一定的价值取向。正如约翰·加德纳（John Gardner）所言：“在涉及思想的话题中，不存在什么中庸之说：要么我们寻求最佳的答案，要么与陈腐的陋见相伴。”整合大学与社会的关系需要寻求共同的利益目标。

从教育目的看，个人本位论与社会本位论的矛盾是大学理念价值冲突的根本所在。究竟要把受教育者培养成为既能生存于自然和社会，又能成为他自己的真正的人，还是要把受教育者仅仅培养成为知识的接纳箱，这是中国大学理念的核心问题。个人本位论认为，大学应以个人价值为中心，促进个人理智发展，完善人的个性，主张依据个人自身完善和发展的精神性需求来建构大学教育活动。为此，主张教育超然于现实的功利之外，追求终极目的。社会本位论主张，大学应以社会价值为中心，应根据社会发展的需要设计教育活动。迪尔凯姆认为，“无论在哪里，教育首先要满足社会需要，个体在各方面的发展都依赖于社会、受制于社会。”胡克说得更为清楚，“一切社会盛行的教育是为一切社会目的服务的。”

个人本位论的价值取向与理想主义是一脉相承的。美国在1828年发表了《耶鲁报告》，该报告提出，大学应注重具有陶冶性情、净化心灵作用的人文学科，尤其应注重古典人文学科；大学应培养学生

---

① 转引自潘福恩主编《荀子·解蔽：中国学术名著提要》（哲学卷），复旦大学出版社1992年版，第91页。

② ［美］伯顿·R. 克拉克：《高等教育系统——学术组织的跨国研究》，王承绪等译，浙江大学出版社1994年版，第271—296页。

高品位的人文精神和道德情操，造就精通古典文化和宗教神学的绅士，摒弃职业训练。[①] 拉察克·维迪努说，“在古希腊，一种作为强烈和持久向往之目标的理想在生理和精神上成功地塑造了人类，无论如何，教育活动和教育机构只要遵循着一个最高目的才有存在的理由。”个人本位论认为大学唯一的目的是发展人的理性思考，而不是造就生存工具。

社会本位的价值取向是功利主义的。中国教育一直倾向于社会本位。在中国文化中，一直存在经世致用的、重视功利的、实用理性的心理结构：学术是以实践为基础，倡导“学而优则仕”，大学教育很大程度上被视为进入上层社会的敲门砖，学者们“穷则独善其身，达则兼济天下”，社会对大学的认同取决于是否有助于“治道”，这意味着中国大学从来没有取得相对独立的地位，学者没有一块属于自己的独立栖身之所，学生也没有获得真正的主体地位。在这种社会本位取向中，知识只是手段，没有独立的存在价值，知识只有落实到政治层面才有意义，学问中所蕴含的社会功能要比自身的知识功能更能体现大学的价值。[②]

育人是教育的基本功能。马克思人学思想提出了“人的本性是自然属性、社会属性和精神属性的统一”的基本判断，人的自由全面发展目的归根结底要将人的本性置于社会语境中去理解。事实上，二者既相生又相克，并非相互孤立的，而应是共存的关系，追求其中一种价值而不能以过于损失另一种价值为代价。在个人本位与社会本位之间，并不存在孰轻孰重的问题。但就历史经验而言，社会本位是比个人本位更有害于社会，如张楚廷先生所言，“我们国处在极端的‘社会本位’之下，它具有破坏力，如果不是历史的教导还难以想象。”[③] 知识统一于人，知识由人创造，并归属于人。“教育的首要目的不在于谋求国家利益和社会发展，而在于发展人的理性和个性，使人成为

① 王庭芳：《美国高等教育史》，福建教育出版社 1995 年版，第 121 页。

② 参见《许纪霖》，载《智者尊严——知识分子与近代文化（第一版）》，学林出版社 1991 年版。

③ 张楚廷：《大学学术权力》，《南开教育论丛》1993 年第 3 期。

真正的人。”[①] 大学唯一的目的是发展人的理性思考，大学理念的建构要以人的价值整合实现价值共赢。

第六节　小结

审视历史是为了发现问题并对事物的逻辑关系作规律性解释。中国大学理念的变革主要是在传统模式中进行的，且理念的转变只是为了单纯适应环境的变革。一方面，学术界需要一个经过深思熟虑不断验证取得认同的过程；另一方面，大学尚未将自己转化为一个能适应未来的机构，以至于常常滞后于社会的变革。在稳定结构的社会中，由于社会具有高度统一性，大学理念的认同度较高，理念的变革渐进而缓慢；而在社会转型期，社会结构复杂而多样，各子系统之间的依存度越来越高，大学理念的变革难度将更高。

大学理念总是与社会转型同步，是社会结构各方力量的博弈的结果，是偶发性与必然性的统一。大学理念与社会政治、经济、文化的关系依赖于主体人的理性认知。第一，从大学理念与政治的关系看，国家越来越需要运用理念的力量实现其政治意图，控制大学的知识和理念。但政治意识形态的选择必然与政治家所受的教育不可分离，教育通过培养人的观念、思维方式、知识体系和价值观，间接甚至滞后地影响执政者的理念。就这个意义而言，人的思想变迁是政治变革的潜导性因素。第二，从大学理念与经济的关系看，社会经济发展为大学提供资源的同时，大学不仅向社会提供以科技为基础的经济所需的教育，而且通过人的思想变革作用将大学的文化、价值观导入经济建设实际行动之中，人的素质、观念与能力在影响经济发展中起决定性作用。第三，从大学理念与文化的关系看，大学理念创新本身就是一种文化化人的再生产过程。大学文化功能并非对所有文化都能体现，

① 扈中平：《教育目的中个人本位论与社会本位论的对立与历史统一》，《华南师范大学学报》（社科版）2000 年第 2 期。

而是有个体的自主选择成分，通过不同思想的人对文化进行扬弃和创造来进行。大学作为文化冲突的场所，只有依赖人的思想创新引发社会文化与大学理念的变革。

从影响因素看，大学理念的运行既受到文化、制度、体制等客观环境条件变化的约束，又受教育主体的选择性因素制约，这种特殊性使得现实具体情境成为大学理念的一种变量。同时，这种变量直接导致了中西方大学理念的典型差异：既包括社会基础、转型路径、外部形态等“外生性”变量，又包含认识方式、思维模式、信念取向等“内生性”变量。内因要通过外因起作用，在中国社会肌体中始终缺少学术自由的根基，两次文化的历史性断层导致社会文化变革的滞后，从而延缓了大学主体意识生长，导致大学与社会结构转型更为复杂和艰难。

从运动方式上来讲，大学理念的变革不是一个渐进的累积过程——简单提出新的理念或修正原有的理念，而是一种结构性的“动态转换”过程，一种理念向另一种理念的转变主要通过周期性运动来完成。只有当社会剧变发生时，长期居支配地位的思想范畴才能被新的价值观与思维方式所取代。作为社会子系统的大学，它的能动发展既不同于其他社会机构，也不同于普通教育，具有自身活动的特点、规律和原理。大学理念建构过程是寻求高深知识特殊的运行法则的过程。

从历时态来看，根据不同结构关系中权力要素的变化，知识与社会的关系大体形成了“一体化关系”“协作同盟型关系”“有限分散型关系”和“对称自反性关系”四种模式，显然，思想上的同盟关系在转型期能更有效地促进大学知识与权力相匹配、结构与功能相匹配。眼下中国大学更需要的是转变二元对立思维，把握大学与社会的共存方式，形成具有思想共识与凝聚力的核心理念。

从共时态来看，大学理念与社会的关系起主导作用的是人的思维与认知体系。大学理念与意识形态、文化、经济运行机制的关系表明，大学理念变革的动力源于知识交换价值的显现，知识价值的创造主要由知识分子构成的学术共同体承担，知识分子不仅在学术范围内发表自己的思想和理念，还会进入社会政治领域来施加观点。越是在转型期的无序、模糊状态之下，人的思想越具有重要的社会意义，大学才具有理智的方向感。人既是大学—知识—社会发展的共同目的，也是建构和协调三者关系的主体，从人性关怀出发是大学知识理性与社会理性取得价值共赢的基础。

第六章　中国大学理念的自主建构

一个民族有一些关注天空的人，他们才有希望；一个民族只是关心脚下的事，那是没有未来的。

——黑格尔

步入现代社会，大学已从追求高深知识的“精致型”组织机构，向着以知识为基础的社会火车头转型。21 世纪，西方大学已展现出向知识社会二次转型的趋势，然而大学理念在实践中的偏狭仍是有目共睹的，所产生的合法性危机在全球大学中具有一定普遍性。如今的大学不仅失去了往日的自信，更担心失去一度拥有的社会支持。尽管大学并未遭遇组织上的崩溃，但如果缺少理念的变革，大学虽不会在未来一个阶段走向灭亡，但也难以出现蓬勃的黄金时代。尤其是中国社会正经历着更为特殊的双重转型，面临着更为特殊的现实问题，大学理念的自主建构已经迫在眉睫。

第一节　中国大学理念建构面临的历史特殊性

大学理念有着共同的渊源，又深深地根植各个国家。不同的社会基础与文化背景下，人们对大学理念的意义、功能认识程度不同，所偏好的知识类型与思维方式不同，中国大学理念的建构首先要明确所处的历史特殊性。

一 转型路径不同：中国大学断裂的传统与激进式变革

从结构上看，中国社会正在经历一次“双轨”式转型，即农业、工业和知识社会三大形态并存，处于社会转型的“交集发展区”，三种社会形态共存所带来的问题是比较独特的：农业社会的核心是土地，工业社会的核心是财富，保障经济利益是政治的首要原则，满足较低层次的人类需求；而知识社会的核心是知识，以高技术产业为支柱产业，更关注人的非物质需求，满足较高层次的文化精神追求。由于转型的动机同时带有全球性特点，中国大学理念的变革难度将更高。

西方大学理念的嬗变虽然经过不同的社会发展阶段，但后一阶段的大学理念并非对前一阶段持全盘否定态度，而是通过渐进改革的方式，随社会环境的变革不断扩展与深化其内涵。中国社会转型自启动至今不过100余年，却经历了较西方国家更为强烈而频繁的艰难转型，转型过程中必然伴随着更为复杂的新旧理念之冲突。但问题在于，中国近现代大学在变革进程中，“左”的思想突出，对传统否定过多，而批判继承不够，导致中国大学大起大落，影响了新理念的健康而持续的变化、发展与完善。自“五四”以来，中国大学以文化转型为启动点，积极吸收先进思想，大学教育有所发展但缺少对现代性的深层认识，在接受了辛亥革命及抗日战争的洗礼后，中国大学教育现代化的探索遭到不同程度的断裂与转换。新中国成立随即爆发了一场疾风暴雨般的政治体制转型，大学理念经历了又一次革命性的新旧转换，其间受“文化大革命”的冲击又造成了致命性的历史性断层。

二 建构基础不同：中国学术自由根基的孱弱

无论是何种类型的知识，知识的品性都蕴含着自由，人们对生活世界的探索是为了自由、对精神世界的向往同样是为了自由，而高深知识活动过程本身更是离不开自由。学术自由包含从内容到形式的自由，没有自由的创造性知识就不可能有真知识。西方学术自由主要有两大含义：①教师在专业领域内享有研究和教学的自由，包括在社会领域充分发表意见的自由；②学术出版的自由，包括学术科研成果与其他著作的自由。① 由于中西方大学理念建构基础的不同，导致中国大学理念根源上的问题。

学术自由是大学理念之魂，凡是背离了这一基础的大学理念无不受到历史的惩罚。德国纳粹时期，大学自主权的破坏使学者们大批流离，学术自由遭遇冰河期，辉煌一时的德国大学自此失去了在科学上的卓越地位。特别是经过两次世界大战以后，德国专制政府加大了对大学的干预，学术自由被破坏殆尽。② 反观同处转型期的美国，悄悄继承了德国学术自由的传统，迅速取代德国，成为世界高等教育中心。可以说，离开学术自由的理念建构都无法真正立足，同样，创建大学理念的目的归根结底要有利于学术自由。

缺乏学术自由是中国大学理念的根本问题。中国历史上虽然也偶尔出现过“百家争鸣”的时代，但都未真正上升到理念高度。中国大学理念的政治论基础注定了大学对政府的依附性。尽管近代无序型社会的宽松环境曾给学术自由创造了一定空间，但很快随着党化教育的展开而荡然无存。新中国成立后，大学始终存在着行政权力干预学术事务的现象。虽然在 1998 年的《高等教育法》第十条中已明确规定：“国家依法保障高等学校中的科学研究，文学艺术创作和其他文化活动的自由”，而现实的办学中，学术自由得不到体制保障已是不争的事实。

大学学术自由的合理性在于，作为特殊的学术性组织，大学是按照高深知识这一特殊的理智材料组织起来的。美国学者布鲁贝克所言：“为了保证知识的准确和正确，学者的活动必须只服从真理的标准，而不受任何外界压力。”③ 学术自由具有不容置疑的正当性，然而，大学是意识形态争夺的场所，国家对大学意识形态的控制也是国

---

① Edward Shils, *The Academic Ethos*, Chicago: University of Chicago Press, 1983. 转引自［美］菲利普·G. 阿特巴赫《比较高等教育：知识、大学与发展》，人民教育出版社 2000 年版，第 70 页。

② Irene Gilbert, “The Indian Academic Profession: The Origins of a Trandition of Subordination”, *Minerva* 10, 1972 (7): 384 - 411.

③［美］约翰·S. 布鲁贝克：《高等教育哲学》，王承绪等译，浙江教育出版社 1998 年版，第 46 页。

家控制的一部分。从这个角度讲，政府公共权力需要依靠法律政策等途径来作用于大学理念。这种“学术控制”具有两面性：一方面，它为大学的学术自由提供资金、法律、物质、文化等各种保障；另一方面，学术自由是为了追求知识，而不是全力以赴服务于国家和民族，[①]这与政治目的本质上相冲突。马克斯·韦伯认为，传统社会的等级权力限制自由。但自由从来都是相对的、有条件的。社会需求决定大学的功用，这使得大学不可能是完全自由的，而是有限度的。一旦超越这一限度，就会导致社会失范。当前，中国迫切需要将学术自由纳入到本国文化语境中来，对学术自由作出新的诠释和制度安排。

三　认知方式不同：思维的惯习与中国大学理念本体论关涉

造成中西方大学理念差异的核心因素之一在于对知识的认知方式，这与民族文化所形成的固有思维系统有着密切关联。从大学理念的历史文化根源上看，尽管中西方知识传统中都有“道德”（善）和“理智”的因素，但二者也有显著的不同。①哲学基础不同。西方的认知思维侧重于“出世”，关注形而上学问题，追求客观宇宙世界的真理性和终极性，大学理念主要以认识论为基础，重视大学思想的超越、理想主义、人文精神等；中国知识传统的性质决定了思辨式的认知方式，由于更加重视思维与存在的关系问题，大学理念建立在本体论哲学基础上，人的认知思维侧重于“入世”，关注现世的道德知识与政治权威对大学理念的影响，重视大学的现实精神和与时俱进的变革精神。②关涉主题不同。西方强调“个体思维”，注重“人与自然”的关系，大学能够更大程度上主动追求行动与思想的“自由”，知识内容与形式之间具有高度的交互性和同一性。[②] 中国强调“群体思维”、行动与思想的“自觉”，人们对大学理念的认知更倾向于关注大学的社会角色，因而大学理念主要是关涉处理“大学与社会”的关系问题，三者之间有着内在朴素的关联，包含着伦理知识的基本元

---

① Delanty G., *Challenging Knowledge: The University in the Knowledge Society*, Buckingham: SRHE and Open University Press, 2001: 41.

② 靖国平：《教育的智慧性格》，博士学位论文，华中师范大学，2002年。

素和原始倾向，[①] 而忽略了文化认知方面。③建构对象不同。西方关注主体性思维原则，知识是对纯粹客观世界的描述或反映，造成西方大学理念成为主体意识状态的标志，同时往往又将理念的普遍有效性与人的存在割裂开来。而中国传统“知识”是一种反映不同存在者之间交往关系的实践范畴，坚持“知识”对“人”的从属性，指向具有一套相对稳定的思想方式与行为方式的人。“知识”的对象主要是“知人”（见《论语·颜渊》），大学理念的建构对象主要在人才培养，并具有本体论意义。④交往关系不同。在西方认知体系中，人与世界的交往活动不仅决定了“真知”的产生，而且决定了“真知”的内容，即人与世界的特定交往关系。西方社会关注人与万物之间的关系，而中国关注两个存在者之间的关系，因而对中国大学理念的认识主要通过实践交互作用来获得。⑤理性偏好不同。西方重逻辑，而中国重实践。西方大学具有纯粹理性特征，以理性自身的抽象发挥使生命活动与意志活动化归于知识。中国对大学理念的认知主要通过生活世界而具有实践理性特征，推崇讲求实用、具体的理性主义。

布迪厄认为，知识潜伏于认知结构中，而认知结构又与权力领域的社会群体对至高无上的权力的追求相联系。[②] 也就是说，知识本身是一种在认知意义上建构的体系。社会的转型与发展是以知识为基础的，大学理念不是简单的自我生成，而是在社会与文化环境中形成的，是与社会相关联的思想体系，是人的思维体系与现实世界的交融。这表明，人的认知方式决定了思维方式，决定了对大学理念的认同、理解程度。中国大学理念要走出固有模式，必须打破思维定式，走出二元对立的认知局限，强化对个体思维、非线性思维与逻辑思维的认知。

四　信念取向不同：中国大学理念缺少对人的主体性关注

信念是对特定哲学观的信从与皈依，是教育赖以生存发展的基本

---

① 成中英：《论知识的价值与价值的知识》，见李翔海编《知识与价值》，中国广播电视出版社 1996 年版，第 310—311 页。

② Bourdieu, *Distinction: A Social Critique of the Judgment of Taste*, London: Routledge and Kegan Paul, 1984. 转引自［英］杰德勒·德兰迪《知识社会中的大学》，北京大学出版社 2010 年版，第 21 页。

信条，大学理念来源于人的信仰，只有在信念的基础上才能体现其价值。正如涂尔干所言：“理念是不能通过立法的形式就变成现实的；必须由那些担负着实现理念职责的人去理解，去珍视，去追求。只有在法令法规得到信念的支撑时，才能与现实取得关联。”[①] 教育信念的迷失是主体意识丧失的结果。雅斯贝尔斯强调：“教育须有信仰，没有信仰就不成其为教育，而只是教学的技术而已。”缺乏信念的教育理念是没有生命力的、脆弱的。早期西欧国家对大学的信念是一种群体宗教意识的作用，随着文明的发展和科学知识的冲击，对“知识统一于真理”的信念开始通过“理性”得到不同体现，信仰与理智始终是知识与理念的内核，对大学的深层信念却并没有改变。

中国的社会信仰不同西方宗教信仰，而是几千年传统中儒家、道家文化遗留下的“道统”，只是这种信仰在当代社会被大学的功利浮躁心态所抛弃和掩盖了。由于对传统信仰的淡化，社会就没有独立的个体，大学也就没有内心独立的精神和需要，大学理念必然缺少人的主体意识。可以说，中国传统宗法伦理知识和政治权力的渗透，改变了中国的社会心态。近代无序型社会中，社会思想体系也陷入混乱之中，作为中国人信仰核心的儒家思想，如何与外来的文明融合，既获现代化大生产之效能，又获价值安顿之社会秩序，是中国社会转型启动之初关切的实际问题。“五四”之后，以伦理、美育、科学、民主等为文化主流的社会运动兴起，此后中国社会最终选择了由“主义”代替“信仰”，大学理念建构了一种以“革命主义”为主旨的民族化运动。中国大学的信仰总是含糊不清的，大学理念被反复地推倒重来而缺少持续性和稳定性。

信念的遗失造成大学理念认同感的下降，同时导致社会自我中心主义，最直接的结果是：社会以权力来垄断和规定信仰。这种权力来自各政治势力集团，通过制度与法律推动了极权型社会的进一步发育，扩大了知识与权力的矛盾，强化了大学理念的政治性色彩。经验

---

① ［法］爱弥尔·涂尔干：《教育思想的演进》，李康译，上海人民出版社2003年版，第9页。

表明：无论制度上的决策是多么英明，如果只是停留在政策文本上，而没有正确理念的驱动，那就仍然难以产生真正的效力。

五 体系形态不同：中国大学尚未普遍形成自己的核心理念

企图按一种理念满足不同大学发展的动态结构，往往是缺少可行性的。随着知识由广博到专精，每所成功的大学，都必然要从多个理念中形成有自己标志性的核心理念与个性特色。那些行走在现代化前列的大学正是尊重规律、独辟蹊径、在合理定位的基础上形成了自己的核心理念，才开辟出自己独特的发展道路。大学核心理念对高校办学起着统领、定向的作用，对学校的发展至关重要。

世界一流大学的形成和发展固然有多种因素，但起基础性作用的却是独具特色的大学核心理念。一些世界名校正是借助核心理念的力量，才最终从名不见经传的普通学校一跃跻身于世界前列。同样，芝加哥大学只比中国的北大早建校 7 年，而建校不久就跃居世界顶尖之列，正是由于学校创造并坚持着“大学为知识力量而生”的核心理念。如原校长梅森所言，“芝加哥大学是先驱者，它要么出类拔萃，要么一事无成，它没有理由像别的大学那样”。

而近年一项中国校训文化调查的数据显示，在受调查的 256 所中国高校中，有 192 所学校的校训为“四词八字”的口号式，比例高达 75%；校训中带有“勤奋”字眼的有 68 所，“求实”的为 65 所，“创新”的为 59 所，“团结”的为 49 所，“严谨”的为 25 所；校训中包含以上 5 个词语任何一词以上的有 147 个，占到被调查高校的近六成。[①] 从内容上看，这些校训多属于大学的“非典型性特征”，体现的是一般社会机构（如政治团体）而非学术组织的目标要求；从性质上看，校训高度雷同的现象说明，许多大学一味求全求大，往往用多个概念来表述自己的理想，办学目标不清晰，缺少对大学的独立思考。这些空洞的口号和标语，对大学的指导基本是空洞无力的，常常是流于形式的，甚至是置身于大学之外的。

① 《中国大学校训文化调查》，《江南时报》2004 年 12 月 4 日第 17 版。

第二节 现代化进程中的中国大学：重建共同体

当前，如何与知识、社会变革保持一致是大学理念建构的核心问题。随着产业结构日趋现代化，我国已具备了现代化社会阶层结构的基本构成，社会流动日益开放，新的精英选择机制导致社会结构发生巨大变化，社会结构中间层正在壮大，农业劳动者正向其他社会阶层流动，经济精英与政治精英成为社会精英层的两大支柱，中间组织处于暴发式增长过程，市场经济体制基本框架已经形成。但是中国第三产业还不太发达，第一产业比重过大，市场化程度还有较大提升空间，中国整体社会结构变迁仍处于现代化进程中。

从西方国家现代化进程看，社会经济水平、教育发展与社会结构基本是匹配的，高等教育强国的建成也是高等教育现代化的结果。我国高等教育在大众化进程中，迅速发展成为世界第一高等教育大国，站在了由大向强的新起点上，加快推进高等教育现代化进程是首要的战略选择。现代化作为人类文明的深刻变化，既是一个过程，又是一种趋势。尽管现代化的具体目标会随着社会的发展而不断变化，并呈现出多元文化的个性，但其核心都指向“世界先进水平”。对大学而言，现代化包括大学教育的普及化、高质量、治理现代化、国际化、信息化等，每所大学都在积极探索不同的现代化路径，但其关键是“提升质量”这一核心。

一 以育人为己任，回归大学人本价值

现代社会是以人为本的社会，所生成的知识具有主体性、交往性和整合性等特点。知识的应用与创造最终靠人的文化生成来实现，这是知识社会的基本向度。一方面，随着信息社会知识互动性的增强，解决社会问题更大程度上靠各学科知识的融会贯通；被工业社会分化了的知识越来越显示回归整体、回归人性的要求。另一方面，教育的本质是社会功能与本体功能的有机统一，既要促进生活世界的有机发

展，又要促进个体自身的不断完善。个人发展是社会进步的前提，应以受教育者为本位，注重人的主体实践性。

第一，知识、大学、社会的关系意义归根结底是对人的世界与人性作最本源的界定。亚里士多德认为，一切技术、一切规划以及一切实践和抉择，都以某种“善”为目标。由于实践是多样的，技术和科学也是多样的，所以目的也是多种多样的，但所有事物的出现都是为了寻求一种终极的和自足的东西：至善的人性。人是历史和社会的创造物，但每个人又都是创造历史和社会的人。知识的本性是与道德、真理、自由等范畴相匹配的。因而雅斯贝尔斯提出，人的回归才是教育改革的真正条件[①]。知识回归于人的合理性在于：揭示了人类活动（包括大学教育活动）的前提、背景与主旨，同时用生活世界即人的最基本的生活方式来审视与评价人类活动。人始终是大学、知识、社会关系合目的性与合逻辑性的统一。

第二，现代化进程中的知识具有回归人性的特征，包括“道德”与“自由”两大内核。一方面，知识具有内在的“道德伦理”原则。知识与道德自成一体，按照蔡元培先生的看法，“大学乃载知识之车而寓道德之舍”。要求大学坚持以“人”作为理念问题的出发点和归宿，从而在价值领域中确立了“人是目的”这一根本立场。另一方面，知识的首要品性是自由。人是自由性的存在，人的行动构成了人的一切（即人本身），人的选择决定着所有事物的价值。以人为本反映了“构成人的超越性和主观性的关系”。[②] 既包括人的主体地位和主观能动性的凸显；也包括肯定人的价值、维护人的尊严和实现人的自由；要求大学追求“学术自由”与“道德统一性”。

大学理念回归知识统一性的“真实动机就在于价值信念的回归和

---

① ［德］卡尔·雅斯贝尔斯：《什么是教育》，邹进译，生活·读书·新知三联书店1991年版，第69页。

② 萨特：《存在主义是一种人道主义》，载周煦良译《萨特哲学论文集》，安徽文艺出版社1998年版，第134页。

重建”。[1] 知识的演化蕴含了一种新的思维取向，它从过程、创新的角度来审视人的文化本性，体现出思维范式的转型：确立教育的人本意识与生命意识，关注人的生成的动态过程，以及对现实教育的纠偏。社会是主体的、生成的、实践的社会，从根本上讲，是人的世界。

“回归人性”的内涵包括：①教育的根本主旨在于促进人的全面发展，在生产力发展的基础上尽可能地满足多数人的文化需要，启发人的自主性、自为性、能动性与创造性；强调对人的本能和潜能的关怀，使人克服异化而使完整的人性得到恢复。②强调大学教育的整体性与对人类发展的终极目的性，人是目的而不是手段，要求实现“人的真正价值”，大学理念要从人的社会属性与自然属性出发，把人当人看，尊重人、爱人。大学教育的目的在于通过某种符合人性化的教育实践方式，使人成为他自己，成为自然意义上的健康生存、社会意义上的充分发展、精神意义上的独具个性的人。③人的发展与社会发展是互动的，要立足于现实生活，立足于当代中国的走向和国际背景，紧紧抓住以创新精神和实践能力为核心的全面发展个性素质培养，使人成为社会历史活动的主体，不断创造适应人类生存的新世界。[2] ④强调大学理念的本质是其“类本质”，人是自我教育、自我发展的主体。大学理念的主体性是理性，而理性的主体是人。大学理念作为一种人的自我意识，是大学自我生成和历史发展的哲学表达，要求大学遵从社会与个人发展需要相结合的辩证关系，所培养的人既是个体存在的人，也是社会意义的人。大学、知识与社会建立思想共识，走向基于人的概念、以人为基础、以发展人性为终极性和自足性的关系是实现这种共赢的最高原则，其他价值都应服从于这一终极目的。

第三，回归人性首要的是尊重个性。人的发展非常复杂，是一个生活与生长并进的过程，是一个“给定环境”与“自我选择”“自我

---

① ［德］尤尔根·哈贝马斯：《交往行为理论：行为合理性与社会合理化》，曹卫东译，世纪出版社集团 2004 年版，第 95 页。

② 王道俊、郭文安：《教育学》，人民教育出版社 2009 年版，第 70 页。

建构”相互作用、相互转化的过程，是发展的各种因素相互制衡、相互协调的过程。人的发展具有顺序性、不平衡性、阶段性、个别差异性与整体性，[①] 创新人才应该是知识、能力、素质全面提高、协调发展的人才，素质的养成首先依赖于扎实的文化基础，取决于个体知识结构与思维认知程度。

洪堡关于现代大学“科学达至修养”的真正含义是人格全面形成。大学作为价值主体的文化传递者，始终与人不可分离。一方面，从人类的活动总体看，人的活动所追求的根本是人自身的生成、发展和完善，教育活动的根本目的在于人。另一方面，知识是人成为世界主体的内在依据，是大学成为社会主体的根本依据。人有着出自本能又超越本能的专属于人的认知能力和改造能力，才具有了世界主体的资格。而这种资格的确立，又是通过人对自然的认识和改造，与人对社会的认识和改造及其结果来实现的。

回归人性要求大学由模式化教育向个性化教育转化。个性化教育是面对独特的生命个性，通过适合每个独特生命的手段，发掘个体生命的潜能，促进个体生命自由发展，成为“真实生命的个人”。[②] 基于对教育真谛的深刻领悟，近年来，华中科技大学文华学院在国内率先提出并开展“个性化”教育：立足“生本”教育、基于和谐教育、突出自我教育、体现渗透式教育，将个性化教育贯穿于学校教育的全过程，渗透到家庭教育、社会教育、学校教育的方方面面。[③] 这一理念不仅适应了高等教育大众化的诉求，更有利于创新人才培养和教育公平的实现，取得了实质性的效果。个性教育强调教育目标是培养“完整的人”，形成完满的人性、发挥人的潜能，“使人回归人自己”，实现个性自由全面发展。

二　以服务公民为使命，重建社会交往共同体

培根在《学术的进展》中说过，“知识是一种公共事业”。[④] 社会

① 王道俊、郭文安：《教育学》，人民教育出版社 2009 年版，第 28—34 页。

② Latium und Hellas oder Betrachtungen Uber Das Classische Alterthum in Werke, Vol. Ⅱ, 1806: 54 - 55.

③ 刘献君：《高等学校个性化教育探索》，《高等教育研究》2011 年第 3 期。

④ Bacon F. , *The Advance of Learning*, London: Dent, 1973.

创造了大学，大学作为一个重要的社会机构也要满足社会的理性要求。[①] 大学担负社会责任的一个关键原则是：高等教育是国家公共福利的一部分，大学是非营利性的社会机构。

1. 重新审视大学优化社会结构的角色与责任

大学的社会功能被视为大学理念合法性的依据。随着知识高度综合化发展，大学理念相应地由多元分化走向整合共识，要求大学以自我超越的方式，转变自身的定位与功能。中国大学全球化背景下，若要保持其中心角色，必须发挥促进文化与社会变革的动力，重新审视在新社会结构中的角色与责任。

大学教育具有不可替代的社会分层功能与优化社会结构的功能。当前中国社会是一个金字塔结构：80%以上的民众属于社会下层与边缘阶层，中产阶级从数量来说很不发达，社会阶层的严重分化导致一系列结构性问题。按照世界现代化的经验来看，大学教育是造就中产阶级的机器，是推动代际流动的重要手段。作为人力资源生产中心的大学，应成为提升社会活动力、促进社会代际传递、整合社会结构的驱动者。

根据社会生产结构与工作活动的目的，社会对人才培养的分类大体包括学术型、工程型、技术型和技能型四类。从功能划分看，研究型大学与职业技术院校的培养定位相对清晰，分别主要培养学术型与技能型人才；而地方院校主要与工程型、技术型人才相对应，培养应用型人才。当前，国家加快转变经济发展方式、实施创新驱动发展战略，需要高等教育进一步优化结构，实现发展战略性转变。从外部环境看，经济社会生产方式加速转变升级，从根本上讲即“转方式、调结构、促升级”，要求高等学校提供数以千万计的高端技术人才。从产业升级类型看，现代服务业占60%—70%，其次是制造业25%—30%、农业5%—8%等。社会经济结构变化决定了未来社会对人才需求转向“高端制造业、现代服务业”，服务经济时代的主导活动是服

---

① Patricia J. Gumport, *Acdemic Restructuring in Public Higher Education: A Framework and Research Agenda*, Stanford: National Center for Postsecondary Improvement, 1998: 111.

务，主要工具是信息，社会需要大量社会生产发展第一线的高层次应用型人才。

在迈向高等教育强国进程中，中国既需要建设一批世界一流学科和一流大学，更迫切需要大批教学服务型大学等应用型特色高校，培养与产业结构相对接的创新创业应用人才。然而，由于高等教育内部结构不够合理，占中国大学总量90%的地方院校面临着严重结构性失业、结构性不对接和结构性不吻合的矛盾。这需要从根本上解决“两个适应”的问题：一是适应地方经济社会发展的战略重点、产业转型升级和公共服务发展需要的高层次应用型人才的迫切需求；二是适应高等教育内涵提升与特色发展的要求。市场倒逼机制迫使大学对外要主动对接市场需求，与社会经济社会结构相互对接；对内加快优化学科专业结构、师资结构与培养类型结构，突出人才培养特色与不同层次、类型的大学相互协调。

2. 以服务公民为己任，建立公共选择机制

服务公民是大学理念的基本追求，即通过大学与公众的交流，满足公众对大学教育的多元化需求，寻求相互理解与共识，建立以人为本、全民共享的教育理念体系，突出大学教育均衡、公平、人本与理性的发展观。

随着大学与生活世界的结合日益紧密，大学担负的公共责任越来越多，参与公众性事务的程度也越来越高。如今，大学几乎向所有社会组织与个人开放，且公民对大学的需求是终身性的、多元的，大学服务的公众利益范围不断扩张，社会公众已经成为大学重要的利益相关者，要求大学服务于同公众直接相关的公共事务。正如约翰·S. 布鲁贝克指出的那样，如果大学拥有大量的为社会服务的知识，但是缺乏把这些知识用于实践的决心和责任感，那么公众就会认为大学是无用的。大学只有通过提供更高质量的教育服务来获得公众的认同。服务公民的基础是满足多样化公众需求。要求大学转向关注公民切实的教育需求上来，培养人的社会责任感。大学要通过强化学生的社会责任认知，增进社会责任认同，引导学生自觉担当社会责任，从更长远层面履行大学的社会责任。通过积极对话，获得公民对大学文化价值

的认同，实现大学与人、大学与社会之间更广泛的互动合作、交往共存与资源共享，形成全社会共同参与大学建设的新局面，在更高层面上拓展大学“服务社会”功能。

为了保障社会服务体系化、制度化，公共选择机制将成为中国大学的自觉选择。公共市场的介入主要是形成大学与需求相结合格局，发挥市场经济中的理性作用。20 世纪七八十年代以后，西方大学在科技革命的浪潮中表现得异常活跃。最引人注目的是“斯坦福—硅谷模式”和“剑桥—科学园模式”的出现和推广，表明了大学与社会合作关系的新变化，即大学不仅是为社会提供服务的知识组织，同时也是知识型社会的决策者、组织者、管理者和知识产业的经营者。在这种机构中，所有的管理者和教授们“既被公共部门雇佣又日益独立于公共部门，既是来自公共部门的内部充当资本家的学者，又是政府资助的企业家”。20 世纪 90 年代之后美国出现的“都市大学”（Metropolitan University）、“相互合作大学”（Interactive University）和“合作大学”（Partnership University）将大学与社会需求更为紧密地联系起来，并始终保持着利益共同体关系。可见，充分发挥公共市场机制的调节作用，不仅可以提高高等教育资源的利用效率，还能打破高等教育管理中的官僚模式，促进高等教育管理的民主化。但大学与社会需求的结盟又是有限的，教育的价值基础决定了应当主要通过公共选择机制而不完全由市场机制来实现其功能。

同时，大学与社会的关系需要采取一定的社会行动来取得权力平衡：①采取真正更具透明度的工程，使每个人能确切理解在竞争中需要哪些妥协；②使所有学生追求更有意义的学术标准，放弃每年的排名；③与各方一同寻找更有效的集体行动机制；④确立和保持相互信任关系。信任是大学与社会之间达成共识的核心要素。

3. 重建多元共治的交往共同体，推进大学治理现代化

在计划经济时期，高等教育成为了政治控制的工具，对培养创新力没有特别的需求。“钱学森之问”质问的正是现存大学制度。在信息化时代，信息传播在一定范围内撕裂了社会共识，主流价值观的分化带来的最突出矛盾是缺少社会核心价值体系。要恢复中国大学的生

机与活力，必须将改革矛头指向传统大学治理体系，重建一种大学、政府、市场“多元共治”的现代化核心价值体系。

国家现代化与大学现代化是同一个过程，因此，大学理念的目标是推进大学治理现代化，从“管大学”走向“自治、共治、善治”，完善和发展中国特色现代大学制度。这不仅是中国建设高等教育强国的战略需要，也是从理念到政策根本性转变的时代要求。现代社会的权力由财富向知识转移，“所有人类领域出现的全球性权力之争的核心，就是如何控制知识”。[①] 显然，社会核心权力将由政治、市场转向大学，三者之间的制衡与交往要求弱化政治干预。政府从微观层面的行动者转向授权者（enabler），成为大学与市场改革的中间人与协调者。

大学与国家关系上事实存在两种逻辑：管理逻辑强调政府“自上而下”的一元控制；治理逻辑强调政府与其他利益相关者通过互动建立平等伙伴关系，共同应对公共事务，这是一个“自上而下”和“自下而上”相结合的过程。[②] 大学与国家的“共治”关系是“共同协商性”而非“计划指令性”的，既拒绝任何外力干预，也适度避免了学术内部的独裁，国家主要通过市场调节和资助政策将行政力量间接转向大学。①就宏观而言，市场启动了高等教育的运作，国家通过宏观规划予以调节和干预，并以立法给予定向和保障，同时政府运用政策、决策和经济手段加强控制，保证整个高等教育系统协调运行；②就微观而言，大学被赋予一定的办学自主权，但仍鼓励师生的参与和社会的监督，使其内部管理科学、民主、开放，保持各个环节相互依存、密切配合，协调运作，保障了大学的特殊地位。西方国家则在具有高度竞争性的市场中选择一种柔性控制的管理框架，使得大学在知识结构分化进程中弱化了部分政治干预，这被视为保证大学使命的唯一手段。

---

① 陈建华：《论知识权力关系及其对教育知识价值取向之影响》，《比较教育研究》2006 年第 3 期。

② 周光礼：《中国高等教育治理现代化：现状、问题与对策》，《中国高教研究》2014 年第 9 期。

总的来看，中国知识与社会的权力关系应由集权转向相互增权（mutual empowerment）的“适度制衡关系”，并最终形成“强国—强教”的共存格局。这既要求政府所拥有的是基础性权力（infra-structural power），而非专制权力（despotic power），逐渐向民主型社会过渡；同时要求大学在与政府的良性互动中实现自治法治化。在这种思想共同体关系下，大学理念将呈现出这样一种新态势：政府放宽对知识权力的控制从而激活了大学的自由与创造能力→大学在应对其即时性环境的过程中生成规律性原则→政府尊重大学发展基本规律，担当起实施该原则的任务→在政府的推动和促进下（包括大学理念的自行传播和辐射），这些原则成为“一般性规则”，以“核心理念”保障大学的有机运行。

三　以追求真理为理想，创生思想共同体

社会是一个和谐发展的有机整体，人的完整性根植于生活的完整性。知识的高度整合是形成人的创造性的基础。科学的发展呈现出综合化、整体化的趋势，人们面对的科学技术问题、经济问题、生态环境问题等都是一个复杂的系统，只靠专门知识是难以形成的，需要综合多学科的知识进行研究。这表明知识开始由分到合，向整体化立体网络结构发展，要求大学对高度分散的知识进行整合，保持知识固有的统一性。

1. 大学应成为创生真知的思想共同体

美国学者哈诺德认为，大学的思想性规定了政府对大学公共信任的性质：需要质疑社会未曾关注的问题，有关未来的基本问题等，甚至推动社会来思考这类问题。[①] 大学独特的思想性决定了它对社会的超越性。大学不仅是保存教学、知识、技能和传统的地方，更是新理念、新思想和新知识的创造者，是汇集知识精英、认知兴趣和文化交流传播的共同体；是过去与未来一代之间讨论有意识的社会问题的批判者与引领者。这种定位将带给大学新的责任：既要担当起新的公共

---

① Harold T. Shapiro, *A Larger Sense of Purpose: Higher Education and Society*, New Jersey: Princeton University Press, 2005: 4.

使命，更要发展思想、批判思想、创新理念。

社会对大学的依存程度是如此之高，以至于大学在社会进步中居于决定性角色。而时至今日，大学保持它中心角色的能力仍是不确定的。大学要保证其核心地位，仅靠知识传授和颁发文凭是行不通的，未来更多独立的研究机构与网络信息都会传播知识。在西方，大学在社会批判性的自我反省中一直扮演重要角色，除了持续提供一些社会本身认为重要的课程以外，还提供那些社会不愿涉及的问题或观点的知识，始终保持思想的前瞻性和大学的相对独立性。因此，知识现代化对中国大学而言有双重含义：第一，社会改革的源泉越来越取决于研究与开发；第二，社会的重心越来越走向知识领域，[①] 由知识驱动的大学成为维系社会运行的中枢系统，是最具创造性思想的社会机构，是人的成就、希望、兴趣相互作用的地方，是产生智慧、萌生思想的共同体。大学只有成为社会辩论的仲裁者、社会良知的发起者、社会思想的引领者、社会改革的推动者，才有能力、有条件促进现代化的实现。

大学思想共同体的形成主要有两种实现路径：一种是显性的、直接的，即通过不断追求新思想与新知识，为社会提供创新知识成果；另一种是隐性的，间接的，即通过开发和培养人的创新思维与能力，为社会输送创新型人才，使其在各自岗位上直接从事知识创造活动，从而使整个大学成为“知识创造源”。[②] 大学需要凭借雄厚的人才、知识、信息等优势，成为新思想的策源地，通过创造知识达至完善人性的目的。

2. 大学主动在自我超越中引领社会

大学作为知识的发源不能仅局限于“适应社会”，还必须超越社会、肩负起“引领社会”的重任。引领社会表明大学要兼具功能使命与教化使命：前者指大学要创造和应用知识，利用科技手段成为经济

---

① Bell Daniel, *The Coming of Post-Industrial Society: A Venture in Social Forecasting*, New York: Basic Books, 1973: 212.

② 张应强：《文化视野中的高等教育》，南京师范大学出版社1999年版，第66页。

增长和社会财富积累的引擎；后者指大学的思想文化要为精神世界的问题服务。引领社会的实质是“智慧引领”和“理智引领”，大学作为综合性的文化组织载体和社会思想文化的批判和创新中心，是传承、创新、引导文化的重要基地，为社会发展提供精神动力、智力支持和思想保证。

自中国汉代建立太学以来，太学一直着力于培养官僚士人，太学生因深受儒家知识影响，在历史中又常成为批判社会的重要力量，曾因批评朝政而引起两次党锢之祸；宋代太学生的救国运动、“五四”时期以北大为中心的知识分子爱国运动，都可视为中国大学在历史传统中发挥的重要批判与引领功能。有学者认为，“古代中国太学教育所保存并发扬的文化理想，与帝王专制的政治现实之间一直存在紧张的创造性关系”①，而随着社会转型与政治社会化的加剧，大学在中国社会主要扮演着“智库”（think-tank）的角色，主动在超越与引领社会中赢得自身的发展：一是面向国计民生，主动帮助国家解决所面临的各种重大理论和实践难题，密切关注国际发展动态，积极开展战略研究和政策咨询，成为重大社会问题的探索者、质疑者和咨询者；二是要利用高校在文化积聚、思想独立等方面的优势，引领社会的价值取向和文化繁荣，不断提升社会文化软实力，成为社会思想的批判者和先进文化的倡导者；三是紧紧围绕新兴产业需要，发挥大学学科融合、人才配置等优势，促进产学研用紧密融合，在技术创新体系建设中加快高校科研成果转化，成为新兴产业科技的导航者和区域发展的推动者。

当然，在整个高等教育体系中，不同层次类别的大学对社会引领的作用大小有别、发挥引领作用的领域有别。一般来讲，层次越高的大学对社会所起的直接引领作用越强。但是，单讲研究型大学对社会的引领作用是不恰当的，至少是不全面的。不同层次的大学对社会系

---

① Chun-chieh Huang, “Some Observations and Reflections”, in Frederick P. Brandauer and Chun-chiech Huang (eds.), *Imperical Rulership and Cultural Change in Traditional China*, Seattle: University of Washington Press, 1994: 281 - 289.

统的辐射作用都是不可或缺的，只是引领社会的方式和领域上有所区分，但都将在社会发展中发挥重要作用。

3. 知识的世界性决定了大学、知识与人才的全球化融合共享

知识社会以全球化为突出特征。全球化作为社会安排的一种过程，是从国家区域语境中产生的。国际化要求大学理念超越国界，超越国家内部环境的影响。与此同时，大学与国家的关系也面临着新的难题：①尽管每个国家政治目标不同，大学都可能面临不同程度的资金削减，国际资本市场的发育要求参与大学办学。但我国缺少明确的旨在消除公立与私立大学壁垒的公共政策，保护私有权、知识产权的法律制度尚不健全，国家仍然希望将大学作为提高国家再生产的重要工具。②国际投机环境将促进大学与世界更广泛的结盟，与西方大学建立海外分部、招收国际付费学生等国际合作既是对本国大学的威胁，也是大学获得资源的机会。③大学理念更将趋于世界主义。尽管大学将成为独立的经济实体在全球活动，但始终有责任将不同的道德与知识能量聚集在一起，使其与本国的文化信仰保持一致。欧美大学对此的反应是：欧洲委员会（EC）制定新计划促使人们重新思考大学理念，提高合作水平，并积极创建一种“更统一”的全欧洲高等教育体制。

未来的大学理念将更具普遍性、世界性意义，更可能依赖于整个世界大学联盟，而不是某个大学机构，人才与知识将与世界共享。这里有两个因素：一是由于知识正向世界性的劳动分工转移。二是政治意识受到更多国家边界之外思想的影响，大学受全球思想与政策的影响将会更大。当前，世界各国对大学存在普遍的期望：①提高大学国际合作能力，培养有国际视野的拔尖创新人才；②加强应用研究，尤其是对国民经济发展和社会团结至关重要的领域；③通过各种方式担当经济代理商的角色，为社会提供各种专门培训，提高大学的社会参与度；④提供终身教育机会，满足更多公民接受高等教育的需求等。这种国际趋势为大学理念留出了一条可选择的路径：追求更为普遍意义的大学理念，使其符合教育与人类社会共同发展的要求。

第三节　建构大学核心理念：大学、知识、社会关系的统一

任何一次重大的社会变化，由于各种精神力量的相互摩擦、碰撞，都会造成人在心灵上失去三种东西：共识（产生冲突与距离）、程序（无序与失范）、意义（无目标与方向感）。在现代化进程中，大学要发挥社会的整合、引领功能，需要为各子系统建立一个最高理想，形成相互认同的核心价值观，而这一核心价值观必然要与社会转型、知识与大学发展的根本目标相一致。确立知识、社会与大学的“共同体”关系，需要拥有一个“参照系”——大学核心理念。

一　大学核心理念的概念与内涵

大学核心理念是指导一所高等学校发展的最高纲领，凝聚着整个学术共同体的核心价值观，是实现学校战略目标必须遵循的客观原则,体现了学校在发展进程中应该反复实践和始终坚守的基本信念。

在科学哲学界，人类思想体系被视为“强纲领”，这种“纲领”一般由硬核（核心命题）和保护带（辅助性假说）构成。依据这一划分，大学理念主要包括大学核心理念和功能理念（子理念或附属理念）。其中，“大学核心理念”是高等学校为实现特定的教育使命，依据自身发展定位和核心文化，渗透着大学核心价值取向与利益相关者的共同愿景，在办学实践中高度凝练出的该组织最高目标与理想追求，反映了指导大学教育长盛不衰的根本信条。“大学功能理念”是围绕核心理念，对影响大学发展的各部分要素、关系、问题等方面的理性认识，是对大学核心理念的诠释和延伸。

核心理念体现了“多元一体，和而不同”的思想，是大学寻求知识统一性的结果。这里的术语“一”并非作为“整数的一”，而是个

特殊的复合概念，代表的是存在物（核心理念）的唯一性。[①] 在高等教育大众化阶段，每所大学都是以分离的多样性形式存在的，“多”以“一”为前提，核心理念的建构正是由“多”向“一”不断合成的过程，即从各种理念的“合生”中抽象出来，解读着大学终极事实特征的共相之共相，并将这种基本原理与院校自身的“殊相”结合起来，使核心理念具有“复合统一性”特征；反过来，核心理念再由“一”向“多”分离出各种功能理念，使各层面的子理念“共在”于核心理念之中。

核心理念与功能理念互为存在的前提。从作用方式上看，核心理念所持的立场、观点等直接影响着子理念的建构方向和性质；从结合方式上看，大学核心理念通过“原子式摄入”使功能理念“有序地生长”，二者是一脉相承的，一旦关系错位或相互背离，则会引发合法性危机。在一定条件下，关键层面的功能理念也会导致核心理念的变化，影响核心理念的凝聚力与行动力。核心理念应辐射到大学文化、制度、管理与实践的各个方面，植入到具体办学体制、组织形式、运行机制中，延伸到高校制度层和操作层，形成学校管理理念、学科发展理念、专业建设理念、人才培养理念、教师发展理念等相互促进的理念体系。

大学核心理念除了具有大学理念的一般性质外，还具有以下特征：

第一，独有性。每所大学的核心理念都是独有的，具有个性化色彩，至少需要满足三个基本条件：易于辨识；对大学有实质性意义；展现自身特色与风格。大学核心理念应着眼于办学实际，从自己学校的土壤里“长”出来，而拒绝流于平庸和模仿，这种高度排他性能使核心理念成为高校的象征性品牌，能够吸引那些认同核心理念与价值观的人才。

第二，适用性。核心理念源于办学者的理想、信念，而其建构的

---

① ［英］阿尔弗雷德·诺思·怀特海：《过程与实在》，杨富斌译，中国城市出版社2003年版，第35页。

出发点在“问题”，不能仅作纯粹逻辑上的设定，需要综合学校自身条件与定位，考虑其现实可行性和针对性。只有针对院校根本问题建构的核心理念才有践行价值，只有经历从问题、理念到实践的过程框架的才是行之有效的核心理念。当然，核心理念在实践中的问题，教育规律要起引领作用，要坚定大学的基本立场。

第三，整合性。核心理念的包容性是指在空间上具有广泛的内涵，它的运作具有整体效应，整个大学的理念、行为和制度体系的建设都不折不扣地指向这一原点。核心理念是不同大学对自身存在意义和发展取向等理性认识的整合，能从更高层面上明确传达大学的核心价值取向，并渗透到大学组织活动的各个方面，相对于具体化、弥散化的功能理念而言更具凝聚力和兼容性。

第四，稳定性。核心理念在时间上具有恒久的稳定性。大学理念是个历史的、动态的、发展的概念，需要与时俱进、适时而变，但是核心理念仍然具有非常强的稳定性和连贯性，通常只有“继承式”和“拓展式”的变化，“稳定”与“创新”构成了大学核心理念既矛盾又同一的生命特征：既是维护大学自身稳定性的最基本条件；又由于这种稳定性而成为限制大学变革与创新的最大阻力。正是这种稳定性才展现了核心理念持久的生命力。

总之，作为大学复杂系统优化运行的纽带，核心理念能有效促进大学组织各子系统及要素间的协调运转。大学运作是否顺畅，取决于核心理念的统领功能是否强大，而这一功能的发挥最终取决于大学理性与社会理性程度的共同提高。

二 中国大学核心理念的建构意义

人与人之间的差别主要体现在精神、信念、思想等方面，大学与大学之间的差别从根源上讲则是核心理念的差异。尽管世界大学发展至今大体都做着同样的事，履行着大体相同的职能，但人们所处的文化环境不同，对大学的理解程度不一，正如耶鲁大学校长莱温断言：“世界上找不到两所同样的大学。”① 由于缺乏核心理念，我国大学在

① 参见《光明日报》2004 年 8 月 5 日。

制度建设中显示出高度同质化：一是与政府、社会组织趋同，行政化倾向严重，没有相对独立性；二是大学的制度建设趋同，没有自己的特色。因此，凝练大学核心理念十分重要。

（一）建构大学核心理念是中国社会结构系统化整合的诉求

学校教育，特别是大学教育，是一个统一的有机体。这种有机体又是与社会结构的整合需求及人们的公共群体生活紧密相连的。如今，尽管高度统一的时代已逐渐让位于具有分离特性的多元化时代，但黑格尔仍坚持认为，现代社会矛盾将重建一个统一的新时期，这种统一只要能保留对差别的包容，将是一种更高级的统一，在这种统一中，现代社会的矛盾被扬弃了——同时被超越、消除并保留下来了。[①]早在19世纪，处于转型期的德国大学就开始创新各自的核心理念，为社会培养着不同类型的人才：既有从事纯科学研究的大学，又有从事应用科学研究的技术学院，不同性质与类型的高校相得益彰，共同促进国家科学技术的发展。转型后的美国大学也如克尔所指出的，早已超越了德、英模式，而发展出自我的性格，[②]这种“自我的性格”得益于西方大学敏锐地把握了社会系统化整合的趋势，较早地创建了各自的核心理念。

在多元社会结构中，达成社会与大学之间的思想共识，需要核心理念的协调和引领。从个体性角度看，当代社会的多元文化激活了各种思想的论争，由于缺少社会核心价值体系，某种新的理念总是伴随着其他哲学派别的批判与质疑而产生。面对各种价值冲突，大学常常显得无所适从，失去了理性选择能力。从社会性角度看，知识社会中的高等教育已成为国家公民与经济社会发展的普遍需求，不同群体从各自的出发点来理解和要求大学。在如此庞大的服务对象中，人们的价值观与需求有着多样性和不协调性，且很少有人真正领会或认识大学的本质与办学规律。那么，大学若要成功地取得合法性，取决于大

① ［英］乔伊·帕尔默：《教育究竟是什么?》，任钟印等译，北京大学出版社2010年版，第110页。

② 金耀基：《大学之理念》，生活·读书·新知三联书店2008年版，第8页。

学理念能否成功地使不同社会需求协调相处，或者说，大学理念要发挥引领和协调社会价值观的作用，社会结构越复杂多样，就越需要凝聚核心价值观与核心理念。

（二）建构大学核心理念是回归知识统一性的基本要求

中国社会转型期既处于知识不断分裂、专门化和理性化的时代，也处于大学寻求知识统一原则和社会统一原则的时代。在康德看来，当大学中的一切活动都围绕着一个调控理念（regulatory idea）进行组织的时候，大学便进入了现代。现代大学与古典大学不同之处在于，大学知识获得了内在统一，这种统一性为大学核心理念提供了合理性依据。对于高度同质化的中国大学而言，每所院校都应在坚持最高原则的基础上，在办学中形成自己的核心理念。

现代化进程中知识将由分到合，最终统一于真理、回归于人。从知识演化的根本目的看，一切知识活动，一切人们所期求的其他的目的都是人性的目的，这传达着知识与人的目的相统一的实质。对于中国高等院校来讲，迫切需要重建新思想，形成具有共识基础的核心理念。英国剑桥大学之所以能在欧洲众多的古典大学中彪炳史册，就在于较早地提出了“以自由教育造就绅士”的核心理念，并据此开创了基础研究、学院制和导师制等特色，培养了大批世界级大师人才。尽管在大学发展历程中各类理念层层更迭，但能起强大推动力并形成品牌效应的只有稳定而独特的核心理念。作为整个理念体系的基础和灵魂，大学核心理念是历史价值与现实价值的双重体现，是对大学精神、文化、内涵、形象和价值的经典诠释，是大学生命力的源泉和思想独立的支点。

（三）建构核心理念是人类认识统一性的内在需求

辩证法认为，人类认识运动是主观和客观、认识和实践的具体的历史的统一。人的认识具有统一性，这是由于知识内在统一性的形成依赖于人的理性结构。“认识统一”是人的感性认识与理性认识相分离后，经过矛盾运动后上升为新的综合认识，人类认识的统一性是社会力量凝聚的基础。

当前，我国大学的主要问题不是缺乏理念，而是没有形成自己的核心理念，大学内部没有形成统一认识。大学核心理念通常隐含在大学教育的方针、制度，措施、使命、校训及精神等诸多方面，但不能简单地认为，这些就是大学理念。在理念探索过程中，主要存在着以下认识泛化的问题：把办学宗旨、使命当核心理念，如“育人为本，质量第一”；将办学方针、教育制度、办学措施当理念，如“以贡献求支持”，“教学要有针对性”等；移植国家政治理念或对公民的一般要求，如“教育为经济建设服务”等；照搬别国的大学理念，没有形成符合自己的历史、文化的核心理念；将宗教思想当作核心理念，如牛津大学的校训“The Lord Is My Illumination”（主照亮我），仅仅表明对上帝的信奉，不能等同于核心理念。大学的理念基于信念，只有那些在主流意识上发挥持久作用的、最具文化标识性的、渗透着对大学教育深刻领悟的认识才是大学核心理念。

人类意识到的任何事物，都具有一种“普遍图式”特征。大学核心理念作为一种哲学图式，应当是内在一致的和合乎逻辑的，就其解释力而言，还应当是适用的和恰当的。[①] 然而，中国大学在实践中往往受多个理念的指导和协调，由于认识上的混乱，有的学校教育理念本末倒置，将局部性的功能性理念凌驾于全局性的核心理念之上；有的各子理念之间相互矛盾，或各自为政，甚至与核心理念相背离；要么不能一以贯之，一任校长一套理念；要么仅将理念纳入形象设计，成为空洞生硬的口号，与办学行为和战略顶层设计不匹配；理念与办学实践、学生成长脱节，没有起到应有的作用，在执行过程中产生方向性错误；列举了一大堆理念，没有形成核心理念等。在多个理念之间，必须是层次分明的，需要把握一条清晰的主线，形成明确的核心理念来理顺大学的逻辑关系，否则，大学将缺少整体发展的“主心骨”，这些问题集中反映了大学办学理性认识的不足。

---

① ［英］阿尔弗雷德·诺思·怀特海：《过程与实在》，杨富斌译，中国城市出版社2003年版，第4页。

第四节　中国大学核心理念建构的基本原则

尽管大学与外部事务的关系的复杂性导致大学理念发展的不确定性，但作为世界上最古老、最悠久、影响最大的组织，大学之所以能在千年之后仍然用同样的名字、以同样的方式干着同样的事，正是由于人们对大学理念内在独特价值的永恒追求，使大学与社会、人、知识各要素之间的关系始终保持相对稳定的联结。

大学核心理念的形成绝非一蹴而就，要着眼于学校和社会未来的需要的有机统一。在不同的高等教育分工体系下，每类大学都要明确任务特点，努力寻找自身的生存空间，在坚持基本原则的基础上，实现核心理念的跨越与突破。

一　知识理性原则

大学是一个拥有知识品性与文化品性的自治团体，具有独立于社会其他组织机构的特殊身份。大学理念的知识逻辑反映了大学对社会以及人类真理无止境的探求。知识性原则有三个显著特点：一是倡导追求一种具有普遍意义上的高深学问，揭示人类生存的终极意义；二是大学理念基于知识理性（学术理性）而非社会理性（工具理性），而知识理性的本质是自由；三是大学理念既是知识活动的过程，也是知识认知的结果，大学是围绕学科组织起来的“学问之府”“知识加工厂”,① 知识性是大学教育体系的实质与核心，也是大学相对独立性的基础。作为以献身科学真理的探索和传播为志业的学术共同体，对教育内部学术事务的决策与管理享有自由，并尽可能小地受到外界干涉的权力是大学发展的基本规律。尽管学术自由从来都不是绝对的，但在学术事务的范围内维护必要的学术权力，处理好自由与自律的关系，保障科学研究的独立自主性，是大学必须坚守的最高原则。

---

① ［美］约翰·S. 布鲁贝克：《高等教育哲学》，王承绪等译，浙江教育出版社 1987 年版，第 12 页。

知识理性的基本要求是学术自由。中西方社会体制有着本质的差别，大学发展轨迹是非同步的，文化价值与知识形态更是非同质的，因而对学术自由应有不同的理解。笔者认为，中国学术自由应包括以下内涵：①中国的学术自由不仅是一种消极、被动地强调“免于干涉的自由”，更应是一种积极、主动地“求知的自由”。不仅包括教的自由、学的自由和研究的自由，同时也包括讨论的自由、成果发表的自由，挑战权威的自由、组织成员自主流动和选择研究方向与方法的自由、检验已有理论的自由等。②中国的学术自由应是以独立自主为前提的自由。我国社会主义民主政治中的自由，强调的是以大多数人的自由与权利为前提的自由，是民主集中制为前提集体主义的自由；而学术自由的基础是思想自由，主要属于个人活动的自由。这意味着行政干预必须让渡于学术自由，使大学享受相当程度的自我治理、自我发展的权利。③中国学术自由的核心应是内在精神的自由。西方的学术自由主要是基于文化秩序和制度机制而设定的自由，而中国更需要的是学术自由的内在精神与信念。学者在做出学术选择或学术结论时只遵循自己的理性判断和对真理的执着信念，而不盲从于政治、经济权威与学术、舆论权威等。④中国的学术自由是有边界的自由。中国对学术自由的理解不能与西方的自由主义相对等，更不能与人身自由、生存自由等没有边界的自由相混淆。自由是一种价值秩序和制度秩序，要受到道德、正义、制度的制约；自由是对必然的认识和对客观世界的改造，中国学术自由的前提是符合自然规律和社会规律；自由以责任为边界，责任以自由为外延。大学在享有学术自由的同时必须承担相应的责任，在法律、道德、理性边界之内自由活动。

二　尊重人性原则

知识需要人来创造、获取、使用和分享，大学、知识与社会的联系均依赖人的潜能发展。人是一切社会活动与教育活动的起点和归宿，社会转型与大学转型的共同目的都是人的现代化转型。人的创造性本质的存在，确立了人在“现实世界”的基础性地位和作用，因而人的“理念世界”也要以人为核心，体现人文关照，建立在实现主体的生命价值、提升人性、泽被人类这一基础上，将大学发展的逻辑起点与终极目标归结为人自身。

在知识社会，强化人的主体性是世界各国教育发展的共同趋势。自20世纪80年代以来，西方国家普遍对教育进行了大规模的调整和重新规划，其共同趋势是把人的主体发展放在首位，使人自身的个性、潜力等方面得到自由协调的发展。如美国在1983年4月制定了《普及科学——美国2061计划》，指出“教育的最高目标是要使人们能够达到自我实现和过负责任的生活”，在此理念指导下，于1991年4月颁布了《美国2000年教育战略》。1996年，联合国教科文组织在《教育——财富蕴藏其中》的报告中重申了一个基本原则：“教育应当促进每个人的全面发展，即身心、智力、敏感性、审美意识、个人责任感、精神价值等方面的发展。”① 2004年在日内瓦召开的第47届国际教育大会上，反复被人们提到的是“以人为本”的全球化，提出全球化的进程不能脱离人的价值，全球化归根结底是为了人。这在一定程度上代表了西方大学的未来发表目标与趋势。

尊重人性就是尊重学生差异、尊重学习与发展的个性，遵循教育规律和人才培养规律，从人格素质的完整性、知识素质的综合性、能力素质的发展性等方面予以考虑：第一，注重“知识与人性相结合”，知识与人都是大学的目的之物，应在追求真理的过程中完善人性；大学本质上是人的思想自由之物，应培养灵魂自由发展的人；整体知识是人类创造力的基础，大学应培养根植于完整世界的人；大学教育应以服务公民为导向，推动人才与知识的社会共享。第二，全面推进文化素质教育，从培养“单向度的人”向着人才素质的整全化、知识体系的综合化、教育视野的国际化、培养模式的多样化方向转变，优化学科专业、类型、层次结构，实现知识的整合效应，加强国际学术交流，健全人才全面自由发展所需的人格素质、心理素质和专业素质，形成各类人才辈出、拔尖创新人才不断涌现的局面。第三，坚持学用结合、学思结合、产学研结合。支持学生参与科学研究，培养自主思

---

① 联合国教科文组织：《教育——财富蕴藏其中》，教育科学出版社1996年版，第85页。

维与批判精神，创新教育模式与方法，强化实践教育与创业教育，在研究与实践中育人。同时要着力提高学生服务国家人民的社会责任感、勇于探索的创新精神和善于解决问题的实践能力，引导学生关注民生，培养学生的使命意识。第四，实施潜能教育与个性化教育，坚持“以学生为中心”，从启迪学生的心灵入手，真正善待学生，着眼于学生的未来发展，关注个体学习能力、个性潜能与知识完善，在“个性化教育”实践中构建大学的“创新链”，在发展理性与人文启迪中实现综合素质与教育质量的整体提升。

总之，大学教育的最终理想，是使人的“潜能”得到充分展现，个性得到张扬，人格获得自由。确立大学“属人”基调的深层意义在于：大学作为学术共同体对知识进行富有想象力的研究，提升人类文化格调，以保持知识与人类生活之间的永恒联系，最终从精神层面上促进人的发展，从而更有力地推动社会发展。大学能赋予人类最特殊的东西并不仅仅是求知、理解、使其在时空上适于国家生存与强盛的渴望，而是赋予人类追求更有意义事物的渴求。

三　兼容并包原则

检验一个国家的教育理念是否先进，最直接的方法就是看其是否包容、吸收、概括了原有的文化和理念，能否集古今中外之大成个性化创新。从这个意义上讲，真正有价值的教育理念应是彰显了大学“整体观”的哲学思想。从历史上看，中国高等教育曾经历过三次强盛期：春秋、盛唐和近代，每一次都呈现出“多元融合”“和而不同”的基本思想，体现了“海纳百川”的大学精神。先进理念大都是实践的结果和历史的积淀，是进步思想和现代文化的统一体，即现代与传统磨合的产物，也是不断超越、发展个性的结果，体现了多元与个性相结合的特点。今天，高等教育的多样化已经与地区化、职业化等共同成为“重建”现代高等教育过程的三大主题。[①] 这表明中国大学必然伴随着一系列内质性重大变化：大学核心理念与模式的多样

---

① Robert F. Arnove, Carlos Alberto Torresed, *Comparative Education: The Dialectic of the Global and the Local*, Lanham: Rowman & Little Field Publishers, Inc., 1999: 283 - 304.

化、评价体系与资源筹措的多元化、院校的个性化、人才素质的综合化等，使教育理念呈现出一种“相互包容的有序结构”。

理念与特定时代的文化认知之间存在着十分密切的联系，即只有那些符合民族文化特色的教育理念才能被赋予一定合法性。联结大学与社会的内在机理是文化，无论从何种角度出发，大学与国家、社会的关系都必须建立在文化主导的前提之上。罗纳德·伯奈特在回顾了西方大学理念的起源和发展后指出：“我们研究大学理念，必须从大学所处的历史和文化出发，并且要充分考虑大学所代表的社会利益。”①

我国古代大学以明德、亲民、止于至善为理念，作为“学者共同体”的书院有着远离尘嚣的学术自由和追求学术人生境界的传统。然而，新中国成立后的大学由照搬苏联转向学习美国，其价值取向与基本路径乃西方社会之“舶来品”，主要是“旁采泰西”而非“上法三代”的结果。这正是我国当前理念创新的困境之所在：大量移植了欧美的教育制度与经典理念，却遗失了中国古老的“大学之道”；② 借用了西方教育的“躯壳”，而没有注入西方大学的“灵魂”——自治、自由、民主、批判精神。在社会转型进程中，中国大学总急于改革以适应面临的社会变化，但在理念发展的基本逻辑框架下，大学更应专注于分析自身的传统、问题与特色，找到与时代需求相匹配的契合点。在几个世纪的沧桑巨变中，传统文化仍是先进大学理念持久不变的根基，具有一脉相承的历史价值。

大学理念既要尊重共性规律，又应有特性生长点，从而形成“兼容并包、和而不同”的格局。在这个格局中，每一个大学都有不同的特色，不同的服务面向，从整体上保证不会将某种倾向发展到极端，从而达到较为合理的学术生态平衡。对中国大学而言，眼下比任何改革都更要紧的则是对教育生态的保存精神，是以基因改造为主旨的与

---

① Ronald Barnett, *The Idea of Higher Education*, The Society for Research into Higher Education & Open University Press, 1997: 23.

② 陈平原：《大学何为》，北京大学出版社 2006 年版，第 2 页。

时俱进，以及立足实践而生长出的特色延续。

四　非功利性原则

大学不是权力与财富交织的“名利场”，而是特殊的公益性机构，应符合“非功利原则”。中国于1998年开始实行高等教育大众化以来，高等教育毛入学率从1998年的9.76%快速上升到2010年的26.5%，新增劳动力平均受教育年限达12.7年，高等教育总规模达3105万人。[①] 作为世界超级高等教育大国，政府对高等教育的公共经费支出比例却不足4%，远远无法支撑庞大的教育体系。根据资源依赖理论，被剥夺了重要收入的组织将寻求新的资源，生存的需求迫使大学不得不转向产业机构，向营利性组织转型。在社会竞争的压力下，学者们很难按自己的意愿从容地做学问，大学与外界之间的关系越来越商业化，这也是传统计划经济留存的弊端之一，显然背离了大学公益性的身份。

大学的非功利性原则体现在：①以育人为首要目标，学术逻辑排斥过多的压力与竞争，无论是权力的，或是物质的，既不能简单地将市场经济中的竞争规则用于学术，也不能简单地以市场需求来要求与评价学术，而应将对高深知识的追求转化为人的自身内在生命的要求。②大学与学者需要高度自律。知识本质是自由，要求学者按自己的兴趣与性情，在没有任何外在干预与压力的情况下，做自己的学问，同时也包含着对学术逻辑的深刻理解与尊重：学术不能急功近利，不能求速效，不能以数量计，不能“计划生产与组织”的，是在淡泊名利，不急不躁的沉稳心态下，潜入生命与学术的深处，进行自由无羁的探讨与创造。这样做出来的学问，看似无效（率），却有大效、真效。③淡化行政权力，提高行政服务能力，促进社会民主化。采用柔性管理方式，厘清学术事务与非学术事务的内容，将学术事务交给学者来决定，积极维护和倡导关系到人的生存、发展、权力与民

---

① 数据来源：根据教育部网站 http：//www. edu. cn/zhsj_ 9343 所公布的1991—2008年高等教育毛入学率以及历年的全国教育事业统计公报，1990—2000年高等教育总规模根据相关数字计算获得。2010年数据由中国网 http：//edu. china. com. cn/2011 - 07/06/content_ 22933147. htm 提供的数据整理获得。

主生活及其实现条件的基本价值观念，如公平、正义等；同时，鼓励社会力量参与办大学，共享高等教育发展成果，积极回应社会需求，为社会各领域输送优秀人才，主动与政治、经济部门及公众交流，获得更广泛的信任与支持。

第五节　大学核心理念建构应把握的几个关系维度

在知识社会，不同层次、类型的大学所承担的任务、服务的类型和功能范围不同，价值取向不同，其核心理念的侧重点也应有所差异，需要把握大学与知识、社会结合的“层次性”。不同大学与社会的联结方式不同，核心理念选择的侧重点也不同。

一　把握大学理念与知识关系的自洽性

把握大学理念与知识关系的“自洽性”，就是保持大学与知识的自相一致性。大学因知识而自洽，因自洽而自由，因自由而独立。大学核心理念的建构过程也是不断寻求“自洽解”的过程，即按照知识的逻辑自主寻求大学与知识不同的结合方式，要求大学理念根植于民族文化与大学传统，合乎办学目的与实际。把握大学理念与知识关系的自洽性是一种从大学知识内部建立起来的主体认知平衡，它归因于独立于人的主观行动的“内在生成性机制”，使得大学核心理念成为办学者认知活动的“自生自发秩序”，是一种在人的精神活动作用下形成的“自洽体系”和自然生成。

第一，营造和识别大学与知识关系的“自洽场”。每所大学都应从合理定位中寻找自洽的场域，方能求得对大学知识传播、应用与创造的广度与深度。柏林大学“教学与科研相结合”的核心理念源于德国大学推动了由知识“传授”与知识生产相统一、知识自由与国家发展相统一的变革，实现了大学与知识关系的逻辑统一；德国理念传入美国后，不同大学结合自身对知识价值的认知和需求形成各自的核心理念：在斯坦福大学主要体现在“培养和发展学生创造力”的理念中，在芝加哥大学则形成了高度重视学术的核心理念——“让知识充实你的人生”。从中国办学经验看，“哈工大”建校之初就结合军事院校的定位，结合当时知识场域的政治性特点，在办学中提出了“军事教育与技术教育相结合”的核心理念，进而提出“善之本在教，教之本在师”的战略思想，据此形成了“一中、二主、三严”的办学传统，使学校从1953年创建至1970年的短短10多年内，就一跃而成为名扬全国的著名学府，创造了中国乃至世界教育史上的一个奇迹。[①] 这一奇迹的产生固然与学校强有力的战略领导有关，但以知识为基础的核心理念起着关键作用。

第二，体现核心理念的“类文化意识”。每一类大学，与其他类型大学不同，有其自身的特色，刘献君将其称为“类特色”。[②]“类特色”指同类大学因其办学性质相近而共同具有的比较持久稳定的发展方式和独特的办学特征。核心理念也要体现“类特色”，既要与办学实际相契合，又要体现“类文化意识”。近10年来，中国大学开始形成特色意识，但主要专注于总结办学优势与特点，忽略了理念特色的创建。大学特色可分为“理念层”“制度层”和“实践层”三个层面，其中制度层与实践层的特色是显性的，也是不稳定的、易变的；而理念层的大学特色是隐性的，却是更具思想性的，是最深沉、持久、最有力量的，是发展其他特色的动力。大学的特色往往源于文化心理结构与精神传统，不同的核心理念催生了学校文化形态的差异，也就形成了不同的管理风格，产生了不同的办学效果。

第三，每所大学知识传播与知识生产的关系有不同侧重点。知识有多个层次，在大学中的分布形态不同，知识的传播方式与生产特点也不同，突出体现在高校教学与科研侧重点的差异上。知识传播（教学）与知识生产（科研）是建构大学核心理念所要考虑的中心问题。教学与科研都是多样化的概念，二者呈现出一种复杂的、非线性的关系。在不同层次类型的大学中，二者所涉及的内容不同，面临的矛盾

① 刘献君：《高等学校战略管理》，人民出版社2008年版，第142—143页。
② 刘献君：《论大学办学特色的创建》，《高等工程教育研究》2012年第1期。

与问题不同，解决矛盾与问题的方式也不同。例如：①研究型大学集聚着国家重点学科与教育资源，需要承担更多的知识创新与科技创新功能，应以学术为导向，以重大领域的基础研究为重点，在教学中研究，研究中教学，推进教学与科研关系的深度融合；②教学研究型大学兼顾科研与教学，承担一定数量的基础研究和应用研究，并以应用研究为主；③教学服务型大学关注本科教学与社会服务能力的提升，以教学研究、开发研究和应用研究为主；④教学型大学则应更多承担教学与专业训练，侧重于开展教学研究与开发研究。必须明确的是，教学始终是基础性职能，教学工作永远是学校的中心工作，科研应为教学服务。不同类型的高校，应根据实际情况，承担不同面向的教学与科研任务，形成各具功能的核心理念。

总之，大学事务的性质是自下而上、而非自上而下的，大学应成为理念建构的主体，这要求每所大学应以“自发内生”为主导，自主解决知识在大学实践中的问题。

二　把握不同大学与社会关系的层次性

社会赋予了大学理念“意义性”与“社会性”向度，尽管人们可以对大学理念不断进行自主创设，但很大程度上是对特定社会政治经济关系的确认或调整。美国学者伯顿·克拉克曾指出：“不同层次的专业培训、不同类型的、适合不同学生的一般教育，复杂程度不等的研究，所有这一切都可以因院校的分工后产生了各类相应的组织结构而得到承担。”① 在不同的分工体系下，每类大学都要选择不同侧重点，明确在社会转型中的任务特点，努力寻找自身的生存空间，实现核心理念的跨越与突破。

第一，大学的社会分工机制不同。社会结构是多元的，大学教育的类型与培养机制也是多元的。在知识社会，知识精英是创造知识、引领社会的核心力量。笔者认为，大学在大众教育与精英教育问题上，大众教育不能以牺牲精英教育的为代价，大众教育中必须要有精

---

① ［美］伯顿·R. 克拉克：《高等教育系统——学术组织的跨国研究》，王承绪等译，杭州大学出版社 1994 年版，第 307 页。

英教育的存在，二者不是对立关系，不是非此即彼的关系，而是你中有我，我中有你，相互补充与包容的关系。当前，中国高等教育大众化步伐过快、规模过大，引发出一系列深层的质量危机、就业危机、精英危机与资源危机。而与此同时，缺乏拔尖人才的中国大学在追求“一流之名”时却始终热情不减。在任何社会中，知识精英始终是推动社会文化与科技创新的核心力量，是产生新思想的主流部落。在大众化阶段，大学应同样高度重视精英教育，避免将人才模式化、平庸化，适度放缓扩招步伐的同时，把办学力量和资源集中到人才培养质量上。在多元社会结构中，每所大学都应发挥不同的优势与功能，选择不同的教育模式与核心理念。

第二，社会发展对各类人才的需求不同。发展是一个不断产生需求、满足需求的动态过程。“需求”作为大学理念的外部动力，是核心理念赖以形成的现实条件。因此，一所大学确立什么样的核心理念，应充分考虑国家在经济发展对高校的要求，全面审视高校的实际情况。只有将大学使命与社会需求有机地融合，才能促进大学与社会的良性互动，实现大学快速发展。

一个国家对人才的需求是多方面的，大学需要“努力造就数以亿计的高素质劳动者，数以千万计的专门人才和一大批拔尖创新人才”，需要各种类型、各种层次的高水平创新创业人才。依据各类大学的不同特点，研究型大学是国家高层次人才培养的重要基地，应以培养素质综合化的拔尖创新人才为主要任务；教学研究型大学兼顾研究和教学功能，着重培养学术型、应用型人才；教学服务型大学重点培养有一定的理论基础、有较强的实践能力和服务开发能力的应用型人才；而教学型高校则以培养生产、服务、管理一线的实用型技能人才为使命。各类大学都需要创新人才，但对创新人才的要求不一样，每所大学都要力争在不同层面培养高质量创新人才。

应该承认，任何时代都会因时代风气与需求所致，形成某种热门学科，如“五四”时期的哲学，20 世纪 80 年代的文学，以至当下的经济、法律等，大学教育当然应回应这样的时代需求，但不同类型的学校应有不同的回应方式。比如，实用型的职业教育可以以培养职业性为目标，而一些研究型大学就应以培养专门学术研究人才为己任。对于一些市场需求很少甚至没有任何市场效应的所谓冷门学科，尤其是对于基础性研究，虽无法由实用型大学、职业大学实施，但研究型大学绝不能也弃之不顾。从长远意义看，基础理论研究的价值是一个国家强盛之根，是指导应用型、实用型人才培养与研究的基础。大学之大，不在于规模之大，而在于思想之大，办学者要拥有独特的战略眼光和高瞻远瞩的气魄。

第三，大学与社会的结合方式不同。不同类型的大学有不同的社会服务面向，与社会有不同的结合方式，包含着一定的层次性，应根据具体情况为不同社会领域提供各种服务活动。如1885年创办的斯坦福大学，直到20世纪40年代仍是一所默默无闻的乡村学院。土库曼就任副校长后，认为现代工业发展最主要的资源是人而非物，应紧靠大学建立科技园区，提出“大学应是研究与发展的中心”的核心理念。正是在这一理念的指引下，斯坦福大学于1951年创办硅谷科技园。正如评论家们所说，斯坦福带动了硅谷电子工业的发展，而硅谷造就了斯坦福大学的辉煌。从当前中国大学与社会关系的层次性看，研究型大学是高新技术成果产出的聚集地，要以创新知识的转化、决策咨询服务、文化创新与传播、信息服务和国际交往等多种方式为国家经济和社会发展服务，引领社会科技与文化潮流；教学科研型大学主要为各省、各行业培养高水平人才，通过承担地方重大研究项目等方式服务社会经济发展；教学服务型大学应重视与地方政府的广泛合作，侧重于为地方培养各类应用型人才和急需专门人才；教学型大学则立足地方，为地方经济发展和社区发展提供技术力量和咨询服务。在知识社会，各类大学都应从自身所处的环境、优势与特色中寻找与社会需求的结合方式，发挥独特的社会功能。

三　把握人对大学理性认识的选择性

大学是认知文化的机构。[①] 存在于各类社会的大学理念和知识之

---

① Parsons T. and Platt G., *The American University*, Cambridge, MA: Harvard University Press, 1973: 148.

间的联系是由人的生活方式和思考方式所产生的一种自然结果。大学理念是人的认识自觉性产物，是人们审慎思考、理性设计的产物，也是利益相关者集体意志的体现。事实上，大学理念变化的不只是理念的内容，还包括不同个体认识大学理念的“思维结构”与信念体系，反过来，个体认知方式与信念的差异决定了对大学核心理念的理性程度及其价值取向的不同。

第一，核心理念的建构依赖于人的理性选择。随着人类社会的现代化转型，理性的觉醒和智识的增长都在不断地促使人类自身从自然和传统的双重束缚中解脱出来，开始了“自觉的社会选择”和制度设计，理性建构在理念发展中正发挥着更加积极的作用。在以理性知识为根基的认知体系中，大学理念逐渐成为一种理性设计，对世界的认知视角的差异与所处的文化情境、意识形态及其社会条件紧密关联，[①] 此外，还与个体的兴趣有关，是“由社会过程认同”并“维系”的。

“理性选择”构成了大学核心理念的内生性基础。核心理念的建构不能无视思想的历史性，不能抹杀理念发展中任何人类理性选择之可能。对思想的本源性探究和本体性解读，构成了理念史上最为基本的传统。如果说在早期大学，习俗和传统还是理念的首要来源，大学理念的发生更多地带有自然生发的性质，那么，后期人们对大学已从感性上升到理性认识阶段，各国大学开始充满自信地从各国大学理念与实践中作出理性选择。如德国柏林大学基于文化国家的定位，建构而成“经由科学而达至修养”“教的自由和学的自由”等理念，这类大学往往能够超越古典模式而实现迅速崛起。正如学者施密特指出的：变迁过程原则上可以理解为“选择”过程，它通过自身的综合结果或再生产过程的资源需求，排除或择取不同的行为方式。[②] 改革开放以后，中国与西方世界的关系更为紧密，客观上为中国大学提供了思想交流的平台，大学理念开始呈现“理性选择”模式，从而走出了

---

① Bauerlein Mark, Social Construcetionism: Philosophy for the Academic Workplace, Http: //www. bu. edu/partisanreview/archive/2001/2/bauerlein. Html 2006 - 04 - 22.

② 转引自［德］沃尔夫冈·查普夫《现代化与社会转型》，陈黎等译，社会科学文献出版社 2000 年版，第 5 页。

在新中国成立初全盘照搬式的强制性变迁局限。当前，中国大学核心理念的建构仍面临着两个现实：一是大学理念与模式主要源于西方；二是大学理念作为民族文化的一部分面临着本土化挑战。世界各国对大学核心理念的本土化反应并没有统一的经验模式，对外来思想的接纳程度取决于每所大学办学者的自主判断。

第二，大学核心理念以核心价值的统一为基础。每个事物都有它的核心价值，每所大学也要在认识其核心价值的基础上形成自己的核心理念。在大学变迁史上，起主导作用的是明确的价值取向和教育信念，那些高瞻远瞩的大学总是小心地保护核心价值。大学核心价值观是教育赖以生存发展的基本信条，缺乏核心信念的教育理念是没有生命力的、脆弱的，核心价值是提出大学核心理念的前提性要素。如哈佛大学的“与柏拉图为友，与亚里士多德为友，更要与真理为友”体现了求实崇真的学术教育理念；康奈尔大学则从实用主义出发，提出“让任何人能在这里学到想学的科目”，这一理念与美国社会的开放性取得了惊人的平衡。先进大学的核心理念尽管见之于行的方式、内容不同，但本质却是相同的——紧紧抓住并执着追求自己的核心价值，并通过各种方式保持与社会核心价值体系的一致性，从大方向、大原则中把握核心理念的立意点。大学是独立的自治机构，但并非与世隔绝的封闭体。与外界的种种关系中，与政府的关系最可能影响大学价值取向的稳定性，因而大学核心理念应与社会核心价值体系保持高度一致。不过，大学也可通过实践证明自身价值观的合理性，从而自下而上地引领国家高等教育理念的转变。

第三，核心理念凝聚着大学利益相关者的共同理想。人的思想活动具有独立性、选择性、多变性和差异性，每一位教育家、理论家个体产生的理念、信念都需要与大学群体结合才具有效性，或者说，大学核心理念的认同过程是由个体信念向集体意识过渡的过程，大学核心理念应建立在群体信念基础之上。大学核心理念是高校利益相关者共同愿景、利益表达和理想追求的集中体现，传达着几代大学人对教育的理想追求与共同信念。共同愿景是组织成员共同理解、信奉、遵循的思想和观念，体现的是集体意识而非个体意识，它能够自觉地唤醒和凝聚群体力量，转化为人的职业行为和社会性行动，进而推动核心理念的认同和实施。大学核心理念是一个长期创作、共同探讨的过程，既是利益相关者参与讨论和决策的过程，也是高校自我启发、自我教育及对新文化认同的过程，还是大学领导者、教育专家、社会力量、教师员工之间价值观念的沟通、融合的过程。大学核心理念的提炼不能靠领导拍脑袋完成，需要认清教育规律，赋予各利益团体自由表达思想的话语权，在合理性辩护中提高理性办学水平，使思想“在不断博弈中重建”。[①] 大学要积极发挥教师的主体作用，广泛吸收利益相关者的意见与建议，使每个人真正成为特色理念的实践者，已有特色的传承者与新特色的创造者，促进组织成员对核心理念的广泛认同，将共同愿景内化为利益相关者的精神信念与自觉行为，推动核心理念有效付诸实践。

总之，大学核心理念的构建过程也是大学文化认同的过程，是形成文化心理模式与行为模式的过程。不同层次、类型的大学所承担的任务、服务功能的类型和范围不同，价值取向不同，与社会结合方式不同，应该选择不同的切入点，逐步创造和形成由精神、行为、制度与环境文化构成的独特核心理念。

第六节　小结

建构中国大学理念既要合乎规律性，又要考虑历史特殊性。中国大学理念的转型路径、建构基础、信念取向、认知方式、体系形态与西方都有显著差别，这种差别也凸显出一些问题：中国大学理念在激进式变革中与传统文化断层，缺少学术自由生成的土壤，在认知思维上仍停留于对大学的本体论解释上，造成知识理性的弱化。由于理性认识的不足，大学长期依附于政治、经济而难以获得独立的思想，至

① ［加拿大］比尔·雷丁斯：《废墟中的大学》，郭军等译，北京大学出版社 2008 年版，第 27 页。

今普遍没有形成自己的核心理念，使得大学办学趋同滞后，创新人才极度缺失。在高等教育多样化的时代，解决这些问题，根本上要重建大学与知识、社会、人的关系，厘清当代大学的定位与功能，为大学理念的关系性要素建立基本共识与最高原则。

现代化进程中的大学应以育人为己任，回归大学人本价值；以服务公民为使命，重建社会交往共同体，以追求真理为理想创生思想共同体，发挥大学明德修身、养成个性的功能。这些功能的发挥需要大学理念与国家理想、社会需求及世界知识体的广泛结盟与合作，形成思想共识，建立一种“契约式”核心价值观，协调各方的理想诉求。建构大学核心理念是社会结构系统化整合的诉求，是知识内在统一性的要求，也是人类认识统一性的要求，有利于大学提高办学理性认识，改善高校同质化、适应社会整合诉求、保障大学思想独立。建构大学核心理念需要遵循知识理性原则、尊重人性原则、兼容并包原则与非功利原则四项基本原则，在明确核心共识的基础上，每所大学都应从办学实践中形成独有的核心理念。

在高等教育多样化阶段，不同层次、类型的大学所承担的任务、服务类型和范围不同，价值取向不同，其核心理念的侧重点也应有所差异。每所高校都应深刻领悟教育的内涵，从自身办学问题、定位、特点、文化等方面出发，把握大学与知识关系的“自洽性”，营造和识别大学与知识关系的“自洽场”，体现核心理念的“类文化意识”，找出每所大学知识传播与知识生产的关系不同侧重点；把握大学与社会关系的“层次性”，大学的社会分工机制不同，社会对大学人才培养的需求不同，应寻求每所大学与社会的不同结合方式；把握人对大学理性认识的“选择性”，核心理念的建构依赖于人的理性选择，需要以凝聚核心价值观为基础，充分考虑利益相关者的共同愿景，从更深层面协调大学、知识、社会与人的关系，创建各具特色的大学核心理念。

参考文献

［1］《辞海》（中卷），上海辞书出版社 1979 年版。
［2］《中国大百科全书》，中国大百科全书出版社 1985 年版。
［3］《现代汉语词典》，中国书籍出版社 2003 年版。
［4］冯契：《哲学大辞典》，上海辞书出版社 1992 年版。
［5］杨东平：《大学二十讲》，天津人民出版社 2009 年版。
［6］杨东平：《大学之道》，文汇出版社 2003 年版。
［7］王道俊、郭文安：《教育学》，人民教育出版社 2009 年版。
［8］涂又光：《中国高等教育史论》，湖北教育出版社 2003 年第 2 版。
［9］金耀基：《从传统到现代》，中国人民大学出版社 1999 年版。
［10］金耀基：《大学的理念》，生活·读书·新知三联书店 2001 年版。
［11］朱德生等：《西方认识论史纲》，江苏人民出版社 1983 年版。
［12］张楚廷：《高等教育学导论》，人民教育出版社 2010 年版。
［13］石中英：《知识转型与教育改革》，教育科学出版社 2001 年版。
［14］冯友兰：《中国哲学简史》，北京大学出版社 2010 年版。
［15］吴康宁：《教育社会学》，人民教育出版社 2001 年版。
［16］孙立平：《转型与断裂：改革以来中国社会结构》，清华大学出版社 2004 年版。
［17］孙冰红：《大学教育与社会发展论》，中国社会科学出版社 2009 年版。
［18］北京大学哲学系外国哲学史教研室编译：《西方哲学原著选读》（下卷），商务印书馆 1982 年版。

[19] 刘献君：《大学之思与大学之治》，华中科技大学出版社 2000 年版。
[20] 刘献君：《文化素质教育论》，高等教育出版社 2009 年版。
[21] 刘献君：《院校研究》，高等教育出版社 2008 年版。
[22] 刘献君：《专业教学中的人文教育》，华中科技大学出版社 2003 年版。
[23] 刘献君：《高等学校战略管理》，人民出版社 2008 年版。
[24] 欧阳康、杨叔子、刘献君：《文化反思与价值建构》，人民出版社 2009 年版。
[25] 张应强：《高等教育现代化的反思与建构》，黑龙江教育出版社 2000 年版。
[26] 施晓光：《美国大学思想论纲》，北京师范大学出版社 2001 年版。
[27] 贺国庆：《外国高等教育史》，人民教育出版社 2003 年版。
[28] 张瑞播、黄书光：《中国教育哲学史》（第四卷），山东教育出版社 2000 年版。
[29] 吴洪成：《中国近代教育思潮研究》，西南师范大学出版社 1993 年版。
[30] 郑登云：《中国高等教育史》（上），华东师范大学出版社 1995 年版。
[31] 曲士培：《中国大学教育发展史》，山西教育出版社 1993 年版。
[32] 熊明安：《中国高等教育史》，重庆出版社 1983 年版。
[33] 蔡克勇：《高等教育简史》，华中工学院出版社 1982 年版。
[34] 阮新邦：《批判诠释与知识重建——哈贝玛斯视野下的社会研究》，社会科学文献出版社 1999 年版。
[35] 王英杰：《美国高等教育的发展与改革》，人民教育出版社 2002 年版。
[36] 眭依凡：《大学校长的教育理念与治校》，人民教育出版社 2001 年版。
[37] 徐辉：《变革时代的大学使命》，浙江大学出版社 1999 年版。

[38] 刘宝存:《大学理念的传统与变革》，教育科学出版社 2004 年版。
[39] 韩延明:《大学理念论纲》，人民教育出版社 2003 年版。
[40] 周光礼:《学术自由与社会干预——大学学术自由的制度分析》，华中科技大学出版社 2003 年版。
[41] 陈廷柱:《学习型社会的高等教育》，南京师范大学出版社 2004 年版。
[42] 卢晓中:《当代世界高等教育理念及对中国的影响》，上海教育出版社 2001 年版。
[43] 肖海涛:《大学的理念》，华中科技大学出版社 2001 年版。
[44] 王冀生:《大学理念在中国》，高等教育出版社 2008 年版。
[45] 王冀生:《大学之道》，高等教育出版社 2005 年版。
[46] 单中慧主编:《西方教育思想史》，山西人民出版社 1993 年版。
[47] 陈学飞:《美、德、法、日本当代高等教育思想研究》，上海教育出版社 1998 年版。
[48] 陈学飞:《当代美国高等教育思想研究》，辽宁师范大学出版社 1996 年版。
[49] 陈学飞:《德国古典大学观及其对中国的影响》，北京大学出版社 2006 年版。
[50] 余东升:《高等学校文化素质教育研究》，高等教育出版社 2009 年版。
[51] 陆有铨:《躁动的百年——20 世纪的教育历程》，山东教育出版社 1997 年版。
[52] 王坤庆:《教育哲学——一种哲学价值论视角的研究》，华中师范大学出版社 2006 年版。
[53] 石中英:《教育哲学导论》，北京师范大学出版社 2004 年版。
[54] 李泽厚:《中国近代思想史论》，天津社会科学出版社 2003 年版。
[55] 郑杭生等:《转型中的中国社会和中国社会的转型》，首都师范大学出版社 1996 年版。

[56] 郑杭生:《社会学概论》，中国人民大学出版社 1998 年版。
[57] 郑杭生:《中国特色社会学理论的探索》，中国人民大学出版社 2005 年版。
[58] 郑杭生、李强等:《当代中国社会结构和社会关系研究》，首都师范大学出版社 1997 年版。
[59] 黄宇红:《知识演化进程中的美国大学》，北京师范大学出版社 2008 年版。
[60] 张岱年、方克立:《中国文化概论》，北京师范大学出版社 2004 年版。
[61] 黄济:《教育哲学通论》，山西教育出版社 1998 年版。
[62] 高宣扬:《鲁曼的社会系统理论与现代性》，中国人民大学出版社 2005 年版。
[63] 张琢主编:《国外发展理论研究》，人民出版社 1992 年版。
[64] 黄福涛:《外国高等教育史》，上海教育出版社 2003 年版。
[65] 郭为藩:《转变中的大学: 传统、议题与前景》，北京大学出版社 2006 年版。
[66] 文辅相:《中国高等教育目标论》，华中理工大学出版社 1995 年版。
[67] 储朝晖:《中国大学精神的历史与省思》，山西教育出版社 2006 年版。
[68] 侯定凯:《高等教育社会学》，广西师范大学出版社 2004 年版。
[69] 侯定凯:《中国大学的理性之路》，华东师范大学出版社 2009 年版。
[70] 宋恩荣:《当代中国教育史论》，人民教育出版社 2004 年版。
[71] 中国高等教育学会编:《改革开放 30 年中国高等教育发展经验专题研究》，教育科学出版社 2008 年版。
[72]《中国教育年鉴》（1949—1981），中国大百科全书出版社 1982 年版。
[73] 袁方等:《中国社会结构转型》，中国社会出版社 1998 年版。
[74] 罗荣渠:《现代化新论——世界与中国的现代化进程》，北京大

学出版社 1993 年版。
[75] 刘祖云:《从传统到现代:当代中国社会转型研究》,湖北人民出版社 2000 年版。
[76] 陈姜清:《当代中国社会转型论》,山西教育出版社 1998 年版。
[77] 陆学艺、景天魁:《转型中的中国社会》,黑龙江人民出版社 1994 年版。
[78] 李国钧主编:《中国教育制度通史》,山东教育出版社 2000 年版。
[79] 朱有献主编:《中国近代学制史料》,华东师范大学出版社 1987 年版。
[80] 潘懋元、刘海峰主编:《中国近代教育史资料汇编》(高等教育),上海教育出版社 1993 年版。
[81] 王炳照等主编:《中国教育思想史》(第三卷),湖南教育出版社 1994 年版。
[82] 熊明安:《中国高等教育史》,重庆出版社 1988 年版。
[83] 陈敏:《中国院校研究案例》(第二辑),华中科技大学出版社 2010 年版。
[84] 顾肃:《自由主义基本理念》,中央编译出版社 2003 年版。
[85] 孙正聿:《哲学通论》,辽宁人民出版社 2000 年版。
[86] 候建新:《社会转型时期的西欧与中国》,高等教育出版社 2005 年版。
[87] 唐逸:《理性与信仰——西方中世纪哲学思想》,广西师范大学出版社 2005 年版。
[88] 朱新梅:《知识与权力:高等教育政治学新论》,教育科学出版社 2007 年版。
[89] 毛礼锐:《中国古代教育史》,人民教育出版社 1979 年版。
[90]《蔡元培教育文选》,人民教育出版社 1980 年版。
[91] 中国蔡元培研究会:《〈北京大学月刊〉发刊词》,载《蔡元培全集》(第三卷),浙江教育出版社 1997 年版。
[92] 梅贻琦:《大学一解》,见杨东平:《大学精神》,辽海出版社

2000 年版。
[93] 曲士培:《中国大学教育史》，山西教育出版社 1993 年版。
[94] 梁启超:《学校总论》，载《饮冰室合集（第一册）》，上海中华书局 1941 年版。
[95] 杨东平:《走向公共生活的教育理论——教育的文化传统与社会使命》，北京师范大学出版社 2009 年版。
[96]《毛泽东选集》（第四卷），人民出版社 1991 年版。
[97] 毛泽东:《从上海机床厂看培养工程技术人员的道路》，《人民日报》1968 年 7 月 21 日。
[98] 李翔海编:《知识与价值》，中国广播电视出版社 1996 年版。
[99] 孙兴周选编:《海德格尔选集》（上），生活 · 读书 · 新知三联书店 1996 年版。
[100] 袁贵仁:《价值学引论》，北京师范大学出版社 1991 年版。
[101] [德] 卡尔 · 雅斯贝尔斯:《大学之理念》，邱立波译，上海人民出版社 2005 年版。
[102] [英] 约翰 · 亨利 · 纽曼:《大学的理想》，徐辉等译，浙江教育出版社 2001 年版。
[103] [美] 菲利普 · G. 阿特巴赫:《比较高等教育：知识大学与发展》，人民教育出版社教育室译，人民教育出版社 2001 年版。
[104] [美] 菲利埔 · G. 阿特巴赫:《比较高等教育》，文化教育出版社 1985 年版。
[105] [美] 约翰 · S. 布鲁贝克:《高等教育哲学》，徐辉等译，浙江教育出版社 1987 年版。
[106] [美] 克拉克 · 科尔:《大学的功用》，陈学飞等译，江西教育出版社 1993 年版。
[107] [美] 德里克 · 博克:《美国高等教育》，乔佳义译，北京师范学院出版社 1991 年版。
[108] [美] 欧内斯特 · 博耶:《美国大学教育》，复旦大学高教所译，复旦大学出版社 1988 年版。
[109] [德] 雅斯贝尔斯:《什么是教育》，邹进译，生活 · 读书 · 新

知三联书店 1991 年版。
［110］［美］丹尼尔·贝尔：《后工业社会的来临》，新华出版社 1997 年版。
［111］［英］托马斯·赫胥黎：《科学教育》，单中慧等译，人民教育出版社 1990 年版。
［112］［英］罗素：《论教育》，勒建国译，东方出版社 1990 年版。
［113］［美］赫伯特·马尔库赛：《单向度的人》，刘继译，上海译文出版社 2006 年版。
［114］［荷兰］弗兰斯·范富格特：《国际高等教育政策比较研究》，王承绪等译，浙江教育出版社 2001 年版。
［115］［美］赖特·米尔斯等：《社会学与社会组织》，何维凌等译，浙江人民出版社 1986 年版。
［116］联合国教科文组织：《21 世纪的高等教育展望和行动》，世界高等教育会议工作会议 1998 年版。
［117］［法］爱弥尔·涂尔干：《教育思想的演进》，李唐译，上海人民出版社 2003 年版。
［118］［美］艾萨克、康德尔：《教育的新时代：比较研究》，王承绪等译，人民教育出版社 2001 年版。
［119］［美］伯顿·克拉克：《高等教育新论：多学科的研究》，王承绪等译，浙江教育出版社 2001 年版。
［120］［美］德里克·博克：《走出象牙塔——现代社会大学的社会责任》，徐小洲、陈军译，浙江教育出版社 2001 年版。
［121］［德］马克思、恩格斯：《马克思恩格斯选集》（第 3 卷），人民出版社 1995 年版。
［122］［德］马克斯·韦伯：《新教伦理与资本主义精神》，生活·读书·新知三联书店 1987 年版。
［123］金生铉：《理解与教育》，教育科学出版社 1997 年版。
［124］［英］齐格蒙·鲍曼著：《立法者与阐释者：论现代性、后现代性与知识分子》，洪涛译，上海人民出版社 2000 年版。
［125］［美］乔纳森·H. 特纳：《现代西方社会学理论》，天津人民

出版社 1988 年版。
[126] [英] 怀特海著：《教育的目的》，汝舟译，生活·读书·新知三联书店 2002 年版。
[127] [英] 约翰·怀特：《再论教育目的》，李永宏等译，教育科学出版社 1992 年版。
[128] [西班牙] 奥尔加特·加塞特：《大学的使命》，徐小洲等译，浙江教育出版社 2001 年版。
[129] [德] 威廉·冯·洪堡：《论国家的作用》，林荣远译，中国社会科学出版社 1998 年版。
[130] [美] 罗伯特·M. 赫钦斯：《美国高等教育》，汪利兵译，浙江教育出版社 2001 年版。
[131] [美] 伯顿·克拉克：《高等教育系统——学术组织的跨国研究》，王承绪等译，杭州大学出版社 1994 年版。
[132] [美] 克拉克·克尔：《高等教育不能回避历史》，王承绪译，浙江教育出版社 2001 年版。
[133] [英] 阿什比：《科技发达时代的大学教育》，人民教育出版社 1983 年版。
[134] [加拿大] 许美德：《中国大学 1895—1995：一个文化冲突的世纪》，教育科学出版社 2000 年版。
[135] [法] 皮埃尔·布迪厄、[美] 华康德：《实践与反思——反思社会学导引》，李猛、李康译，中央编译出版社 1998 年版。
[136] [法] 米歇尔·福柯：《规训与惩罚》，刘北成、杨远婴译，生活·读书·新知三联书店 1999 年版。
[137] 阮新邦：《批判诠释与知识重建——哈贝玛斯视野下的社会研究》，社会科学文献出版社 1999 年版。
[138] [英] 罗素：《西方哲学史》（下卷），商务印书馆 1996 年版。
[139] [加拿大] 比尔·雷丁斯：《废墟中的大学》，北京大学出版社 2008 年版。
[140] [英] 罗杰·金：《全球化时代的大学》，赵卫平译，浙江大学出版社 2008 年版。

[141] [美] 罗伯特·金·默顿:《论理论社会学》,华夏出版社1990年版。

[142] [美] 弗兰克·H. T. 罗德斯:《创造未来:美国大学的作用》,王晓阳等译,清华大学出版社2007年版。

[143] [美] 索尔斯坦·凡勃伦:《学与商的博弈:论美国高等教育》,惠圣译,世纪出版集团2009年版。

[144] [美] 詹姆斯·杜德斯达等:《美国公立大学的未来》,北京大学出版社2008年版。

[145] [英] 杰勒德·德兰迪:《知识社会中的大学》,北京大学出版社2006年版。

[146] [德] 沃尔夫冈· 查普夫:《现代化与社会转型》,社会科学文献出版社2000年版。

[147] [英] 戴维·布莱克莱吉:《当代教育社会学流派》,王波等译,春秋出版社1989年版。

[148] [美] 克拉克·克尔:《大学的功用》,江西教育出版社1993年版。

[149] [英] 阿什比:《科技发达时代的大学教育》,滕大生译,人民教育出版社1983年版。

[150] [美] 亚伯拉罕·弗莱克斯纳:《现代大学论:美英德大学研究》,徐辉、陈晓菲译,浙江教育出版社2001年版。

[151] [德] 黑格尔:《哲学史演讲录》,贺麟等译,商务印书馆1997年版。

[152] [德] 马克思、恩格斯:《马克思恩格斯全集》(第3卷),人民出版社1976年版。

[153] [美] 爱德华·O. 威尔逊:《论契合:知识的统合》,田洺译,生活· 读书· 新知三联书店2002年版。

[154] [美] 华勒斯坦:《开放社会科学》,刘锋译,生活·读书·新知三联书店1997年版。

[155] [美] 华勒斯坦等:《学科、知识、权力》,刘健芝等编译,生活· 读书· 新知三联书店,牛津大学出版社1999年版。

[156] [日] 大塚丰:《现代中国高等教育的形成》,黄福涛译,北京师范大学出版社 1998 年版。
[157] [英] 阿尔弗雷德·诺思·怀特海:《过程与实在》,杨富斌译,中国城市出版社 2003 年版。
[158] [美] 安东尼·史密斯、弗兰克·韦伯斯特:《后现代大学来临?》,侯定凯等译,北京大学出版社 2010 年版。
[159] [美] 查尔斯·霍默·哈斯金斯:《大学的兴起》,梅义征译,上海三联书店 2007 年版。
[160] [瑞士] 吕埃格、[比] 里德—西蒙斯:《欧洲大学史》(第一卷),中世纪大学,张斌贤等译,河北大学出版社 2008 年版。
[161] [法] 雅克·韦尔热:《中世纪大学》,王晓辉译,上海人民出版社 2007 年版。
[162] [英] 乔纳逊·伯内斯著:《亚里士多德》(第 1 版),余继元译,中国社会科学出版社 1989 年版。
[163] [德] 黑格尔:《小逻辑》,商务印书馆 1980 年版。
[164] [美] 克拉克:《高等教育新论——历史的观点》,王承绪等译,浙江大学出版社 2001 年版。
[165] [英] 安东尼·史密斯等:《后现代大学来临》,侯定凯等译,北京大学出版社 2010 年版。
[166]《马克思恩格斯全集》(第 27 卷),人民出版社 1972 年版。
[167]《马克思恩格斯选集》(第 4 卷),人民出版社 1995 年版。
[168] [美] 维克多·维拉德、梅欧:《胡塞尔》,杨富斌译,中华书局 2002 年版。
[169] [美] 帕森斯:《现代社会的结构与过程》,梁向阳译,光明日报出版社 1988 年版。
[170] 约瑟夫·劳斯:《知识与权力》,北京大学出版社 2004 年版。
[171] [法] 雅克·勒戈夫:《中世纪的知识分子》,张宏译,商务印书馆 1996 年版。
[172] [加] 约翰·范德格拉夫:《学术权力:七国高等教育管理体制比较》,张维平、张民选、徐辉等编译,浙江教育出版社

2006 年版。
[173] [美] 托马斯·汉金斯：《科学与启蒙运动》，任定成等译，复旦大学出版社 2000 年版。
[174] [德] 彼得·贝格拉：《威廉·冯·洪堡传》，袁杰译，商务印书馆 1994 年版。
[175] [美] 亨利·S. 康马杰：《美国精神》，光明日报出版社 1988 年版。
[176] [美] 乔·萨托利：《民主新论》，冯克利等译，东方出版社 1998 年版。
[177] [美] 菲利普·G. 阿特巴赫：《比较高等教育：知识、大学与发展》，人民教育出版社 2000 年版。
[178] [德] J. 哈贝马斯：《后形而上学思想》，曹卫东等译，译林出版社 2001 年版。
[179] [德] 沃尔夫冈·查普夫：《现代化与社会转型》，陈黎等译，社会科学文献出版社 2000 年版。
[180] [美] 杜德斯达：《21 世纪的大学》，刘彤译，北京大学出版社 2005 年版。
[181] [英] 罗素：《西方哲学史》（上卷），何兆武、李约瑟译，商务印书馆 2003 年版。
[182] [德] 康德：《道德形而上学原理》，苗力田译，上海译文出版社 1986 年版。
[183] [法] 萨特：《存在主义是一种人道主义》，载周煦良译《萨特哲学论文集》，安徽文艺出版社 1998 年版。
[184] [德] 尤尔根·哈贝马斯：《交往行为理论：行为合理性与社会合理化》，曹卫东译，世纪出版社集团 2004 年版。
[185] 雷晓云：《中国高等教育制度变迁及其文化透视》，博士学位论文，华中科技大学，2002 年。
[186] 张斌贤：《社会转型与教育变革：美国进步主义教育运动研究》，博士学位论文，北京师范大学，1995 年。
[187] 卢晓中：《当代世界高等教育理念及其对中国的影响》，博士

学位论文，厦门大学，2001 年。
[188] 陈利民：《哈佛大学办学理念研究》，博士学位论文，华中科技大学，2005 年。
[189] 高晓清：《自由，大学理念的回归与重构》，博士学位论文，华东师范大学，2003 年。
[190] 赵婷婷：《论大学理想与社会现实需要的矛盾》，博士学位论文，厦门大学，1999 年。
[191] 荀渊：《中国高等教育从传统向现代的转型》，博士学位论文，华东师范大学，2002 年。
[192] 孙长智：《中国高等教育转型矛盾的反思》，博士学位论文，吉林大学，2007 年。
[193] 郑春光：《博弈、知识与教育——基于社会转型的研究》，博士学位论文，华东师范大学，2002 年。
[194] 宋文红：《欧洲中世纪大学：历史描述与分析》，博士学位论文，华中科技大学，2005 年。
[195] 张奕：《知识形态与大学建筑》，博士学位论文，华中科技大学，2005 年。
[196] 王有升：《理念的力量：基础教育学校改革的社会学研究》，博士学位论文，华东师范大学，2004 年。
[197] 阎光才：《整体性坍塌之后——当代知识格局变迁与大学普通教育改革》，《比较教育研究》2003 年第 4 期。
[198] 王英杰：《大学校长与大学的改革和发展——哈佛大学的经验》，《比较教育研究》1993 年第 5 期。
[199] 刘献君：《“哈军工”办学战略思想探析》，《高等教育研究》2007 年第 2 期。
[200] 刘献君：《高等学校个性化教育探索》，《高等教育研究》2011 年第 3 期。
[201] 杨叔子、余东升：《文化素质教育与通识教育之比较》，《高等教育研究》2007 年第 6 期。
[202] 钟秉林：《观念与制度创新》，《北京师范大学学报》（社会科

学版）2003 年第 5 期。
[203] 蓝劲松:《办学理念与运作机制：世界一流大学建设的关键》,《高等教育研究》2001 年第 5 期。
[204] 刘宝存:《哈佛大学办学理念探析》,《外国教育研究》2003 年第 1 期。
[205] 胡建华:《思想的力量：影响 19 世纪初期德国大学改革的大学理念》,《清华大学教育研究》2004 年第 4 期。
[206] 刘宝存:《中世纪的大学理念及其对后世的影响》,《复旦教育论坛》2004 年第 4 期。
[207] 张楚廷:《大学理念的论理》,《大学教育科学》2005 年第 1 期。
[208] 韩延明:《理念、教育理念及大学理念探析》,《教育研究》2003 年第 9 期。
[209] 张岂之、谢阳举:《西方近现代大学理念评析》,《高等教育研究》2003 年第 4 期。
[210] 赵敦华:《中西大学传统和现代大学的理念》,《北京社会科学》2002 年第 2 期。
[211] 朴雪涛:《试论大学理念及其变革》,《复印报刊资料，高等教育》2002 年第 7 期。
[212] 卢晓中:《试论现代高等教育发展理念的整合》,《高等教育研究》2004 年第 1 期。
[213] 纪宝成:《对大学理念和大学精神的几点认识》,《中国高等教育》2004 年第 1 期。
[214] 眭依凡:《好大学理念与大学文化建设》,《教育研究》2004 年第 3 期。
[215] 徐同文:《20 世纪西方主要发达国家大学理念的演进》,《教育研究》2003 年第 4 期。
[216] 王冀生:《中国大学理念研究》,《高教探索》2002 年第 4 期。
[217] 韩延明:《大学理念及其相关概念辨析》,《教育发展研究》2004 年第 7 期。

[218] 周光礼、刘献君等：《当代大学理念冲突的表现形式及其实质》，《湖南第一师范学院学报》2003 年第 6 期。
[219] 刘献君：《实践研究　相互推进——华中科技大学十年文化素质教育回顾》，《高等教育研究》2005 年第 3 期。
[220] 刘献君、张俊超：《改革开放 30 年我国大学理念的转变》，《江苏高教》2009 年第 2 期。
[221] 刘献君、周进：《建设高等教育强国：六十年的理念变迁及其启示》，《高等工程教育研究》2009 年第 5 期。
[222] 周谷平等：《我国创新型大学建设中的理念引领》，《教育研究》2006 年第 11 期。
[223] 孙冰红：《论社会发展与西方大学理念的嬗变》，《兰州大学学报》（社会科学版）2006 年第 7 期。
[224] 李强：《大学理念的再思考》，《北京大学教育评论》2005 年第 2 期。
[225] 刘宝存：《理性主义与功利主义大学理念的冲突与融合》，《北京师范大学学报》（社会科学版）2006 年第 3 期。
[226] 周燕：《知识的外在意义到知识的内在意义——知识观转型对教育的影响》，《全球教育展望》2005 年第 4 期。
[227] 郑杭生：《改革开放三十年：社会发展理论与社会转型理论》，《中国社会科学》2009 年第 2 期。
[228] 刘赞英、康圆圆：《哲学视野中的大学理念：反思与展望》，《高等教育研究》2009 年第 9 期。
[229] 陈廷柱：《19 世纪德国大学成为世界大学理想的另类解读》，《大学研究与评价》2008 年第 4 期。
[230] 陈廷柱：《走出本质主义，面向真实的大学》，《高等工程教育研究》2007 年第 4 期。
[231] 林默彪：《论当代中国社会转型的分析框架》，《马克思主义与现实》2005 年第 5 期。
[232] 贾高建：《社会转型问题研究：一种立体的逻辑框架》，《新视野》2007 年第 1 期。

[233] 王雅林:《中国社会转型研究的理论维度》,《社会科学研究》2003 年第 1 期。

[234] 郑杭生:《中国和西方社会转型显著的不同点》,《人民论坛》2008 年第 24 期。

[235] 睦依凡:《好大学理念与大学文化建设》,《教育研究》2004 年第 3 期。

[236] 眭依凡:《大学理念的哲学基础及大学理念的偏失》,《江苏高教》2000 年第 5 期。

[237] 董泽芳:《关于社会转型期教育社会学使命的思考》,《教育研究与实验》2005 年第 2 期。

[238] Max Weber, *Essays on Sociology*, Trans & Edited by H. H. Gerth & Wright Mills, A. Galaxy Book, 1958.

[239] Boyd, W. & King, E. J. , *The History of Western Education*, London: Adam & Charles Black, 1972.

[240] Robert M. Hutchins, "The Higher Learning in America", *The Journal of Higher Education*, 1999 (9) .

[241] Erie Ashby, *Universities: British, Indian, Afrcian, A Study in the Ecology of Higher Education*, Harvard University Press, 1966.

[242] Clark Kerr, *Higher Education Cannot Escape History*, State University of NewYork Press, 1994.

[243] Clark Kerr, *The Great Transformation in Higher Education*, Albany. N. Y. : State University of New York Press, 1991.

[244] Abraham Flexner, *University of American, English, German*, New York: Oxford University Press, 1968.

[245] Burton R. Clark, Guy Neave, *The Encyclopedia of Higher Education. Volumn* 3, Pergaman Press Ltd. , 1992.

[246] Newman J. H. , *The Idea of A University: Defined and Illustrated*, Routledge Thoemmes Press, 1994.

[247] Karl Jasper, *The Idea of the University*, London: Peter Owen Ltd. , 1965.

[248] Hutchins R. M. , *The University of Utopia*, Chicago: The University of Chicago Press, 1936.

[249] Drucker P. , *The Politics of Knowledge*, New York: Harper & Row, 1969.

[250] Barnett R. , *The Idea of Higher Education*, Philadelphia: The Society for Research into Higher Education & Open University Press, 1990: 64.

[251] Immanuel Kant, *The Conflict of the Faculties*, English Translation and Introduction by Mary J. Gregor. London: University of Nebraska Press, 1992.

[252] David Harrison, *The Sociology of Modernization and Development*, The Academic Division of Unwin Hyman Ltd. , 1988.

[253] George D. Kuh, Shouping Hu, "Learning Productivity at Research University", *The Journal of Higher Education*, 2001 (1) .

[254] John S. Brubacher, Willis Rudy, *Higher Education in Transition: A History of American Colleges and Universities* (Fourth Edition), New Brunswich: Transaction Publisher, 1997.

[255] Ronald Barnett, *The Limits of Competence—Knowledge, Higher Education and Society*, Open University Press, 1994.

[256] Bell D. , *The Coming of Post-Industrial Society*, New York: Basic Books, 1976.

[257] Jonathan H. Turner, *Sociology: The Science of Human Organization*, Chicago: Nelson-Hall, 1986.

[258] Ruth Neumann, "Disciplinary Differences and University Teaching", *Studies in Higher Education*, 2001 (2) .

[259] *Eight Disciplinary and Comparative Views*, Berkeley: University of California Press, 1984.

[260] Parsons T. and Platt G. , *The American University*, Cambridge, MA: Harvard University Press, 1973.

[261] Brian Tierney, "The Idea of Natural Rights: Study on Natural

Rights", *Natural Law and Church Law*, Emory University, 1997.

[262] J. A. Sharpe, *Early Modern England, A Social History* 1550 - 1760, London: Edward Arnold, 1987.

[263] Delanty G., *Challenging Knowledge: The University in the Knowledge Society*, Buckingham: SRHE and Open University Press, 2001.

[264] Charles E. Lindblom, *Politics and Markets: The World' s Political Economic Systems*, Newyork: Basic Books, 1977.

[265] Neil Smelser, Gabriel Almond, *Public Higher Education in California*, Berkerly: University of California Press, 1974.

[266] J. Ben-David, A. Zloczower, "University and Academic Systems in Modern Societies", *European Journal of Sociology* 3, 1962 (1).

[267] Drucker Peter F., *The Age of Discontinuity*, New York. NY: Harper & Row, 1969.

[268] Knorr Cetina Karin, *Epistemic Cultures: How the Sciences Make Knowledge*, Cambridge, MA: Harvard University Press, 1999.

[269] Bacon F., *The Advance of Learning*, London: Dent, 1973.

[270] Patricia J. Gumport, *Acdemic Restructuring in Public Higher Education: A Framework and Research Agenda*, Stanford: National Center for Postsecondary Improvement, 1998.

[271] Bell Daniel, *The Coming of Post-Industrial Society: A Venture in Social Forecasting*, New York: Basic Books, 1973.

[272] Harold T. Shapiro, A Larger Sense of Purpose: Higher Education and Society, New Jersey: Princeton University Press, 2005.

[273] Scott P., *The Meanings of Higher Education*, Buckingham: Open University Press, 1995.

[274] Don Obendorf Eprinceton, *Princeton University: The First* 250 *Years*, Princeton University Press, 1995.

[275] Sylvia M. Brown, "A Systemic Perspective on Higher Education in the United Kingdom", *Systems Research and Behavioral Science*,

1999 (2) .

[276] Max Weber, *The Methodology of the Social Science*, New York: Free Press, 1949.

[277] Smith D. Langslow A. K. , *The Idea of a Univeisity*, London: Jessica Kingsley Publisher Ltd. , C. 1999.

[278] Minna Takala, David Hawk, Yannis Rammos, "On the Opening of Society: Towards a More Open and Flexible Educational System", *Systems Research and Behavioral Science*, 2001 (4) .

[279] Siegfried John J. , "Trends in Undergraduate Economics Degrees 1991 -2002", *The Journal of Economic Education*, 2003 (22) .

[280] Sylvia M. Brown, "A Systemic Perspective on Higher Education in the United Kingdom", *Systems Research and Behavioral Science*, 1999 (2) .

[281] Brubacher, J. S. , Spirutu *The History of Educaional Problems*, New York: McGraw Hill Book Company, 1966.

后 记

本书是由刘献君教授主持的国家社会科学基金“十一五”规划2008年度教育学重点课题“遵循科学发展，建设高等教育强国：教育理念创新”（项目编号：AGA080340）及中国高等教育学会重大课题（项目编号：08QG01005）的成果之一。整个课题研究历经数年，然大学问题之大，远非一部书所能及，或许学术的“争议性”和“未完成性”正是其魅力所在：追求真理、永不停息地思考要成为我们一生的嗜好。

本书是在我的博士生导师华中科技大学教科院刘献君教授多年悉心指导下完成的。深深影响我的不仅是导师高深的学术造诣、严谨的治学风格、忘我的学术精神，更是他对待学术问题与人生问题时的勇气、智慧与境界。我的每一步成长都凝聚了导师太多的大爱和心血。感谢哲学大师涂又光先生在生前曾多次为本书提出了极有价值的指导意见，本书的撰写还得到华中师范大学郭文安先生，华中科技大学张应强教授、陈廷柱教授、陈敏教授、余东升教授、贾永堂教授、柯佑祥教授，厦门大学别敦荣教授，中国人民大学周光礼教授，武汉大学黄明东教授等多位老师和学者的帮助指导。本书在写作和修订过程中，澳大利亚联邦政府移民局 Rajesh Raj 博士、湖北省教育厅李怀中书记、湖北大学解飞厚教授、沈曦博士及本人所在单位文华学院各位领导也给予了许多关心帮助。此外，有幸在读博期间结识许多良师益友，雷洪德、李伟、张俊超、王俊、明铭、谢辉、吴洪富、周玉容、房保俊、肖兴安、刘叶、魏署光、曾美勤、张传萍、陈国峰、吴越、朱家德等，许多思想都是在与老师和学友们相互碰撞中产生的，在此对他们表示衷心感谢！也在此感谢家人的理解和支持！

“千仓万箱，非一耕所得；千尺之木，非旬日所长”，大学理念的研究是一个永恒话题，面对这样一个庞大的问题体系，虽经悉心梳理修改，仍难免有疏漏之处，恳请专家学者批评指正！所遗留的一些问题也将成为我在今后学术研究中的目标和动力。

周　进

2017 年 1 月于武汉